新标准早期教育专业系列教材

0—3 SUI MIN GAN QI JIAO YU FANG AN SHE JI

0—3岁敏感期教育方案设计

编著 ◎ 鲁鹏程

华东师范大学出版社
·上海·

图书在版编目（CIP）数据

0—3岁敏感期教育方案设计/鲁鹏程编著.—上海：
华东师范大学出版社，2017
　0—3岁早期教育专业系列教材
　ISBN 978-7-5675-7305-5

　Ⅰ.①0… Ⅱ.①鲁… Ⅲ.①家庭教育—儿童教育—教材　Ⅳ.①G782

中国版本图书馆CIP数据核字（2017）第331834号

0—3岁敏感期教育方案设计

编　　著　鲁鹏程
责任编辑　李恒平　袁子微
责任校对　张　雪
装帧设计　庄玉侠

出版发行　华东师范大学出版社
社　　址　上海市中山北路3663号　邮编 200062
网　　址　www.ecnupress.com.cn
电　　话　021-60821666　行政传真 021-62572105
客服电话　021-62865537　门市（邮购）电话 021-62869887
地　　址　上海市中山北路3663号华东师范大学校内先锋路口
网　　店　http://hdsdcbs.tmall.com/

印 刷 者　苏州工业园区美柯乐制版印务有限公司
开　　本　787×1092　16开
印　　张　13.5
字　　数　347千字
版　　次　2018年4月第1版
印　　次　2025年7月第6次
书　　号　ISBN 978-7-5675-7305-5/G·10853
定　　价　36.00元

出 版 人　王　焰

（如发现本版图书有印订质量问题，请寄回本社客服中心调换或电话021-62865537联系）

前言
QIANYAN

敏感期（sensitive period）一词，是荷兰生物学家和遗传学家雨果·德弗里斯（Hugo de Vries）在研究动物成长时首先使用的名词，是指动物特定能力和行为发展的最佳时期，在这一时期，动物个体对形成某些能力和行为的环境影响特别敏感。德弗里斯研究发现，蝴蝶会把卵产在树枝与枝干连接的隐蔽位置，因为那里可以免于风雨侵袭，比较安全。刚出生的毛毛虫对光特别敏感，它们会本能地顺着光线明亮的方向朝树枝顶端爬去，去吃那些刚长出的嫩芽。随着毛毛虫慢慢长大，它们的消化系统健全到能吃树枝两侧的大叶子后，它们就不再对光有特殊的敏感性了。

后来，意大利教育家玛利亚·蒙台梭利（Maria Montessori）在与幼儿长期相处的过程中，发现儿童也会有类似现象产生，即儿童在每一个特定时期都有某种特殊的感受能力，这种能力促使他们对环境中的某些事物特别敏感，能长时间集中注意力在其上，而且非常有耐心，对其他事物则并不太关注。由此，蒙台梭利提出了幼儿教育的敏感期原理。

所谓敏感期，就是在0—6岁这个年龄段，幼儿会出于自身发展的内在需求，突然对某种特定的事情或事物非常感兴趣，甚至表现出一种狂热的状态，直到满足他内心的需求，或敏感度下降，抑或被人为地阻止才终结。当他顺利地通过一个敏感期后，其心智水平会从一个层面上升到另一个层面，实现飞跃式发展。

蒙台梭利指出，"儿童不同的内在敏感性，使他能从复杂的环境中选择对自己生长适宜的和必不可少的东西"，这一表述，表明敏感期与生长现象密切相关。

现代教育意义上的"敏感期"概念是由蒙台梭利提出来的。事实上，在2 000多年前的中国，先贤们就已经发现了这个教育事实。《学记》有言："时过然后学，则勤苦而难成。"意思是说，如果错过了学习某种事物的最佳时期，以后即使非常勤奋刻苦，也很难再学成，这与"敏感期"的意义是相同的。

自古以来重视儿童早期教育也是我国教育的重点与传统。《汉书·贾谊传》中讲，"故自为赤子，而教固已行矣"，《颜氏家训·教子》中也提及，"当及婴稚，识人颜色，知人喜怒，便加教诲"，这无不在提醒人们对儿童的教育要尽早开展，才能更好地引导其日后的人生。可见古今中外，都非常重视早期教育。

2013年教育部发布《关于开展0—3岁婴幼儿早期教育试点的通知》，在全国14

个地区开展早期教育试点工作。2017年12月召开的中央经济工作会议要求,要"解决好婴幼儿照护和儿童早期教育服务问题"。2019年5月国务院办公厅发布《关于促进3岁以下婴幼儿照护服务发展的指导意见》,2022年党的二十大报告进一步强调,要"幼有所幼""强化学前教育普惠发展"。

0—3岁是人一生中发展最为迅速的时期,也被称为是"人生最重要的头三年",甚至是决定一个人后期成长关键并影响其整个人生的敏感期。如何更好地解读与应对这些关键时期,是这一阶段早期教育的重要内容。

若想更好地开展早期教育,就需要更具体地了解关于敏感期的理论以及在这一时期中的具体实践过程。本书将敏感期理论与实践相结合,通过对理论的深入探索及大量实例的精准展现,希望能为所有致力于早期教育事业的学生或相关领域工作者及婴幼儿养育者提供帮助。

本书一共四章,第一章介绍敏感期的主要概念、理论、分类,详细分析来自西方的敏感期与中国传统教育内容之间的关联与融合,以及帮助儿童顺利度过敏感期的关键原则。后三章则以年龄分段,分别从0—2.5岁、2—3岁、3岁+三个阶段来详述不同阶段下的各个重要敏感期,展现不同年龄段敏感期的特点与发展情况。

本书有以下几个特点:

第一,真实案例作解读。本书围绕理论指导实践、实践丰富理论的设计思路,将理论与大量案例相结合,书中的案例绝大多数为真实事例改编,都是发生在诸多家庭、早教机构中的真实故事,将各个敏感期的特点、表现以及应对方法予以清晰讲解,是实践丰富理论的最大体现。

第二,科学观点作支撑。书中对每个敏感期都进行了科学的解读,诸多经典研究内容为每个敏感期的发生、发展提供观点支撑,使得每个敏感期的存在都有据可循。

第三,注重多方的互动。敏感期的教育不仅是教师与幼儿之间的交往过程,也是幼儿与养育者、教师与养育者之间的交往过程,只有教师和养育者之间形成合力,才能更好地对幼儿开展教育。书中的大量建议,涵盖对幼儿、对养育者的多方操作性指导,更鲜明地体现了早期教育"家园互动"的特点。

第四,方法易懂、易操作。本书写作特点通俗易懂,操作方法一目了然,且与时代发展紧密结合,大量符合时代的实用性建议与方法更便于在实践中应用。

由于水平有限,书中定有诸多不足、不妥、缺憾,甚至是错漏之处,冀望高明不吝批评指正,诚挚感谢!

鲁鹏程
2018年1月
2023年5月补记

目录 MULU

01 第一章 儿童敏感期概论 / 1

第一节 认识儿童敏感期 / 2
一、生物敏感性的神奇作用 / 2
二、儿童敏感期的概念 / 3
三、敏感期的奇妙与奥秘 / 3
四、蒙台梭利总结的九大敏感期 / 4
五、敏感期与大脑发育 / 6
六、敏感期与中国传统教育 / 12

第二节 儿童顺利度过敏感期的关键原则 / 19
一、善于观察儿童的言行举止 / 19
二、尊重儿童发展,给予他自由 / 21
三、与儿童建立心灵的连接 / 22
四、适时协助儿童而不是去干涉他 / 23
五、等待儿童的自发成长 / 24

02 第二章 0—2.5岁儿童敏感期 / 27

第一节 语言敏感期 / 28
一、语言的发展与演变 / 28
二、儿童语言发展的规律 / 28
三、语言敏感期的特点 / 31
四、影响儿童语言发展的因素 / 36
五、教师的应对 / 38

第二节 视觉敏感期 / 39
一、视觉敏感期理论 / 40

二、婴幼儿视觉发育中的重要变化　/ 41
　　三、婴幼儿视觉敏感期发育过程　/ 43
　　四、给予婴幼儿视觉应有的保护　/ 48

第三节　听觉敏感期　/ 50
　　一、听觉敏感期理论　/ 50
　　二、训练婴幼儿的听觉　/ 52
　　三、婴幼儿噪声敏感　/ 54
　　四、成人的"妈妈腔"　/ 55
　　五、听觉敏感中的音乐敏感　/ 57
　　六、听觉的更深一层意义　/ 60

第四节　口的敏感期　/ 61
　　一、口的敏感期理论　/ 62
　　二、婴儿用口去感知世界　/ 62
　　三、吃手是婴儿认知需要　/ 65
　　四、婴幼儿的咬人行为　/ 67

第五节　手的敏感期　/ 69
　　一、手的敏感期理论　/ 69
　　二、婴幼儿手的动作发展　/ 70
　　三、婴幼儿手指的分化功能锻炼　/ 72
　　四、婴幼儿手的触感体验　/ 73
　　五、婴幼儿小肌肉的发展　/ 74
　　六、婴幼儿的"打人"行为　/ 75

第六节　行走敏感期　/ 78
　　一、行走敏感期理论　/ 78
　　二、婴幼儿探索腿脚的功能　/ 79
　　三、腿脚探索欲望的提升　/ 82
　　四、婴幼儿平衡感的发展　/ 84

第七节　渴望爱的敏感期　/ 86
　　一、渴望爱的敏感期理论　/ 86
　　二、给婴幼儿无条件的爱　/ 90
　　三、对婴幼儿表达爱　/ 92
　　四、引导婴幼儿正确表达爱　/ 94

03 第三章 2—3岁儿童敏感期 / 97

第一节 秩序敏感期 / 98
一、秩序敏感期理论 / 98
二、秩序敏感期的一些明显表现 / 99
三、培养幼儿良好的秩序感 / 104

第二节 审美敏感期 / 108
一、审美敏感期的表现 / 108
二、幼儿审美敏感期应对 / 110

第三节 关注细小事物敏感期 / 113
一、关注细小事物敏感期理论 / 113
二、幼儿关注细小事物的心理原因 / 113
三、观察细小事物与专注力的培养 / 115
四、幼儿对细小事物的探索需求 / 117
五、幼儿在室内关注细小事物 / 120
六、幼儿在室外关注细小事物 / 121
七、在大自然中提升幼儿的观察力 / 123

第四节 空间敏感期 / 124
一、空间敏感期理论 / 124
二、幼儿获得空间感，形成空间概念 / 128
三、幼儿感受细小空间 / 130
四、幼儿对隐蔽空间的探索 / 131
五、游戏让幼儿充分感知空间 / 134

第五节 模仿敏感期 / 135
一、模仿敏感期理论 / 135
二、应对模仿敏感期实践 / 140

第六节 自我意识敏感期 / 144
一、自我意识敏感期理论 / 144
二、幼儿自我意识的确立 / 146
三、幼儿自我的发现和诞生 / 150
四、幼儿的占有欲 / 155

04 第四章　3岁+儿童敏感期　/ 161

第一节　执拗敏感期　/ 162
一、执拗敏感期理论　/ 162
二、幼儿的各种"不听话"表现　/ 164
三、幼儿的"暴力"行为　/ 168

第二节　追求完美敏感期　/ 171
一、追求完美敏感期理论　/ 171
二、幼儿的自我审美心理需求　/ 172
三、幼儿从审美到追求完美　/ 174

第三节　人际关系敏感期　/ 178
一、人际关系敏感期理论　/ 178
二、幼儿的"不等价"交换　/ 182
三、幼儿争抢东西的原因　/ 185
四、幼儿人际关系的培养　/ 188

第四节　色彩敏感期　/ 189
一、色彩敏感期理论　/ 189
二、给幼儿更多的色彩认知机会　/ 193
三、营造欢快明亮的色彩环境　/ 194
四、满足幼儿对色彩运用的渴望　/ 195

第五节　性别和出生敏感期　/ 197
一、性别与出生敏感期理论　/ 197
二、应对幼儿性别敏感期实践　/ 201
三、应对幼儿出生敏感期实践　/ 203

儿童敏感期概论

学习目标

1. 了解敏感期的存在。
2. 熟悉敏感期对儿童的作用与意义。
3. 了解儿童敏感期与中国传统教育的关系。
4. 掌握让儿童顺利度过敏感期的原则。

内容脉络

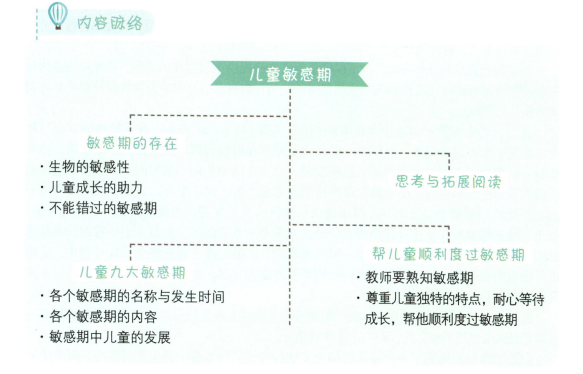

新生命的成长都会伴随着不可思议的奇迹,人类的生命更是如此,作为生物界的高等生命体,人类的成长过程蕴含着奥秘,也遵循着不可抗拒的规律。就拿人类生命的头几年来说,就有一个神秘且重要的规律,这就是儿童敏感期的出现。敏感期是儿童成长中必然要经历的时间段,人类生命的许多重要的功能、习惯甚至是品质,都可能由这一阶段开始发展,或者在这一阶段打下基础。

第一节　认识儿童敏感期

　　每个生命都会存在一些特定能力和行为发展的最佳时期，这就是敏感期。个体在这样的敏感期中，对能够形成这些能力和行为的环境所带来的影响将会极为敏感，这种影响可能会是一触即发。儿童成长过程中会经历这样的敏感期，这些敏感期大部分集中在他生命的头几年，而这头几年正是儿童构建其生命基础构架的关键时期，所以儿童敏感期值得重视。

一、生物敏感性的神奇作用

　　敏感期的存在，来源于生物所具备的敏感性。生物敏感性，就是指生物对环境的敏感程度。每个生物都具有敏感性，也可以将其称之为"本能"，一旦遇到某种特定活动所带来的刺激，生物的本能就将被激发出来。

　　作为一个物质机体，每个新诞生的生命自身都会有预定的心理原则。不管属于哪一个物种，新诞生的机体都具有心理本能，正是这样的本能让他逐渐适应环境，发展出特性，并可以继续生活下去，进而延续生命。

　　而动物所置身的外界环境，也不仅仅是为它本身提供生理存在的手段，外界环境也为每一种动物所具有的特性提供刺激，这就使得动物可以以自己的方式来为世界保持普遍的协调和守恒作出贡献。

　　荷兰著名生物学家和遗传学家雨果·德弗里斯（Hugo de Vries）在对蝴蝶的观察过程中，发现一个有趣的现象。雌蝴蝶一般都会把卵产在树枝与树干相连接的隐蔽位置，这里相对比较安全，不容易为鸟类等天敌所发现。幼虫在刚出生的一段时间里，只能靠吃树梢上的嫩芽为生，但它的"出生地"却离树梢非常远，为了保证生存，它必须从树枝与树干的连接处爬到树梢去接近嫩芽。然而幼虫从来没有见过嫩芽，也没有其他可借助的帮手，从出生地到嫩芽所在地这一段路程对于幼虫来说是非常危险的。但是几乎所有的幼虫都可以准确地找到嫩芽，及时填饱肚子，顺利地延续自己的生命。而在整个寻找过程中，它们也并没有中途迷路，没有因为两边树枝的吸引而走上岔路，而是能一直向着嫩芽前进，并最终吃到嫩芽。

　　这个神奇的现象原因就在于，树叶的嫩芽往往都生长在光线最强烈的地方，幼虫只要一直向着光线最强烈的地方爬，就一定能吃到嫩叶。

　　由此德弗里斯得到了一个惊人的结论：这种蝴蝶的幼虫有一种向光的本能，刚出生的幼虫是依据自己的本能顺着光线的方向朝树梢爬过去的，并最终得到能延续它生命的美味。

　　随着幼虫逐渐成长，它能吃的食物逐渐增多，不仅仅是树梢的嫩芽，树枝两旁的大叶子它也可以吃了，这时它对光的敏感性慢慢消失。再之后，它从不停地吃过渡到开始做茧将自己包裹起来，一段时间的等待过后，幼虫变成蝴蝶破茧而出，如果是雌性蝴蝶，在它诞下虫卵之后，新的一轮生命成长又将开始。

　　这便是生物敏感性的神奇作用，这种蝴蝶的幼虫所经历的这一段对光的敏感时期，就是其成长过程中不能被错过的必然经历。正是因为有这一段经历，才保证了幼虫最初的营养供给，这是它重要的生存保障，这也为其日后成长并持续到繁衍后代奠定了基础。

意大利教育家玛利亚·蒙台梭利（Maria Montessori）认为，儿童的心理发展与这一生物现象类似，而且从个体发展的过程来看，生命力不仅通过自发活动展现出来，在个体成熟的不同阶段，也会表现出不同的敏感期。正是这些敏感期，让儿童在复杂的环境中选择适合自身成长的方式，并积极地加以触摸与模仿，积累经验，为自己未来的人生发展打下基础。

二、儿童敏感期的概念

与其他动物一样，人类新生儿也具有物种所特有的心理潜力。动物的本能可以从它的行为方式中立即看出来，而人类新生儿却有所不同，儿童的精神不会立刻表现出来，而是深深地隐藏着，随着心灵的发展，它才会逐渐展现出来。正如蒙台梭利所说，"生长，是由于内在的生命潜力的发展，使生命力显现出来，它的生命力量是按照遗传确定的生物学的规律发展起来的"。[1]

儿童敏感期，就是指人在0—6岁成长时期，因为受到内在生命力的驱使，在某一发展阶段，会专心吸收环境中某一事物的特质，对某种事物或活动表现得特别敏感或产生一种特殊的兴趣和爱好，学习起来也特别快速、容易，并不断重复实践的过程。简单来说就是，儿童可能在某些特定时期对某些经验尤其敏感，抓住这个敏感时期，对其进行适当引导、帮助与鼓励，就能促进他的身心发展。每当顺利度过一个敏感期，他的心智水平也会上升到一个新的层面。如果错过了某些敏感时期，可能就会对儿童发展造成难以弥补的缺陷，甚至会埋没其某些特殊的才能。

蒙台梭利说："儿童是在他的敏感期里学会自我调节和掌握某些东西的。这就像一束光是从内部射出来的，或者就像电池一样提供能量。正是这种敏感性，使儿童以一种特有的强烈程度接触外部世界。在这时期，他们容易学会每样事情；对一切都充满了活力和激情。每一个成就都表明他们力量的增强。只有当这个目标达到时，疲劳和麻木才会随之而来。……当这个敏感期消失之后，经过思维的过程、主观的努力和不倦的研究，智力的成果表现出来了。"[2]

对于正常健康的儿童来说，敏感期是其成长过程中最主要的推动力，也是最佳的推动力。每一个成长阶段里都会出现不同的敏感期，只有不错过，并尽量为其提供成长所需要的环境刺激，以满足其正常生长发育与学习的需要。

三、敏感期的奇妙与奥秘

对于儿童来说，敏感期就好像是开启他生命诸多功能的开关，有的开关可能是关键性的，只有唯一的钥匙，一旦错失，这个开关可能会被永久锁死。比如视觉敏感期，如果在视力发展时期，遮住了儿童的眼睛，那么他眼睛的功能就将被废弃，即便结构正常，也依然不

---

[1] （澳）W·F·康纳尔.20世纪世界教育史[M].孟湘砥，胡若愚，主译.长沙：湖南教育出版社，1991：226.
[2] （意）蒙台梭利（Maria Montessori）.童年的秘密[M].马荣根，译.北京：人民教育出版社，2004：52—53.

会建立起视觉通路，看不到东西；有的开关又可能是延迟性的，在合适的时间里没有被打开，也不会被封闭，但却会延迟打开，而这个延迟打开的时间就不确定了。比如口腔的敏感期，儿童此时会对口的功能有一个大开发的过程，但如果阻止了他四处用口品尝的行为，那么他的口腔敏感期不会就此关闭，而是滞后，也许到两三岁的时候又开始出现四处咬东西的行为，但这时处理起来就比正常开启口腔敏感期时要困难多了；当然也有的敏感期像是会自动打开、自动关闭的，比如音乐敏感期、绘画敏感期，在某一阶段，儿童对这些事物会显得非常感兴趣，如果引起了成人的重视，可能会促使他这些方面的潜能得到开发，但如果被忽略，似乎对其长远发展并不会有太大的影响，但就此埋没掉了儿童未来的某些发展可能，这必定是一件令人遗憾的事情。

敏感期有着令人惊讶的奇妙与奥秘，它的存在引导着儿童的成长，这些"开关"一个接一个地打开，偶尔还会同时打开。儿童成长中所需要的技能就这样逐个被点亮，并慢慢成为他生存的最基本保障，成为他认识世界、了解世界并融入世界的必备能力。

在没有太多外力阻挠、干扰的情况下，儿童本身的成长就是一个符合自然规律的过程，就好像一棵树，在各自合适的时机里抽芽、长叶、开花、结果，每一步都不可逆，因为成长与发展是生命的必然。敏感期就是这个过程中一个又一个闪亮的节点，点亮一个节点，儿童成长的基础就丰厚一些。事实上，这些成长全都是儿童自控的，也许就在成人不知不觉之间，他的成长就已经悄悄发生，甚至达到了成人意想不到的地步。

儿童的成长总是能给成人带来震撼，敏感期的存在更是让儿童的诸多能力呈现"从无到有"的突现状态，随着能力的不断提升与出现，他的心理也会随之发生变化。但是，儿童依然是稚嫩的、不成熟的，任何变化都会导致他不安，这时就需要有成人的引导与陪伴、鼓励与肯定，陪他渡过一个又一个难关，让他能顺利地成长起来。

对于儿童自身来说，成长也是一种挑战，任何不恰当的外力干扰，都会让他输给挑战。而对成人来说，儿童的成长也是另一种层面上的"挑战"，成人要耐心等待儿童的成长，不急躁催促；还要有包容心，要宽容地看待儿童成长中可能出现的各种"反常"行为；还要有爱心，儿童的成长理应是成人的期待，每一个微小的进步都值得成人鼓励与赞赏。

四、蒙台梭利总结的九大敏感期

在生命的前几年中，儿童的敏感期会出现得很频繁，这也是他成长的需求。人生头几年是儿童身体各项机能逐渐被开发的时间，也是奠定他日后成长道路的基础，所以这一阶段的儿童会经历诸多敏感期。

蒙台梭利根据对婴幼儿的研究与观察，将儿童的敏感期分成了九大类。

(一) 语言敏感期

从0—6岁，儿童的语言敏感期会一直存在。儿童会对他所熟悉的人的声音感兴趣，父母及其他亲近的人的声音将成为他模仿的主要对象。当儿童开始关注成人说话，并尝试自己发出声音时，就意味着他进入了语言敏感期。

语言敏感期对儿童有着重要的意义，这是他未来能否拥有良好表达能力的基础。处在这一敏感期的健康儿童，对语言有一种与生俱来的敏感力，只要有良好的语言环境，他就会从纷繁复杂的声音中清晰地辨认出用来表达的话语，并通过强大的模仿能力学会发音、学会用词、学会造句，直到学会正常交流。

（二）秩序敏感期

儿童的秩序敏感期在出生后的第一个月就已经存在了，这是一个重要且神秘的敏感期。在2—4岁的儿童身上，秩序敏感期的特征会更为明显。儿童对秩序的敏感，最先体现在当他看到物品放在他所熟悉的恰当位置时就会显得很高兴，这便体现出他对秩序的一种积极反应。

在这个敏感期中，儿童会显得非常固执，他会对所有物品的摆放、事情完成的顺序产生"执念"，会格外在意物品的归属问题。只要是他已经认定的秩序，任何一个微小变动都能引发他的情绪激变。这种对秩序的追求，以及内在秩序的建立，虽然会暂时让成人感到难以应对，但这个敏感期却能帮助儿童逐渐建构智能，其能否正常顺利发展，对儿童来说相当重要。

（三）感官敏感期

感官敏感期出现在0—6岁这一阶段，这一时期就是儿童各个感觉器官发育的关键时间段。正常健康的儿童是依靠视、听、嗅、味、触等感觉来认识并理解世界的。这些感觉也会促使其记忆、表征、思维等高级心理的进一步发展。蒙台梭利认为，"感官是我们和环境之间的接触点，心灵可以凭借感官经验变得极其灵巧"，这个敏感期将引导儿童产生智慧，对儿童的个体发展具有重要意义。

（四）关注细小事物敏感期

在蒙台梭利看来，从儿童对细节的敏感，可以看到他们精神生活的存在。1.5—4岁时，儿童会出现关注细小事物敏感期。他在这个阶段会突然对微小的事物产生浓厚兴趣，或关注，或收集，或研究，通过对这些小事物的关注，儿童的观察力会得到提升，所以这一时期也是培养观察能力的好时机，同时通过对细小事物的关注，他的爱心也将进一步被唤醒。

（五）动作敏感期

动作敏感期的持续时间也为0—6岁，整个敏感期主要包括两部分：一部分是大肌肉的运动，比如走、跑、跳，以及肢体运动；另一部分则是小肌肉的运动，比如手指的抓握运动、手眼协调运动等。儿童身体各部分的肌肉只有得到充分调动，才能保证他可以进行流畅的运动，而运动也将有助于儿童左右脑的均衡发展。尤其是小肌肉的运动，比如手部的灵活动作，对儿童的智力发展也是有益的。

（六）社会规范敏感期

从2.5—6岁左右，儿童进入社会规范敏感期，他不再总是凡事都以自我为中心，而是开始将兴趣逐渐转移到社交、参加集体活动之上。这时的儿童喜欢交朋友，并且乐于参加群体性的活动，有想要融入一个集体的意识。这一阶段，正是帮助儿童明确日常生活规范、礼仪的好时机，也是教育他遵守社会规范，学会自律生活的关键时期。

（七）书写敏感期

3.5—4.5岁这期间，儿童开始拿笔涂涂画画，这就意味着他的书写敏感期到来了。这时儿童的书写只是拿着笔四处留"痕迹"，有时候是随便点一个点，有时候又可能是画出几道印来。儿童可能会对自己写画的东西有自己的想法，也可能没有，但不管怎样，这时候的他都会很享受写画的过程。如果在这个时期给儿童提供了足够的纸笔和书写机会，他内心对书写的需要就会被满足，而借此机会，如果成人有所投入，儿童也将学会写字。

（八）阅读敏感期

阅读敏感期的持续时间为4.5—5.5岁，儿童开始对图书感兴趣，喜欢看书，也喜欢成人给他读书,有些书甚至是百看不厌、百读不厌。与其他敏感期相比,儿童的阅读能力发展并不算迅速,但如果其他敏感期的发展比较顺利,比如视觉、语言、动作等敏感期发展都很好,那么儿童进入阅读敏感期后,其阅读能力也将能迅速发展。若是再加上成人良好的引导与帮助,那么儿童就可以养成爱读书的好习惯,并能够养成正确的阅读习惯。

(九)文化敏感期

按照蒙台梭利的研究认知,文化敏感期的发生时间是在儿童3岁时开始。但实际上,很多儿童要到6—9岁才会出现这种想要强烈探索事物的欲望。虽然儿童在3岁左右时对文化会有兴趣,但真正的探究心理却要晚一些才会出现。那么一旦儿童进入了这个特殊时期,成人就要给他提供足够多的文化信息,让他接触多方面的知识。儿童就像是海绵,接触的信息越多,吸收的可能也就越多。

从这九大方面来看,儿童敏感期集中出现在0—6岁。在这段时间中,儿童的成长变化是惊人且飞速的,有的变化几乎是瞬间爆发,有的变化是细水长流,这些变化可能对儿童未来成长都会起到关键性的作用。在这个汇集了诸多敏感期的阶段里,儿童的能力、智力、心理都将发生质的飞跃,可以说这一时期的成长奠定了他一生的发展。

五、敏感期与大脑发育

儿童敏感期的发展,与其脑部的发育是分不开的。美国底特律市神经生物学家哈利·丘加尼(Harry Chugani)教授通过对婴儿大脑的扫描发现,婴儿脑部的各个区域,会在出生后一个接一个地活跃起来,并相互建立起联系。儿童的特性会在其成长过程中慢慢显现,并在不同的年龄阶段得以发展。

(一)脑的成长发育

作为人类生理、认知和情绪发展的基础,大脑的发育贯穿人的一生。新生儿刚出生时,其大脑只有成人脑容量的1/4～1/3,到了3岁时,儿童的脑重量就已经接近成人脑重的90%,6岁时儿童的脑重量几乎就等于成人的脑重量了。不过,脑重量的增加并不等于脑发育的完成,儿童大脑的一些特定部位还会继续发育,最终逐渐形成并接近成人脑的机能。大脑的最初发育被称为"脑生长突增期",脑的不同部位在不同时期的发育速度各有不同。

知识链接1-1

大脑的发育——20年的历程[1]

新生儿

新生儿的大脑约重400克。负责本能行为的大脑下部已全部形成,但大脑皮层的神经元(大脑上部的沟回区)几乎还没有形成任何起作用的连接。

婴儿

婴儿出生后的第一年里,在体验并学习的过程中,大脑皮层以每秒钟数以百万计的

---

[1] (英)约翰·麦克龙.大脑的秘密[N].参考消息:奥秘新知版,2003(4).(原载英国《焦点》月刊)

速度形成突触连接。为了向繁忙的神经元提供营养和保护，皮层形成了额外的支持细胞，因此大脑重量增加了一倍。

幼儿

随着幼儿开始应付他们的世界，突触连接的数量却下降了。最初的大量突触减至原来的一半，这是为了让神经通路效率更高。但这段时期大脑的总重量继续增加，达到1.1千克左右。

儿童

学龄儿童的大脑连接大部分已完善。这时神经纤维的表面形成了髓鞘，确保了大脑所有区域之间的良好联系。

青少年

青少年的大脑已经达到了发育成熟后的重量——1.3～1.4千克。但最高的皮层中枢，尤其是负责计划和社会思维的额叶还将进行最后阶段的突触发展。

成年人

到20岁，大脑已经基本建立了它的连接网络。神经学家曾认为大脑从这时起就开始走下坡路了。但根据最近的发现，大脑仍然会不时生长出神经元。因此只有当大脑确实患上疾病时，意识的衰退才变得不可避免。

1. 脑的成长过程

卵子受精后1周内，受精卵就不断分裂，一部分形成大脑，其余的部分则形成神经系统。也就是在这个时候，人脑的发育开始了。如图1-1所示。

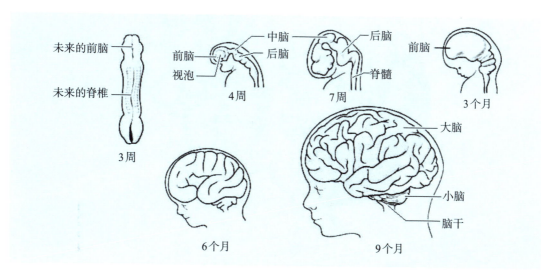

▲ 图1-1　胎儿脑发育[1]

---

[1]（美）帕帕拉（Papalia, D.E.），奥尔兹（Olds, S.W.），费尔德曼（Feldman, R.D.）.孩子的世界——从婴儿期到青春期（11版）[M].郝嘉佳等，译.北京：人民邮电出版社，2013：177.

怀孕18天之内，胎儿的大脑细胞会逐渐分裂增殖，形成管状的神经管。之后的发育进程中，神经管的头端会逐渐变厚，随即形成3个膨大的空间，膨大空间的中间部分会发育成脑，神经管的另一端则会在不久之后发育成脊髓。到4周时，脑的主要区域就形成了前脑、中脑、后脑等基本区域。随着发育，在孕期4—5个月时，脑的前部分快速发育形成大脑，这是一大片缠绕在一起的错综复杂的向上的集束，也是有意识脑活动发生的部位，脑部的神经系统也慢慢发育，触觉、味觉的感觉区会慢慢出现。待到孕期6—8个月时，胎儿的脑部发育将达到一个高峰期，其大脑皮质细胞快速分裂，表面褶皱开始逐步形成，大脑皮质也慢慢变得发达起来，控制触觉、听觉的区域不断发育完善。9—10个月时，胎儿大脑半球的表面层随着发育会慢慢将间脑和小脑包裹起来，形成大脑皮质。胎儿的听觉、视觉神经回路发育也在继续。脊髓扩展成脑干，待到出生时就基本上发育完全了，而位于脑干上方的小脑则在出生后第一年里发育最快。婴儿出生之后，脊髓和脑干就由先前的急速生长转变成接近常规的生长。

2. 脑的生理机能

大脑分为两个半球，脑的顶部、脊髓的最远端是前脑，外面像一顶帽子盖在上面的细胞层就是大脑皮层。整个脑体积的80%都被大脑皮层占据着，其与知觉、思维、语言及其他重要功能紧密相关。大脑皮层的两个半球各有4个主要区域，这样的区域称为"脑叶"，分别是额叶、顶叶、颞叶和枕叶，见图1-2。额叶主要参与自主运动、思维、人格、意向或目的；枕叶主要在视觉方面发挥作用；颞叶掌管听觉、言语加工和记忆；顶叶则掌控空间位置、注意和运动控制。

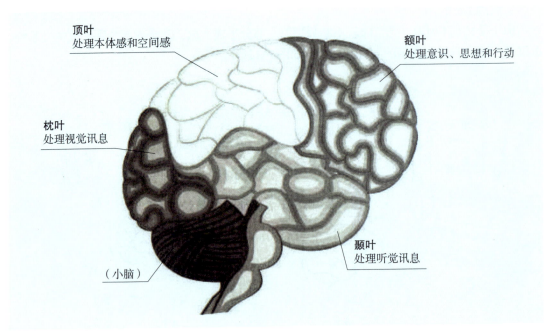

▲ 图1-2 大脑皮层按功能性区分为四大区域[1]

---

[1] （新加坡）陈禾.教养智能：0—6岁孩子的教养策略[M].杭州：浙江少年儿童出版社，2016：114.

大脑皮层之下，脑的深层结构中还有其他重要结构，包括下丘脑、垂体，以及在情绪中起重要作用的杏仁核，在记忆和情绪中都尤为重要的海马等，这些结构及其附近的部分被称为"边缘系统"。

神经元是脑内处理信息的细胞，包括轴突和树突，轴突的主要作用是将电信号从神经元的中心传出，在轴突末端、微小间隙处的结构叫突触，电信号导致化学物质也就是神经递质被释放出来，而神经递质又导致下一个神经元能产生电信号，由其树突传到中心或胞体，神经元由此通过突触间隙处的神经递质释放进行相互联系。

神经元群又被称作神经回路，大脑中有诸多神经回路，它们通过共同合作来处理特定类型的信息。从某种程度上来说，神经元要处理什么类型的信息取决于其所位于的皮层的位置是左半球还是右半球，因为大脑的不同半球掌管着不同的功能，这种一个半球功能特殊化的现象，被称为单侧化。不过一般人的复杂思维，都是通过两个半球相互联系的结果。

3. 神经系统的发育

人的大脑和神经系统包括数量高达万亿的高度分化的细胞，曾经有很多研究者认为婴儿出生以后就不会再产生新的神经细胞，但是科学家证实，在大脑海马区这个对学习和记忆非常重要的脑区，终生都可以产生新的神经细胞。

导致大脑生长加速的一个主要原因，就是神经胶质细胞的生长，其为神经元提供养料，最终将神经元用一种蜡质的髓鞘与外界隔开。神经胶质细胞的数量远远大于神经元的数量，且在人的一生中会一直不断地形成。

受到神经元细胞迁移到具体位置的影响，神经元承担了诸如成为大脑视觉区或听觉区细胞的功能。如果一个在正常情况下应该迁移到大脑视觉区的细胞，被移植到了控制听觉的区域，它也会最终分化为一个听觉神经元。

同时，突触发生过程在大脑生长加速期内有迅速的进展，这就导致了一般婴儿会有比成人更多的神经元和神经联结。这是因为有一些神经元细胞会在婴儿时期成功地与其他神经元细胞联结在一起，并将那些没能与其他神经元细胞建立联系的神经元细胞挤走，所以在生命早期诞生的所有神经元中，大约会有一半在这一时期被淘汰。这种现象恰恰反映出了婴儿大脑的高度可塑性——即神经细胞对环境的影响非常敏感。

（二）婴儿期的脑

从胎儿时期开始，人类的大脑就有很大的发展，整个婴儿期及以后的时期也一直都在继续发育。也正因为婴儿时期大脑依然在发育，所以在这个阶段里对婴儿的头部应该予以保护，除了避免跌落、撞击或其他伤害，同时也尽量不要剧烈摇动他，尤其是摇动他的头部。

成长过程中，婴儿在走路、说话、跑动、摇动玩具时出现的表情动作或发出的声音，都意味着他的大脑也在发生变化，他开始产生思想，出现相应的神经反应。从一个单细胞生命到9个多月后出生，婴儿就已经拥有了10亿神经元的大脑和神经系统。

婴儿的大脑在等着环境来决定其神经连接方式，在出生前，主要是基因来决定他的神经连接方式，神经元增长、延伸到远处以等待进一步的命令；出生后，视、听、嗅、味、触等感觉，以及语言的大量出现，都有助于大脑神经连接的形成。而显然，大脑中神经连接越多、越紧密，大脑可开发的功能也就越强、越多。这也就是婴儿具有超强学习力以及发展能力的原因。

知识链接1-2

对婴儿脑的研究[1]

研究婴儿期脑的发展不是件容易的事,即便是最新的脑成像技术也不能提供其具体的细节——因为,这些技术不能用在婴儿身上。PET扫描(对经过特别处理的葡萄糖在脑不同区域的分布进行测量,然后通过计算机加以分析)具有放射性危险;而MRI(在身体周围设置磁场,用放射性波来显现脑组织和生化活动)使用时会导致婴儿的身体乱动。

不过,还是有一位研究者在探究婴儿脑发展方面迈出了一大步,他就是查尔斯·纳尔逊(Charles Nelson)。他在研究中把128个电极贴在婴儿的头皮上。结果发现,即便是刚出生的婴儿也能产生明显的脑电波差异:这表明新生儿能将母亲的声音与其他女性的声音区分开来,即便是在睡觉时,新生儿也具有这个能力。纳尔逊另外的研究发现,8个月大时,婴儿能辨别出允许他触摸的木头玩具的图片,而对其他玩具的图片则没有这种结果。这种能力的获得是与海马(与记忆有关的一个重要结构)中神经元的发展同步进行的,海马的发展使婴儿能够记住具体的细节和事件。

神经元的变化也一直在持续,人生的前两年中两个重要发展表现在髓鞘(脂肪细胞层,加快神经冲动在轴突的传导速度)和突触连接上。轴突外包裹一层髓鞘的过程称为髓鞘化。这个过程从出生前就已经开始了,出生后依然在继续。视觉通路的髓鞘化在出生后迅速进行,要在6个月内就完成它;听觉通路的髓鞘化直到四五岁才完成;而有些方面的髓鞘化,比如大脑额叶髓鞘化的显著增长就发生在青少年期,也就是意味着有些方面的髓鞘化会持续整个青少年期。突触连接的显著增加也是婴儿前两年大脑发育中的一个特征。

(三)脑的潜能

人脑拥有极其精密的构造,在大脑两个半球的表面覆盖着由140亿~170亿个神经细胞组成的神经细胞层,也就是大脑皮质,正是它让人能够作出思考,并由它来发出整个身体的各种行动指令。人脑的每一个构成部位只有通力协作,从而保证其正常运转。

与脑部功能、人类潜能的发挥有密切关系的正是神经元,作为神经系统的基本结构,神经元可以同时处理100万个指令。如果少了这些神经元,那么感觉器官与中枢神经的关联就无法建立起来。神经元的信息传输速度非常快,一个神经元可以在1/50 000秒内就将信息传给其他成千上万的神经元。而大脑就可以在很短的时间里清楚地辨识各种信息,所以正常的人脑可以做到同时处理好几个问题。

人类的大脑是非常神秘而奇特的存在,它可以吸收、存储、控制、运用大量的信息,而且具有随机应变的能力,且每个人对大脑的应用都各有特点,这就使得每个人的大脑都是独一无二的处理器。相比电子计算机,人脑的功能要更为强大,不仅比世界上最先进的

---

[1] (美)桑特洛克(Santrock, J.W.).儿童发展(11版)[M].桑标等,译.上海:上海人民出版社,2009:129—130.

电子计算机更复杂，而且人脑本身的潜力就已经相当于10万台大型电子计算机的处理能力了。

人脑还有更为强大的特点，那就是越用越灵活，丰富的经验可以促进大脑发育，甚至可以补偿之前的感觉剥夺。那些善于挖掘潜能、激活大脑机能的人，会在许多方面表现得更为出色。而大脑潜能的开发也并不是不可能的难事，只要经常接触新知识，经常让大脑接受信息的刺激，多观察、多学习、多思考，大脑就能保持活跃。有研究表明，在人类成长过程中，10岁之后每10年就会有10%的控制高级思维的神经细胞萎缩、死亡，信息的传递速度也会随着年龄的增长而逐渐减慢，但以"用进废退"的道理来看，如果坚持用脑，注重脑部营养的补充，那么大脑每天也会有更多新的细胞不断产生，从而保证了大脑功能的正常发挥。

（四）多元智能理论

美国哈佛大学教育研究院发展心理学家霍华德·加德纳（Howard Gardner）博士通过研究脑部受创伤的病人发现，这些病人在学习能力上开始出现差异，1983年，他提出了多元智能理论。

传统智力理论认为，智力的核心是语言能力和数理逻辑能力，两者整合方式而存在的一种能力就是智力。但加德纳认为，过去智力的定义过于狭窄，并不能正确反映一个人的真实能力。他给智能的定义是，人在特定情景中解决问题并有所创造的能力，人的智能并不是单一的，而是多元化的，主要包括语言智能、空间智能、数学逻辑智能、音乐智能、肢体运动智能、人际交往智能、自我内省智能7项内容，1995年和1999年他又提出了自然感知智能和存在智能（如表1-1所示）。对于不同的人来说，拥有不同的智能优势组合。

表1-1 加德纳的多元智能理论[1]

智力类型	智力过程	对应脑区	适合职业
语言智能	对词语的意思、发音、语言结构以及语言的多种用途敏感	左半球、颞叶和额叶	诗人、小说家、记者
空间智能	能准确识别视觉空间关系，将感知到的内容进行转换，并能够在原始刺激材料消失后重新创造视觉体验	右半球、顶叶、后枕叶	工程师、雕刻家、制图师
数理逻辑智能	能在抽象的符号系统中进行运算和关系推理，在评价他人观点的时候，思维逻辑化、系统化	左顶叶和颞枕联合区 左半球负责词语命名，右半球负责空间组织，额叶负责计划和目标设置	数学家、科学家

---

[1]（美）谢弗（Shaffer, D.R.）等.发展心理学：儿童与青少年（8版）[M].邹泓等，译.北京：中国轻工业出版社，2009：319.

（续表）

智力类型	智力过程	对应脑区	适合职业
音乐智能	对音调和旋律敏感，能够将音调与音乐片段合成大的乐章，能够理解音乐中的情感因素	右前颞叶、额叶	音乐家、作曲家
肢体运动智能	能够通过熟练地支配身体去表达或者完成某种任务，能够有技巧地运用器材	大脑运动带、丘脑、基底神经节、小脑	舞蹈家、运动员
人际交往智能	能够对别人的情绪、脾气、动机和意图作出准确觉察和回应	整合个体或状态的内部和外部的额叶	临床医学家、公共关系家、销售人员
自我内省智能	对自己的内心状态敏感，能够认识到个性的优点和缺点，并能够利用这些信息调整自己的行为	整合个体或状态的内部和外部的额叶	几乎对生活所有方面的成功都有作用
自然感知智能	对自然环境中影响生物体（动物和植物）的因素和生物体对自然界产生的影响因素敏感	左顶叶（区分生物和非生物）	生物学家、博物学者
对精神和存在的思索智能	对人生的意义、死亡和人类其他方面的状态等问题的敏感	假设位于右颞叶中的一个特殊区域	哲学家、神学者

加德纳认为，每一种能力都是独立存在的，它们各自遵循着不同的发展历程，并与相应的脑区相联系。这也是他从那些脑部受伤的病人身上观察得出的结论，因为这些病人某一脑区受损，通常只有一种能力受到影响，而其他能力并不会被影响。

从这个多元智能理论来看，每一种智能的发展都与敏感期息息相关，如果儿童在每一个敏感期里都得到了良好的呵护与引导，那么与之相对应的智能就会有一个良好的发展前景。如果错过了这个关键时期，虽然最终还是能将事情做好或者学会，但却可能要付出更多的努力，而且还可能出现付出却没有回报的情况。

所以，在婴儿出生后的几年中，抓住关键时期进行良好的教育与引导，对开发智力与培养能力至关重要。可塑性极强的大脑，在经历有意识地培养与教育之后，脑部发育也将快速提升，智力水平自然也就提升了。

六、敏感期与中国传统教育

（一）敏感期与中国传统教育的相通之处

儿童敏感期的理论是由意大利教育家玛利亚·蒙台梭利提出来的，尽管其源于西方教育,但却并不是西方独有的教育理论。我国古代的先贤们,也都产生过类似于"敏感期"的见解。比如,我国群经之首《周易》中就提到过与"敏感期"相类似的理念。《周易·系辞下》中提到,"君子藏器于身,待时而动,何不利之有";《周易·艮卦》中也提到,"时止则止,时行则行。动静不失其时,其道光明"。这里提到的"时",是指事物发展过程中的重要时机或时期,已接近今天"敏感期"的概念。除此之外,《管子·霸言》中也提到:"圣人能辅时,不能违时。"《列子·说符》中说:"得时者昌,失时者亡。"《荀子·仲尼篇》中说:"时诎则诎,时伸则伸。"汉代刘向的《说苑》也提到:"少而好学,如日出之阳;壮而好学,如日中之光;老而好学,如炳烛之明。"这些都表明,我国古人很早就认识到,在事物的发展过程中存在着关键时期,在关键时期内采取行动,可以通过最少的努力,取得最佳效果。这些思想与"敏感期"的概念非常类似。[1]而最为接近"敏感期"概念的当属中国(也是世界上最早的)教育学专著《学记》里提到的"时过然后学,则勤苦而难成",意思是说如果错过了学习某种事物的最佳时期,以后即使非常勤奋刻苦,也很难再学成。这与"敏感期"的意义相同,只是中国的古圣先贤没有明确地提出"敏感期"这个概念而已。

如果仔细研究分析,就会发现蒙台梭利的儿童敏感期教育思想与中国传统教育思想之间的关联性非常强。

1. 二者都强调早期教育的重要性

蒙台梭利儿童敏感期教育思想强调,早期教育就是要在儿童人生的前几年抓住每一个发育的关键点,给予必要的帮助与重视,促进儿童各方面发育的顺畅自然。蒙台梭利认为,"儿童在敏感期里学会自我调节和掌握某些东西,正是这种敏感性,使儿童以一种极其强烈的态度接触外部世界,在这时期,他们很容易学会每样事情,对一切都充满了活力和激情",将儿童早期重要阶段的教育紧紧抓住,教育才能更有成效。

而同样的,中国传统教育也非常注重这一点。我国最早完整论述家庭教育的著作《颜氏家训·勉学》就强调要对儿童尽早施教,指出"人生小幼,精神专利,长成已后,思虑散逸,固须早教,勿失机也"。《颜氏家训·教子》也强调,"少成若天性,习惯如自然"。意思是,对儿童要尽早开展教育,因为人在小时候精神最专一,这时候施教,就好比是在干净的白纸上书写,写入什么就是什么,是施教的重要时机。如果小时候就接受了良好的教育,从小就有好教养,养成好习惯,长大后自然也会一身正气,不会轻易为歪门邪道所污染。中国传统教育中还提到"三岁看大",这也是在说明,儿童时期接受到的教育,受到的影响,养成的习惯,就已经可以预见其成年的状态。

2. 二者都强调教育要适应自然规律

蒙台梭利敏感期教育认为,自由活动是每个儿童的内在需要,也是适应每个儿童发展节奏的最佳途径,为了满足他们内心的需要,儿童在"工作"中可以自由选择工作材料、自由确定工作时间。

而中国文化则强调"天人合一"的观念,崇尚人与自然的和谐统一,肯定人与自然具有内在的同一性。中国文化的这种观念,其实就是在表达对自然的尊重。老子强调"自然无为",教育主张"不言之教",其本意就是不要刻意改变学生的天赋秉性,尊重他的自然特点,重视其自然的思想觉悟,教育的本意就是要完善自我人格。

---

[1] 王慧萍,孙宏伟.儿童发展心理学[M].北京:科学出版社,2010:62—63.

同时,《学记》中也讲道:"当其可之谓时,不陵节而施之谓孙。"意思就是,应该在适当的时机进行教育,不超越个体本身的知识基础与认知能力去教导,让其按照自己的规律循序渐进,但也不能错过时机。这也是在提醒人们,学习是有关键期的,顺应自然规律发展,到了应该好好学习的时候就一定要抓住时机去努力。总之就是到什么时候做什么事,自然发展的规律不能违背。中国有"揠苗助长"的成语,就是提醒人们不要随意打破事物发展的自然规律,否则可能适得其反,尤其是在教育这方面,要尊重儿童成长的天性原则,在合适的时机施展合适的教育,才能给儿童的成长以良好的助力。

3. 二者都强调环境对儿童的影响

蒙台梭利敏感期教育提醒教师,一定要为儿童创造一个"有准备的环境",这个环境要以儿童为本,不仅给儿童足够的安全感,还要在其中准备充足的、可以促进儿童发展的内容,同时这个环境也要具备自由和视觉美感,还要有一定的限制与秩序性。通过在这样的环境中学习与教育,儿童要学会面临未来世界及一切文化的方法与手段。

同样的,中国文化对儿童成长过程中的环境也有着强烈的"关注度"。"孟母三迁"的故事里,孟母之所以几次三番择邻而居,就是为了要给孩子选择一个适合他成长的好环境,避免他从周围环境中学来坏习气,让他在好环境中得到熏陶,这正如《孔子家语·六本》所指出的,"与善人居,如入芝兰之室,久而不闻其香,即与之化矣。与不善人居,如入鲍鱼之肆,久而不闻其臭,亦与之化矣。丹之所藏者赤,漆之所藏者黑,是以君子必慎其所与处者焉"。

同时,墨子也在《墨子·所染》中强调,"染于苍则苍,染于黄则黄,所入者变,其色亦变;五入必而已则为五色矣。故染不可不慎也",意思就是说环境对一个人的影响是巨大的,周围环境的好坏会直接影响一个人品性的发展。尤其是对天性纯然的儿童,好的环境会让他受到更多的正向影响。

(二)在敏感期教育中做到中西融合

敏感期的理论与中华传统教育有着诸多相通之处,所以在对儿童的教育过程中,完全可以做到中西融合。让中国的儿童在受到更具有中华传统文化特点的教育的同时,又能吸收西方经典的敏感期教育内容的精华,让共通的理念相互碰撞融合,这无疑是对儿童有好处的。

1. 教师要多接受传统文化的熏陶

对儿童开展教育并不是一件简单的事,儿童需要的不仅仅是成人的细心对待,他更需要成人本身做一个好榜样。教师的文化素养、知识水平以及谈吐表现,都将是影响儿童的关键因素。作为教书育人队伍中的一员,即便是幼儿教师,也同样肩负着向祖国的新一代传承文化的重任,所以若想要更好地在敏感期教育中做到中西融合,教师本身就要多接受传统文化的熏陶,提升自身的文化素养,才能在接下来的教育中游刃有余。

比如,推荐儿童看的经典书籍,教师应该了如指掌,熟知其内容,这样不管是向儿童推荐还是讲解,教师都将更有发言权。如果能对书中的内容进行更深入的思考与研究,有更深刻的理解,那么对儿童也会有更好的引导与帮助。而且,如果教师能多读一些书,也会对书的优劣好坏有一个更为自主的理解与判断,好书还会帮助教师提升自我。

另外,有些教师对传统文化会有误读,认为一旦开始学习传统文化,便与现代社会开始脱节,以为这种学习是死板而无意义的。教师要学会用传统文化的理念来处理现代社会生活中遇到的问题,要将传统文化学活。教师一定要亲自去接触传统文化,而不能人云亦云,要有自己的思考,才能更好地向儿童开展教育。

2. 让传统文化与蒙台梭利教育相融合

每一种优秀的教育模式都是在本民族文化之上才能生根发芽，进而开枝散叶的，来源于西方的蒙台梭利教育模式，与中国的实际教育现状也难免会存在差异。但是不可否认的是，蒙台梭利教育的理念、观点与方法对孩子的成长是有益的，所以一个可以借鉴的解决办法就是将蒙台梭利教育与中华传统文化相互融合。

比如，可以以中国传统文化的方式来开展蒙台梭利教育。将西式的教育内容，用中国传统文化的诗歌、水墨画等形式来展开，结合中国孩子的文化背景，以中国传统文化的故事、道理来进行讲解；对蒙氏教具和教学内容的使用不用那么死板，结合中国传统玩具，用中国的方式来引导孩子，也更适合中国文化的传播特点。如跳绳、跳房子（见图1-3）、斗鸡（见图1-4）、丢沙包、翻花绳、剪纸、七巧板等玩具或游戏，都能很好地实现蒙台梭利教育中的要求。因为蒙台梭利所设计的教具的核心是以儿童的生命成长需要为中心的，它符合人类生命成长的规律，也符合人类认知发展的规律，蒙台梭利并未将所有的教具都设计好，而是鼓励教师结合本土文化为孩子研发教具[1]。所以教师一定要结合中国实际情况设计出能反映中国传统文化精髓的玩具、游戏、教具、教材等。

教师要能根据自身所学与所经历的内容，善于将传统文化与当下新理念和西方理念中的精髓进行对比融合，以传统的、正确的思想理念为依据，开展更适合现代儿童成长发展的教育。

▲ 图1-3　跳房子[2]

---

[1]　朱燕平.梁志燊教授谈蒙台梭利教育[J].早期教育，2006（4）：5.
[2]　图片提供：湖南张家界童星幼儿园。

▲ 图1-4 斗鸡[1]

3. 要理性看待中西方教育的不同

中西方教育的不同，主要表现在教育理念上。而中西教育理念的交流，在本质上还是中西文化的交流与沟通。

在中国开展蒙台梭利教育，不应该完全照搬照抄这种教育思想理念的点点滴滴。尽管蒙台梭利教育思想与中国传统文化的价值理念有契合的地方，而这也成为蒙台梭利教育思想与中国传统文化对接研究的理论基础。但因为中西文化底蕴的不同，所以其中也会存在一些与中国传统文化不同或者不相符的地方。

比如，蒙台梭利教育强调给儿童自由，强调成人应该给予儿童尊重，理解儿童，帮助其成长。在中国传统教育中，不仅要求教师要尊重儿童，也要求儿童一定要尊重师长。对于中国历史来说，儒家文化影响深刻，其中中国教育重在教儿童学会正确做人的道理是原本蒙台梭利教育中并未着重提及的。所以如果一概照搬、复制蒙台梭利教育思想，那么就不能实现完全意义上的中国化、本土化。但在中国现存的蒙台梭利教育中，却对儿童进行了做人的教育，可见，蒙台梭利教育在中国是与中国传统文化教育相融合了。

党的二十大报告指出，"中华优秀传统文化源远流长、博大精深，是中华文明的智慧结晶"，中华文化不但没有被西化，反而还有"化西"的力量，就在于其有取舍、吸收和借鉴外来文化的强大包容力，能把外来文化变为自己的文化。所以对待蒙台梭利教育，也应本着这样的态度。

教师也应该适时将中华优秀传统文化教育穿插其中，适合的继续执行，不适合的就要根据本民族的文化做改变，缺少的就在合适的时机补齐全。不仅要让儿童教育更为全面，同时也要保证中华传统文化在下一代能得到更好的传承。教师要学会在实践中反思，更要保证自己的教育理念不会变成"空中楼阁"。

在教育现代化的过程中，通过对蒙台梭利教育思想理念与模式的学习、吸收与借鉴，发现只有根植在中华文化的坚实沃土上，才能让蒙台梭利教育和中国传统教育有利结合，使之成

---

[1] 图片提供：山东庆云新华爱婴幼儿园。

为真正对中国儿童有意义的教育，才能使西方现代教育理念与中国传统文化不断融合、共存。

（三）中国传统文化对中国儿童的重要性

文化的传承要靠一代又一代人的努力，教师肩负文化传承的重任，要将中国优秀传统文化完整地传给新一代。在现如今的社会，更多的人有一种错误的思想，认为"西方来的才是好的，因为西方崇尚自由，孩子刚好需要自由，所以西方的教育更适合孩子的成长"，这样的想法是非常片面的。对于自己的文化不了解、不重视，看不到本民族文化的优点，却只是盲目地认定西方，这不能不说是一种悲哀。

而且，很多人对西方的认知非常浅薄，只看到了西方的表象，却并没有深入探究其内在的根源。很多人学习西方，就只是照猫画虎学到了皮毛，西方的一些思想理念，如果追本溯源，很多内容是与中国传统文化相通的。

所以，不要只关注西方的优点，中国传统文化有更多的内容是非常适合中国儿童成长发展的。本民族的文化才更适合本民族的发展，这应该是一个很重要却也很实用的道理。

更何况，中国传统文化是四大文明古国中唯一被保存下来的文化，西方的很多思想理念甚至都是从中国传统文化中传承而来的，这样几乎可以算是先天的优势。如果被放弃、被遗忘，岂不是太过可惜？儿童敏感期虽然是出自西方理论，但并不意味着接受它就要丢掉中国传统文化，对于中国儿童来说，中国传统文化才是他们的根。

1. 重要性体现在哪里

（1）传统经典

中国传统文化中包含了丰富的知识，大至天文地理、历史科学、社会家庭，小至举手投足、穿衣戴帽、言行礼仪，可谓无所不包。学习传统文化经典，可以开阔儿童的思维，启发他的联想。

所谓经典，是指一些经过历史的选择，具有典范性、权威性、代表性、经久不衰的万世之作。比如说儒家的"四书五经"就是经典，"四书"包括《大学》《中庸》《论语》《孟子》，"五经"包括《周易》《尚书》《诗经》《礼记》《春秋》。另外，其他的一些经典著作都值得儿童和成人认真品读。

圣贤所留下来的一些经典是弥足珍贵的人生智慧，可以作为儿童一生的座右铭，指导他走好自己的人生路。如果儿童能够把经典作为每天亲近的"仁者"，能够把读诵经典作为每天的功课，并把这些经典作为做人做事的标准，作为自己待人接物的指导思想，那么儿童就等于是时刻在亲近"仁者"了。只要儿童能深入经典，把经典的教诲落实在生活中，哪怕是其中的一句话，都会使儿童受益终身。因为，圣贤的智慧充满了无穷的力量，是一个人奋斗的不竭动力。所以，也希望儿童能从这些经典中汲取营养，加强自身修养。[1]

再具体来说，中华传统蒙学经典如《弟子规》《三字经》《百家姓》《千字文》为三言、四言押韵语句，读来朗朗上口，风格鲜明且通俗易懂，非常适合儿童诵读、记忆，也适合儿童的心智发展规律。儿童通过诵读、记忆、践行，促使记忆力、想象力得到开发与提升，从而掌握众多社会与自然常识，并记住一些做人的规矩、道理，而在生活中不断地实践与感悟，也会使身心智慧得以成长。

（2）传统礼仪

中华民族历经5 000年的发展，形成并完善了具有中华民族传统特色的道德与礼仪文化。

---

[1] 鲁鹏程.孩子优秀是教出来的[M].武汉：长江文艺出版社，2017：199.

孝、悌、忠、信、礼、义、廉、耻、仁、爱、和、平等，这些是中华文化的精神命脉，也是中华传统礼仪文化的核心，正是因为有礼仪的存在，中华民族才拥有典雅的语言、优美的举止以及和谐融洽的人际关系。

孔子曾对他的儿子孔鲤说："不学礼，无以立。"在当时，"礼"是指《周礼》。意思是，如果不学礼的话，就很难在社会上立足。所以，孔鲤听到之后，就去学礼了。这个道理，从古至今一直通用。

自古以来，中国就特别讲究礼。礼学经典有《仪礼》《周礼》《礼记》，注重的礼节有冠礼、笄礼、婚礼、家礼、乡射礼、祭礼、日常礼仪等。

对于儿童来说，从小学习礼、实践礼，通过对礼仪的学习，以及在礼仪氛围中的熏陶，儿童内心的德性修养将得到提升，也会使得他的外在行为表现得到规范，从而做到"敬而无失，与人恭而有礼"。

（3）传统节日

中华传统节日的保护有利于节日文化的延续与传承，还有利于将中华民族的精神世界展示给世人。这些传统节日中包含着丰富的内容和礼仪，有天文、气象、物候知识，也有人文、历史、地理典故，其中提倡适应自然的规律，强调万物平等，倡导人与自然、人与人之间的和谐。节日文化中衍生而来的一系列活动、风俗、仪式，都已经内化为中国人的道德意识与行为习惯。中国人的家庭凝聚力、民族传统和民族精神的力量，都通过节日文化有所显现。儿童在这样的氛围中成长，感受这些传统节日所带来的伦理道德与审美内涵，这对其精神与心理将产生重要影响，节日文化所带来的感染力将会对儿童产生持久的作用。[1]

2. 教师应该怎么做

教师要给儿童创造一些接触中国传统文化的机会，诵读经典、听中国经典故事，让他从文字中认识中华文化，让儿童参观博物馆、科技馆，让他更深入了解人文、科技、地理、天文等方面的知识；有机会让儿童听一听古筝、琵琶等民族乐器演奏的乐曲，或者带他欣赏京剧等传统戏剧曲目，让他体会古典音乐的魅力；通过鉴赏书法、水墨画，让儿童从中感受传统文化的韵味。事实上这些内容可以在敏感期教育的过程中穿插进去，阅读敏感期、音乐敏感期、绘画敏感期等都是很好的时机。

就拿经典诵读来说，语言敏感期、听觉敏感期、阅读敏感期，都可以让经典诵读贯穿其中。既能让儿童的身体机能得到开发锻炼，又能让传统文化慢慢渗透进他的生活。如果再加上适当的引导，让儿童将诵读内容用行动表现出来，督促其养成良好的行为习惯，那么这会更适合儿童的教育。

在读经典的时候，首先教师要让儿童保持端正的坐姿，其次要教他放慢语速，一个字一个字地念出来，吐字要清晰，读音要准确。正如《弟子规》里提到的："凡道字，重且舒，勿急疾，勿模糊。"《弟子规》里还提到："读书法，有三到，心眼口，信皆要。"就是说，读书要用心记，要用眼睛看，要用嘴巴读。

由于经典书籍中的词句大多优美而又带有一定的韵律，只要儿童认真读，他就会被这种节奏感所吸引，从而越读越爱读。至于书中的内容，也将随着阅读量的增加，慢慢印刻在他的脑海之中。在读的时候，可以不要求儿童理解经典的含义。也许未来的某一天他就会理

---

[1] 张晓华.中华传统文化对儿童发展的影响[C]//中国宋庆龄基金会.21世纪儿童与社会可持续发展首届儿童发展国际论坛文集，北京：中国和平出版社，2005.

解，并把经典的教诲变成人生的智慧。

不过，这里所说的"读"经典，并不只是单纯地阅读，这个"读"之所以加了引号，是因为它还有"听"的意思，听，也是一种读。也就是说教师在教儿童读经典时，也可以利用有声经典读物来为他创造一个"有声经典环境"。在这样的环境中，儿童自然就会受到"熏陶"，等到他自己再读时，他也就会跟着有声读物中正确的诵读方式去诵读了。[1]

中国传统文化中蕴含着大智慧，其中蕴含的天下为公、民为邦本、为政以德、革故鼎新、任人唯贤、天人合一、自强不息、厚德载物、讲信修睦、亲仁善邻等，是中国人民在长期生产生活中积累的宇宙观、天下观、社会观、道德观的重要体现，儿童越早接触，受益也会越多，经过学习，儿童从小就能播下一颗智慧的种子，长大之后，他也会理智地用智慧去应对未来的人生与生活。这样的道理，教师也应该及时告知儿童的养育者，让儿童在家中也能读经典。亲子配合、家园协作效果会更好。

第二节 儿童顺利度过敏感期的关键原则

当儿童进入敏感期时，不只是他的生活开始发生变化，他周围的成人的生活也将随之进入一个敏感阶段。作为教师，就有可能同时面对诸多处在敏感期的儿童，甚至是诸多处在不同敏感期的儿童。保证所有儿童都能顺利度过敏感期，这也应该成为教师的责任。

一、善于观察儿童的言行举止

在每个儿童身上，各个敏感期出现的时间，其实并不是固定的，时间也并不是统一的。这是因为每个儿童都各有自己的特点，其成长环境、周围成人的应对态度，都可以左右敏感期的出现及维持时间。这也就意味着，有的儿童敏感期会与蒙台梭利所提及的时间段很吻合，有的儿童的敏感期则可能会提早，还有相当多儿童的敏感期出现的时间会推后，甚至有的到了青少年时期才姗姗而来。

在敏感期持续时间上，儿童之间也会存在差异，有的儿童的敏感期持续时间在正常范围内，有的可能转瞬即逝，也有的却持续多时，总也结束不了。由此可见，儿童敏感期本身"灵活度"极高，所以不能死板地遵循书面上的时间段来应对敏感期，教师要能灵活处理。

事实上，几乎所有敏感期的到来，都会伴随着儿童独特的言行举止变化，只要细心观察，就能大致发现儿童当下的表现是属于哪一个敏感期。

相对养育者，教师会接触到更多的儿童，因此也将面对更为复杂的情况，可能在同一时间里，会遇到处在不同敏感期的儿童，也可能会在一个儿童身上发现他处在好几个敏感期，只有细致入微的观察，才能更准确地判断儿童当下的情况，并进而给出准确的应对措施。

---

[1] 鲁鹏程.抓住儿童敏感期，你的教育就对了[M].北京：机械工业出版社，2013：206—207.

（一）认真了解各个敏感期中儿童应有的状态

要发现儿童到底处在哪个敏感期或哪几个敏感期，首先教师应该知道各个敏感期中，儿童都会有哪些表现，尤其是一些特殊的表现。比如，秩序敏感期的儿童，对物品的摆放顺序、做一件事的顺序、物品的归属位置等方面会格外关注，这一时期的儿童也会非常执拗；关注细小事物敏感期的儿童，会对一些不起眼的东西格外注意，会有一些不寻常的收集"嗜好"，很多小东西都会成为他的宝贝；至于绘画、音乐、阅读、行走等敏感期，也会有更为明显的表现，儿童会在这些方面有更多的侧重关注。

儿童进入某一个敏感期都是很自然的，不经意间他的某一个敏感期可能就已经开启了，教师应该随时做好应对准备，要在儿童有某些特殊表现时及时发现，尽量减少在经过错误处理之后才恍然大悟的情况出现。教师只有保持高度集中的注意力，才不会误读儿童的行为意义，才能在第一时间给予处在不同敏感期的儿童以最准确的教育和帮助。

（二）要理性看待敏感期教育，而不是盲目套用

敏感期教育，是教育专家根据儿童在特殊时期的特点经研究而来的教育方法与模式，并不是要求教师一定要套用的。敏感期教育，其核心服务对象是儿童，而儿童不是一件已经完成的艺术品，他是活的生命，他存在各种各样的可能，每个儿童都有自己的个性，即便是都在同一个敏感期，不同的儿童也可能会有不同的表现，或者表现程度各有高低。

儿童敏感期教育，不是照着书本学习教育，而是根据儿童的每一个变化、成长，来适时进行引导。所以教师在开展敏感期教育时，要因材施教，书本中所描述的儿童处在敏感期的表现，以及一系列的应对措施，都只是一个大概或者普遍现象，一切都要以实际生活中儿童的真实表现为依据。教师应该灵活一些，活学活用，以能解决儿童当下问题为重，以能保证儿童身心健康成长为主。

（三）尊重每一个儿童个体，而不是追求集体一致

如前所述，每个儿童都有个性，有的会表现明显，有的则表现很平淡，还有的也许只是有那么一点苗头。教师对儿童开展敏感期教育，目的是为了帮助每一个儿童顺利度过这段时期，所以最好是针对每一个儿童来开展适合他的教育，不要试图用一个方法来应对所有的儿童，而是以促进每个儿童自身的成长为目的。

尤其是一些已经有了几年教育经验的教师，很容易犯"一切按照经验来"的错误，可能就会不经意间忽略了儿童自身的特点，经验反倒发挥不了作用。教师要注意灵活使用自己的经验，在理解儿童、尊重儿童的基础上发挥自己的经验作用。而且随着时代的进步，有些经验也会落伍，所以教师在教育儿童的过程中也要做到与时俱进，要将真正有效的经验保留下来，并积累更多新的经验。

（四）采用积极有效的观察方式

正因为每个儿童在敏感期的表现都各不相同，如果教师只用眼睛简单地观察显然是不够的，即便是再用心恐怕也不能实现对所有儿童的了解。教师需要采取一些积极有效的观察方式，了解得越多，也就越能更快地发现解决问题的好方法。

比如，准备一个记录本，及时将不同儿童的特殊表现记录下来，既便于前后对比，又便于对某个敏感期的具体实际表现进行真实的记录，尤其是相同敏感期里不同儿童的不同表现，通过比较、归类、汇总，会让教师对这个敏感期有更为详尽真实的了解；通过这样的记录，教师还能从中找到一些教育灵感，或者发现一些规律，这种可以从全局角度来观察敏感期的方法，更有助于教师的思考；还比如，也可以和其他教师多一些交流，多方且及时的获

知儿童与之前不同的表现，以及在不同人面前的不同表现；再有就是及时记录下自己的感受与应对方法，如果方法有效，下次继续使用，如果方法失败，加以很好的总结，以免再犯更多的同类错误。

二、尊重儿童发展，给予他自由

敏感期对于儿童来说就是能力开发的开关，一旦打开这个开关，他就迫切需要自由发展。这个时候儿童的成长是很迫切的，也是很关键的，依靠敏感期的发展，儿童的各项基本能力将开始发育，只有自由成长，才可能保证他的能力被完全且不受压抑地开发出来。但是，有的教师却有错误的想法，认为管理众多的儿童，如果都对他们开放了自由，那么日常教学和生活就会变成一团乱麻，可是如果压抑着儿童，就会浪费掉促进他发展的大好时机。

案例 1-1

暑假过后，幼儿园新添了一些玩具和游戏器具，大班的很多孩子玩得很开心，他们熟练地在高低架子上爬来爬去，有时候在高低台子上来回蹦跳，有时候又会蹲下身子从洞孔中爬过去。但在有的老师看来，这些器具显得太庞大，架子太高，并不适合小班孩子去玩。老师担心孩子们的安全，便拒绝让小班的孩子接近。

然而小班里有几个正好处在空间敏感期的孩子，总是趁着老师没注意就跑到高架子那里想要自己爬，老师不得不时刻注意，一看到有小孩子跑过去，她就赶紧把他们带回来，并提醒他们那里很危险，不能随便爬。

可是，孩子们总是会偷跑，结果老师感觉很心累，孩子们也感觉很不愉快，因为他们不能随心所欲地玩爬高游戏。

儿童的发展是神奇的，到了一个敏感期，他的身体也自然会调整到可以适应那个敏感期的状态。就拿这个案例中提到的爬高游戏来说，处在空间敏感期的儿童并不是单纯为了找刺激、寻好玩才去挑战自我的，他们会在确定自己的身体条件可以应对某个高度时，才会去挑战，在某种程度上，他可以做到自我调节。所以教师如果不信任儿童，反倒是束缚了他的成长，而且多半有可能反倒激起他想要尝试的欲望。因此，教师要在保护儿童安全的条件下，尽可能帮助儿童完成挑战。

尊重儿童，其实也同样考验着教师的智慧，怎样在保护儿童的安全的条件下，尊重并满足儿童发展的需求。对待数量众多的儿童不要刻意强调统一，教师要关注儿童的心理变化，让他能在遵守原则的前提下自由活动。

实际上，教师所教授的班级里，儿童的年龄是大体相当的，所以很容易遇到很多儿童都处在同一个敏感期的时机，教师此时就要利用起这个时机，给他们充分的活动空间，了解他们的需求，不要人为设定太多的限制，让他们能更好地进行自我探索。

归根结底，教师在教育儿童这方面要勤于思考，尊重儿童的每一个敏感期发展，让其自然天性以自然的规律逐一开启。《论语·子罕》中提到："子绝四：毋意、毋必、毋固、毋我。"意思就是孔子弃绝四种思想行为，用现代教育理念来解释的话，就可以这么说：不要忽视儿童的特点和成长规律而凭着猜测去判断儿童的需要；不要死守教条，要因势利导，让儿童有路可走；不要固执己见，要与时俱进，让儿童发挥想象，培养创意思维；不要用利益交换去要求儿童报恩，要给予儿童无条件的爱。[1]

而尊重儿童的自由发展也并不是简单的放任，《周易》中讲："蒙以养正，圣功也。"这实际上就是教育的至高目标，就是养正教育，就是要培根固本，以正面的教育来引导。教育的重点要培养儿童成为有能力的人，从早期教育开始，就必须要关注儿童的心智发展，培养其具备正能量，在心智的运作下巩固其能力。

三、与儿童建立心灵的连接

每一个敏感期的发生，不仅仅意味着儿童身体上的成长，也意味着他内心的成长。儿童的成长是一个发现世界、感受世界、融入世界的过程，但这个过程如果只靠儿童自己，是无法圆满完成的，他内心成长需要有成人的引导与帮助。儿童身体的成长必须要与心灵的成长联系在一起，这样他才会变得越来越成熟，而且心理的成长也是影响身体成长的关键因素，所以绝对不能忽视。

儿童在经历敏感期时，其内心都会呈现一种执着、敏感的状态，其行为也会变得执着、认真。比如，处在秩序敏感期的儿童，会坚持做事的顺序不能乱，所以穿衣服、吃饭、拿东西的时候，他就会格外挑剔，如果错了他的秩序，一切都要重来。其实此时儿童自己也是很焦虑的，做不到他想要的状态，他会变得急躁。那么此时，他最需要的就是成人对他的理解。

但是有时候养育者可能会困惑，觉得这就是儿童的胡闹行为。作为教师，此时就要耐心地与养育者沟通，要和儿童建立起心灵的连接。

（一）善于倾听儿童

在倾听儿童这方面，很多养育者做得并不算好，他们可能会因为工作繁忙而错过儿童的内心表达，或者只顾着强硬地命令儿童，却忽略了他的心声；而隔辈人又可能因为代沟原因而听不懂或者不愿听儿童的表达，更有的长辈对孙辈只是一味地顺从。结果儿童的心里话无处可说，有什么想法也无处表达，他的心事越积越多，他的心理诉求长期得不到回应或理解，最终儿童内心也会变得烦躁起来，还有可能会出现心理问题。

如果教师有很好的机会与儿童进行心灵上的沟通，那么教师就要尽量满足儿童的心理需求，要善于倾听。对于明显有情绪变化的儿童，多一些关注，多与他进行交流，了解他不开心的原因，并给予简单开导。当然，有时候儿童需要的就是一个倾听者，那么教师也要根据儿童的需求来摆出倾听姿态。另外，有时候儿童会在玩游戏或者做其他事情的过程中，有一些让人意想不到的表达，教师也要善于从这样的表达中发现儿童的心理，并及时给出回应。

（二）不随便拒绝儿童的心理需求

儿童丰富的内心情感及成长过程中的渴求会让他有诸多心理需求，对于他的这些心理需求，教师要有提前的心理准备，要能意识到他为什么有这样的需求，通过获得满足，他又能收获什么。在不影响正常教学进度，能保证儿童及其他人安全的前提下，不要随便拒绝他的

---

[1]（新加坡）陈禾.教养智能：0—6岁孩子的教养策略[M].杭州：浙江少年儿童出版社，2016：201.

需求。

当然，教师也要能明确区分儿童的需求到底是不是必要的，有时候儿童会采取撒娇、耍赖的手段，以让自己获得更多的满足。尤其是一些在家里被宠坏了的儿童，这方面的表现会更明显，即便是面对教师，他也习惯性地采取蛮横的手段来达到自己的目的。对于儿童的不理智表现，教师要冷静，不要被儿童牵着鼻子走，要快速准确地分析出儿童的表现属于哪一个敏感期的特点，挖掘出儿童纯真的本性，巧妙地化解这种情况。

（三）成为连接养育者和儿童之间的桥梁

很多儿童会因为养育者不能很好倾听他的话语、不能理解他的内心感受而感到难过与失望，如果任由这种失望情绪蔓延，儿童的内心也会受到伤害。教师此时要给予儿童必要的安慰，让他意识到养育者对他的爱，不管是父母还是家里其他的长辈，都是喜欢他的，也愿意理解他。

而在面对养育者时，教师就要及时向养育者反馈儿童的表现，一起分析寻找儿童的问题所在，并合力解决问题。如果发现儿童的闪光点，也要及时地向养育者反馈，通过教师和养育者两方面的鼓励将会让儿童更愿意向好的方面努力。

教师应该成为连接养育者和儿童之间的桥梁，让养育者更了解儿童，让儿童更理解养育者。以保证养育者与儿童之间做到互相尊重理解，这种其乐融融的教育氛围，才更有利于养育者协助教师展开教育，更有利于儿童敏感期的健康发展。

四、适时协助儿童而不是去干涉他

处在敏感期的儿童最需要的是来自周围人的帮助与理解，但遗憾的是，很多儿童周围却充满了成人的约束、限制、干涉，这就阻挠了儿童身心的正常发育。敏感期得不到正常发展的儿童，其很多本能的需求都得不到满足，自然的成长也可能会被压抑，这都是影响他情绪的主要因素。当儿童还不能很好地表达自己的情绪时，往往就会用发脾气来表达自己内心的不满。

很多养育者都很头疼儿童的这一类表现，他们关注的重点往往是怎样让儿童停下来不再发脾气，但却容易忽视导致这一现象的原因。也正因为不在意，所以当儿童再次哭闹时，成人便还会如之前一样进行干涉与阻止，当这种情况反复出现时，儿童会觉得自己不被理解、被忽略，而成人则认为儿童是在无理取闹，不容易管教，结果就导致很多家庭中养育者与儿童之间的矛盾时常存在而且还不容易调和。

教师应该意识到儿童成长是有大量需求的事实，在与儿童相处过程中，要了解他的需求，进而在自己能力范围内满足他的需求。教师要具备协助、配合儿童的精神与能力，感受儿童的变化，尤其是当儿童内心得到了满足而变得快乐时，教师要记下这样的经验，并将自己的经验和儿童的实际表现如实转告给养育者，以帮助养育者减少并杜绝干涉行为，转而变成对儿童的协助。那么教师应该做到哪些事呢？

（一）布置好儿童成长所需的环境

儿童的成长本身就需要良好的环境，敏感期的儿童需要的环境更具有指向性，所以要布置好敏感期儿童所需的环境就要满足两个要求：

第一，要布置足够的物品以满足儿童在敏感期的需求。比如，对于感官敏感期的儿童来说，各种颜色、质地、大小的物品要尽量多；对于空间敏感期的儿童来说，高台、攀爬架子、纸箱子等可以体现空间变化的器具不能少；对于绘画、书写敏感期的儿童来说，足够的画笔、纸张就将成为此时的他最喜欢的东西。教师要根据儿童敏感期的推进变化，适时变换其学习生活环境，丰富环境内容，满足他的成长需求。

第二，要保证环境的安全、健康。保证清洁工作的及时到位，清理一切可能带来危险的东西。不过教师要理性保证环境的安全与健康。比如，儿童在手的敏感期时，喜欢玩沙子、抓泥土，与其百般防范，倒不如准备没有杂物的细沙、泥土，让儿童玩个够；比如，在绘画敏感期，儿童的绘画地点可能不只是在桌子上，他的画纸也可能并不仅仅只是纸，手上、衣服上、脸上可能都会出现他的"杰作"，教师应该准备安全、无毒、易于清洗的画笔，保证不会影响儿童健康。教师要理智区分真的不健康、不安全和只是心理作祟引发的"不健康"和"不安全"的感觉，不要伤害儿童，也不要禁锢儿童。

(二) 尊重儿童的种种选择

儿童的成长不是由成人决定的，他的成长一定要由他自己来进行。可以给儿童一定的选择权和自主权，要信任他，因为处在敏感期的儿童，其内在的敏感性会对他进行指引，不要命令或要求儿童更改他的选择，教师应该以一个旁观者或观察者的身份陪伴在儿童身边。如果儿童遇到了问题，只要他不求助，就安静地看他自己努力；如果他求助，简单地给一个提示，继续鼓励他自己去完成。

当然，为了避免儿童因为好奇心强盛而选择了不太合适的物品或者要做的事情，教师在提供选项时也要更智慧一些，剔除那些不健康、不安全的因素，让儿童在一个相对安全的环境下去选择。

(三) 包容儿童的行为

儿童在专注于自己要做的事情时，其他问题都不在他的考虑范围之内，比如他并不会理会自己的满身脏乱，也毫不在意自己搞了什么破坏，他将所有注意力都集中在自己的"工作"之上，他更享受着过程，也希望成人能理解他并和他一起感受这份快乐。

对于儿童制造出来的这些"麻烦"，教师应该包容看待，既然开辟了足够的空间，准备了足够的器具，就应该允许儿童自由发展，让他尽情体验与感受，不要随便用任何理由干涉他。

教师的包容一定要有原则，要和儿童定好规矩，与他"约法三章"，只有不违背原则的行为才会被包容，否则就会受到惩罚。

五、等待儿童的自发成长

案例 1-2

一个小男孩每天早上来幼儿园，都要求固定的老师迎接他，如果换了其他老师，他会哭闹不止。妈妈觉得很不好意思，刚开始会训斥小男孩，让他不要那么任性。但那位迎接小男孩的老师却阻止了妈妈，在这段时间里，风雨无阻地每天都由她来接小男孩进幼儿园。

如此一段时间之后，妈妈再次送小男孩去幼儿园，却发现他并没有奔向熟悉的老师，而是就近牵起一位老师的手，高高兴兴地走进了幼儿园。那位一直迎接小男孩的老师这时才对小男孩的妈妈说："看来，他的秩序感和执拗期是要过去了，耐心等一等还是有好处的。"

儿童要形成某种观念，要认识某个事实是需要时间的，成人过于急躁地想要纠正他，只会让他变得更固执，也会让他变得迷惑、不开心。比如，这个执拗的男孩，他在内心确立了"一定要那个老师来接他"的秩序，此时任何破坏这个秩序的行为和言语都会扰乱他，所以与其非要在这样的问题上强硬地扭转，倒不如顺从他的需求，满足他的需要，当他感到安全、愉悦了，这个时期也会很快过去。

儿童的成长是有自然规律的，什么时候做什么事，什么时候发展什么样的能力，什么时候又会有怎样的进步，这些都像编辑好的计算机程序，到了合适的时候才会开启，只要按照正常规律发展，儿童就能自发成长，再加上合适的帮助他就能成长得很好。

但很多成人却并不满足于儿童的自发成长，也不满足于只在一旁协助，他们认为"孩子的潜力就是要靠挖掘的"，打着"不让孩子输在起跑线上"的旗号，在儿童还没有开始表现某方面的潜能时就去过度开发，对很多教育理论只学了一点皮毛便用在儿童身上，也不管是否适合儿童的自身特性，只顾着追求结果，这无疑是在透支儿童的潜能，给儿童的成长施压。

成人过分追求超前开发的想法，让很多儿童的智能被提前开发或者透支，消耗了儿童的精力，也导致他的某些能力在不合适的时刻被打开，却又没有后续营养保证它成熟。很多儿童因为不能自发成长，结果前期发力太狠，后期却明显没有了动力。也有的儿童成长被压抑，养育者过分关注他的学习成绩，只想着让他在智能方面有好的表现，却忽略了他多方面的进步，也同样导致儿童变得死板而平庸。更有的儿童因为没有表现出成人所期望的结果，而遭受训斥、嫌弃，随之而来的就是更多的潜能开发与压榨，让他小小年纪就背上了沉重的压力。

教师应该是理性的教育者，所以教师应该学会等待儿童的自发成长。要能感受到儿童成长的心理渴望，适时给予包容与引导，要有让儿童按着自己的规律成长的意识，不要太强调注重某个敏感期，而是要重视他所有的敏感期，不超前、不延后，一切都顺其自然，教师只管提供儿童所需的物品，并准备好一份耐心，儿童的自我成长自然会顺其自然，他也会顺利地度过每一个敏感期。

思考题

1. 回想一下，生活或工作中是否遇到过处在敏感期的儿童？他们的表现是怎样的？
2. 反思自己是否曾经对处在敏感期的儿童有过错误的处理？当时的效果又如何？自己有什么感想？
3. 简单描述一下儿童敏感期理论带给你怎样的感受？
4. 关于儿童敏感期与儿童传统文化教育，检验一下自己了解多少内容，有没有过错误理解或不知道的地方，如果有请及时反思。
5. 你是怎样理解让儿童顺利度过敏感期的几个原则的？
6. 阅读以下案例，思考之后的问题。

一个小男孩站在班级门口大哭，谁来劝都劝不好，他一直指着旁边一个小女孩，嘴里也说不清楚，但能看得出来他对那个小女孩很不满。老师走过来了解情况，这才发现，小男孩是因为小女孩按了门口壁灯的开关，这个开关之前一直是由老师来按的。小男孩不依不饶，哭闹不止，有智慧的老师最终想了个办法，这才平息了小男孩的哭闹。

（1）你对小男孩的行为有什么想法？是否与你曾经遇到过的场景相类似？

(2)如果你是那位老师,你会用什么方法来解决这个问题?

(3)你能想到什么更有智慧的方法来应对这种情况?请讲讲自己的感想。

拓展阅读

1. 玛利亚·蒙台梭利著,马荣根译:《童年的秘密》,人民教育出版社,2005年版。
2. 约翰·W.桑特洛克著,桑标等译:《儿童发展》(第11版),上海人民出版社,2009年版。
3. 王慧萍,孙宏伟主编:《儿童发展心理学》,科学出版社,2010年版。
4. 张振鹏:《教师的国学素养》,青岛出版社,2015年版。
5. 鲁鹏程:《孩子优秀是教出来的》,长江文艺出版社,2017年版。

第二章 0—2.5岁儿童敏感期

 学习目标

1. 了解0—2.5岁儿童所出现的各个敏感期。
2. 了解成长初期的儿童是如何认识世界的，以及与此有关的几个重要敏感期的内容与特点。
3. 通过此一阶段各种敏感期的发展，认识0—2.5岁儿童成长发展过程。
4. 在了解熟悉0—2.5岁儿童敏感期的基础上，做好家园（机构）的联合培养。

 内容脉络

```
                    0—2.5岁儿童敏感期
        ┌──────────────┼──────────────┐
   儿童依靠感官认识世界                      
   ·不同感官发育都有敏感期                   
   ·敏感期会促进儿童的成长        思考与拓展阅读
   ·儿童通过感官与世界相连
        │                         积极应对儿童敏感期
   认识世界的过程中的各个敏感期       ·教师应科学应对每一个敏感期
   ·儿童对世界的认知是循序渐进的     ·家园（机构）联动，促进儿童
   ·敏感期的开启都有特点与作用        在敏感期的健康发育与发展
   ·敏感期中儿童有独特的发展情形
```

从出生开始，儿童的某些敏感期就已经开启了，各个敏感期的纷至沓来，预示着儿童全身心发育逐渐展开。在出生后两三年内的诸多敏感期，关系着儿童日后的各项发育，可以说是非常关键的发育阶段，所以对这一时期儿童敏感期的发展情况进行学习了解，将会更有利于进一步开展早期儿童教育。

0—3岁敏感期教育方案设计

第一节 语言敏感期

作为人类最重要的交际工具，语言的存在为人与人之间的沟通提供了极大的便利。儿童对语言的学习是其成长过程中必不可缺的一项基本且重要的内容。20世纪美国社会科学家戴维·莱斯曼（David Riesman）认为，语言对人类的影响并不是暂时的，而是会改变人类，让每一个人要么适应社会，要么为社会所淘汰。对于儿童来说，一旦掌握了语言，他们也将逐渐掌控自己的生活。

一、语言的发展与演变

什么是语言？语言是基于符号系统的口头、书面或标记的一种交流形式[1]，是社会约定俗成的音义结合的符号系统。语言具有创造性、结构性、意义性、指代性、社会性与个体性等特性，语言的结构包括音位、语素、词、短语、句子、全文，包括对话语言、独白语言、书面语言、内部语言等种类。

语言是由特定的群体所使用的词语构成的，与思维有密切联系，是人类形成表达思想的手段，也是人类社会最基本的信息载体，人们借助语言保存和传递人类文明的成果。语言是一种特殊的社会现象，随着社会的产生而产生、发展而发展。

儿童若想要获得语言能力，需要依靠生理发展、认知发展和社会性发展的共同作用。随着身体结构的发声系统发育成熟，联系声音与意义的神经链接被激活，之后再通过不断的社会交往，语言的沟通能力便能得到发展与促进。

二、儿童语言发展的规律

无论是哪一种语言，全世界儿童的语言发展都遵循一个基本且相似的规律（见表2–1）。儿童对语言的这种逐步掌控以及种种特殊表现，都表明语言敏感期的到来。

表2–1 从出生到3岁语言发展的一些重要节点[2]

月 份	语言发展的重要节点
出 生	可以感知语言，会哭，对声音产生反应。
1—3个月	开始发出"咕咕"声，会大笑。
3—6个月	与声源互动，可识别经常听到的声音，发出"咿呀"声。

---

[1] （美）桑特洛克（Santrock, J.W.）.儿童发展（11版）[M].桑标等，译.上海：上海人民出版社，2009：261.
[2] （美）帕帕拉（Papalia, D.E.）、奥尔兹（Olds, S.W.）、费尔德曼（Feldman, R.D.）.孩子的世界——从婴儿期到青春期（11版）[M].郝嘉佳等，译.北京：人民邮电出版社，2013：242.

（续表）

月　份	语言发展的重要节点
6—9个月	可以识别母语的所有音素，能用手势交流，玩手势游戏。
9—12个月	有意模仿声音，不能辨别非母语的声音，可以理解某些词汇。
10—14个月	理解名字的象征意义，说出第一个词（通常为某事物的标签），词汇量增长，可以使用更多的复杂手势，能使用符号手势。
16—24个月	学会更多新词，有表达性的词汇迅速增加，可以使用动词和形容词，说出第一个句子，使用更多手势，说出更多事物名称，理解力提升，能使用多个两词短语，开始想要对话。
30个月	每天都能学到新词汇，可以将3个或更多的词连接起来说，理解能力强，但说话经常出现语法错误。
36个月	可以说出近1 000个单词，有80%是可以理解的，但句序经常出现错误。

婴儿在真正学会语言之前，还有很长一段路要"走"，最开始他只会哭，随着时间发展，他对语言的识别、理解，以及使用有意义手势的能力不断提升，直至说出第一个词、第一句话，再到后来对语言的灵活自如的运用。按照这样的发展顺序来划分，婴儿的语言发展可以分为7个阶段。

（一）前语言阶段

从出生到4个月，这个阶段的婴儿处在无意识的交流状态，除了啼哭，他还会不断积极地发出各种声音，通过这些信息的传达，以吸引照顾者或周围其他人的注意。婴儿声音中不同的声调、类型、强度，分别代表饥饿、想睡觉或生气等不同的含义。因为这些含义是需要周围人根据自己的想法来解释的，又可以被称为"解释性交流"。

（二）有意识信息传递阶段

婴儿在4—9个月时，会逐渐与周围人有交流性目光，这意味着他们出现了有意识的信息传递。不过这时的信息传递，多与模仿有关。

模仿是人类语言进化的关键因素，婴儿在出生时便已经具备了这种能力，甚至在胎儿期这种能力便已经显现了。人类婴儿独有一种复杂的能力，其大脑似乎已经预先准备好去辨别基本的语言单位，感知语言模式，并根据相似或不同来进行分类。

从出生到6个月大的婴儿对声音变化都能有所识别，不论其是来自哪个国家的语言，婴儿都能基本辨识。但6个月之后，婴儿就会对母语变得更敏感，也更容易察觉母语声音的变化，逐渐丧失识别非母语发音变化的能力。比如，在6个月之前，日本儿童与美国儿童一样，可以识别"ra"与"la"的不同，但是待到12个月时，他们便会丧失辨别这两个音的能力，因为日语中并没有"r"与"l"这两个音的区别[1]。所以，美国华盛顿大学博士帕里西亚·库尔（Paricia Kuhl）认为，从出生到6个月大的婴儿都可以被看成是"世界公民"。

---

[1] Paricia Kuhl.The linguistic genius of babies[EB/OL].[2016—07—15].http://www.ted.com/talks/patricia_kuhl_the_linguistic_genius_of_babies.

（三）最初的单词阶段

9—18个月时，婴儿进入单词阶段。不过，在能准确地用语言表达自己之前，婴儿会选择使用手势，不同的手势表示不同的意思。通过使用这些手势，婴儿表明自己是可以理解符号并同时指向具体事物、期望和情况的。当婴儿逐渐学会表达这些手势含义的词，并且可以准确说出来之后，便不再使用手势了。在早期语言形成的阶段，手势是对表达词汇非常有价值的备选与补充。

大约在8—12个月的时候，婴儿通常会第一次出现对词的理解，并普遍在10—14个月之间开始说第一个词，这意味着他已经准备好用说话来表达自己的想法。尽管是一个简单的音节，或者只是"mama"这样的词，但却可以有多种意义，可以表达婴儿完整的想法，这就是单词句。一旦婴儿说出第一个词之后，他的口头词汇量便会迅速增加。

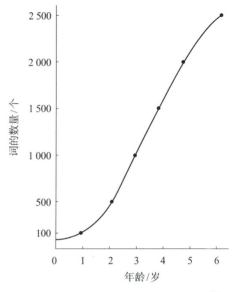

▲ 图2-1　词的数量随着年龄而增长[1]

一般18个月大的婴儿可以讲大约50个词，到了2岁他们就可以讲200个左右甚至更多的词了，这种现象被称为词汇陡增。如图2-1所示。

（四）罗列词组阶段

一般来说，18—24个月大的幼儿已经可以用单词与词组来描述自己的想法了，有些词组也已经具有了最初的语句雏形。他们可以讲出两个词构成的句子，也就是双词句。同时为了能让自己的意思表达得更清楚，幼儿也会借助大量的手势、语调与情境。幼儿在最初时期，会经常使用电报式语言，多是由简单而精确的词语来表达意思，这种语言并不合乎文法，常由名词和动词构成。比如，"妈妈走"，他的意思可能是想要"让妈妈走"，也可能是表达"妈妈已经走了"，还可能是"妈妈请走过来"，具体情境的不同，其所表达的意思是不一样的。

（五）早期造句阶段

24—36个月的幼儿已经可以说更多的句子，内容不再局限于眼前的某些事，句子中也会开始使用"我、你、他"等代词，以及"上、里"这样的介词，"好、坏、大、小"等形容词。待到36个月左右，幼儿基本上已经可以用短句来表达了，同时也逐渐进入更为完整的造句阶段。

（六）从句子到会话

从双词句表达到三个词、四个词、五个词的转换是很快的，儿童在两三岁左右时，便开始从表达单一主题的简单句子向复杂句子转变了，这个时期会一直持续到儿童进入小学教育阶段。

儿童对言语的理解力要比他们可以使用语言的能力开发得早得多，在成长的过程中，他们会逐渐掌握支配语言增长的规则体系。他们将逐步学会根据听者、时间、地点、事件等因素来调节自己的语言内容。

---

[1] 黄希庭.心理学导论[M].北京：人民教育出版社，2001：482.

(七)完整语法阶段

从5岁左右起,儿童就进入了完整的语法阶段。在词汇和语法方面,儿童将会取得巨大进步,待进入小学之后,他们在读和写方面的技能便会逐步增长。在小学期间,儿童开始逐渐理解与应用复杂的语法,在语言运用方面也会比之前更具有连贯性。

儿童会逐渐形成与成人相媲美的语言能力,不断扩充自己的词汇,根据不同环境改善自己的表达。此时,他们的个体交流能力将会明显增长,语言的发展也会出现根本性的改变。

三、语言敏感期的特点

婴儿语言发展过程中,会出现一些很明显的特点,抓住这些特点,不仅可以辨别婴儿语言发展的阶段,也能根据其敏感期中的表现来给出更好的帮助。

(一)重复、模仿、应答

刚刚学会说话的婴儿,喜欢重复说同一个词;待到发展到可以说完整句子的时候,他又喜欢重复说同一句话;若是听故事,他又喜欢不断重复听同一个故事。看似简单的语言重复,是这一敏感期最为明显的表现形式。

通过重复,儿童实现模仿,在模仿过程中,又不断地进行重复。处在语言敏感期的婴儿对周围的声音会相当敏感,而且随着发音能力的不断提升,他们可以更容易地模仿周围人尤其是父母的语音。重复是习得语言过程的常见现象,尤其是当他发现自己说的一个词和一个真实的物品能够匹配在一起的时候,他会觉得自己的模仿与重复是有意义的,渐渐地他会越来越喜欢有意识、无意识地重复这种配对的行为。

不仅如此,婴儿与养育者或其他人之间的应答表现,也会加深他对语言的体会感,在应答之间,婴儿能感受到语言带给他的奇妙趣味,随着不断地重复与模仿,他也将逐渐熟悉语言的使用方法。比如,婴儿喊"妈妈",妈妈会回答"哎",婴儿会发现他的发声有了回应,然后他便会有意识地不断重复这种配对,应答给他带来了喜悦感。

蒙台梭利认为,语言天赋是正常、健康儿童必然具备的一种本能,这种本能是自然赋予人类的宝物,其潜能是巨大的。自出生后,生长在正常环境下的婴儿便在丰富的语言环境中,如海绵吸水一样,吸收着大量的语言信息。

0—2.5岁是婴儿语言的初建期,所以这一阶段会出现重复、模仿这样的典型现象是很正常的。通过不断的重复、模仿过程,婴儿的发音能力会得到锻炼与提升。

(二)认知感觉与语言匹配

最初,婴儿对语言的重复、应答、模仿,都只是在适应声音,体会听到的声音和他能发出来的声音彼此之间的联系。

根据美国心理学家、新行为主义学习理论创始人博尔赫斯·弗雷德里克·斯金纳(Burrhus Frederic Skinner)的理论,起初,婴儿随机发出声音,对于那些与成人所发出来的相类似的声音,养育者用微笑、注意和奖励进行强化。然后,婴儿会重复这些被强化的声音。根据社会学习理论,婴儿首先模仿成人发出的声音,然后受到强化继续发出同样的声音。随着该进程的持续,婴儿的语言不断受到强化,越来越像成人语言。

而美国语言学家艾弗拉姆·诺姆·乔姆斯基(Avram Noam Chomsky)则认为,人的大脑具有获得语言的先天能力,婴幼儿学习说话如同学习走路那样自然。儿童能够自己分析听到的语言,并理解其中的语言规则。

虽然斯金纳的学习理论与乔姆斯基的先天论一直为语言获得理论的原因争论不休，但是大多数发展科学家认为，与许多其他方面的发展一样，语言的获得取决于先天与后天的交互作用[1]。

婴儿先天对语言的敏感性，加上其后天不断地模仿、重复、应答、学习，他将逐渐对"概念"得到理解，会慢慢地将语言与他的认知相匹配。比如，最初婴儿模仿"车"这个字的发音，只是在模仿发音，还没有建立起概念，但随着养育者不断地将真实的车与发音之间进行联系，婴儿会建立起对真实物体的感知，建立起"车"这个发音与真实的车之间的匹配关系。

案例 2-1

妈妈端着菜从厨房出来，看到3岁的儿子将两只手臂放在身体两边，左右摇摆地走路。

妈妈问："你在做什么？"

儿子说："我在学摇啊摇。"

"摇啊摇是什么？"妈妈问。

儿子拿来一张图片，指着图上的一只动物说："这就是摇啊摇！"

"哦，原来你在学企鹅走路！"妈妈恍然大悟。

儿子重复着妈妈的话："企鹅？"

妈妈点头说："是的，这种动物叫企鹅。"

儿子又像刚才一样左右摇摆地走路，妈妈故意又问："你在做什么呢？"

儿子说："我在学摇啊摇。"

"你说什么？摇啊摇？"妈妈问。

儿子立刻改口说："我在学企鹅走路。"

幼儿会发现所有的事物和人都有一个称呼，他会逐渐地把自己的认知感觉和词语匹配起来。幼儿学习词语并不是从名称中导出一个概念，而是从概念中导出一个名称。就像该案例中的幼儿一样，开始他先用了一个词语，当妈妈教给他正确的说法之后，他很快就学会使用标准的说法来表达。

一般来说，24个月左右的幼儿会对概念产生浓厚的兴趣，他会不断发问，这也是他的感知能力与语言表达能力的提升过程。渐渐地，幼儿会认识越来越多的人和事物，通过不断地练习，他会逐渐对他所感知的事物进行组织、分类、归纳，进而形成一个概念，并和其相匹配的词语联系到一起。

当幼儿认知与语言匹配有误时，成人应该及时纠正幼儿的错误匹配，认真提醒他，给他重新思考、分辨的机会，帮助他将认知感觉和语言正确地匹配起来。

（三）发现语言的力量

24个月的幼儿会进入一个语言爆发期，不仅学得越来越多，伴随着各种词汇、句子的出现，幼儿也会发现语言是有力量的。

---

[1] （美）帕帕拉（Papalia, D.E.），奥尔兹（Olds, S.W.），费尔德曼（Feldman, R.D.）.孩子的世界——从婴儿期到青春期（11版）[M].郝嘉佳等，译.北京：人民邮电出版社，2013：248—249.

案例 2-2

2岁半的小吉和爸爸一起搭积木，由于爸爸的失误，整个积木都倒了。爸爸无奈地笑了笑，只得道歉，可小吉当时却脱口而出："坏爸爸！笨死了！"爸爸第一次听到小吉说这样的粗话，眼睛都瞪大了，不敢相信地看着小吉，严肃地训斥了他一番。小吉也惊讶于爸爸对他这句话的反应，但同时他也意识到，自己说出来的某些话原来是有大力量的。

而接下来的时间里，小吉开始不停地说粗话、脏话，"你个傻子"、"去死吧"、"神经病"等不断地从他口中冒出来。每次听到这样的话，爸爸都非常生气，不断地训斥他，可是小吉只是在爸爸训斥过后会安静一段时间，但很快就又恢复了，完全没有收敛。

妈妈仔细想了想，家里没人说脏话，也尽量不去接触有脏话的环境，所以妈妈认为小吉是在外面与其他小朋友玩耍的时候学会的。很快，她留意到小吉身边的确有一个小伙伴总是说脏话，妈妈便和家人商定，错开了小吉与那个小伙伴的玩耍时间，减少会面。而在家中，不管他说怎样的粗话、脏话，家里人也决定装作听不见。连续几天下来，小吉发现那些话再也引不起家人的激烈反应，便再也不对家人说了。

但小吉还是在其他小伙伴那里验证了这些脏话、粗话的威力。妈妈知道后，和家人商量了一下，与小吉"约法三章"，如果他再说这样的话，就当即终止他的游戏时间。在经历过几次因为骂人而被妈妈强行终止游戏的"实际体验"之后，小吉渐渐不再讲脏话、粗话了。

两三岁的幼儿讲粗话、脏话是模仿而来的，周围环境给他提供了"便利"的模仿条件。但是此时的幼儿没有是非观念，在他看来，"神经病"与"饭桌"是没有区别的，都是他新学会的一个词而已。但是他却会发现，当说"饭桌"的时候周围环境很平静，不会有人过多在意；可当他说了"神经病"时，环境范围内的人就会出现大变化，表情的改变、应对态度的改变，都会给他带来新鲜的体验。

当然，说好听的话也是有力量的，比如幼儿用学来的恭维话语恭维周围人，也同样会获得周围人的肯定与称赞。只不过，好话说过了也就算了，顶多有人称赞几句，可脏话、粗话却会给周围人带来更大的刺激。这个时期的幼儿便是通过讲这些负面语言，来感受语言所带来的力量的。

如果应对得法，及时掐断负面语言的来源，用正面语言多加熏陶，幼儿自然会很快摆脱负面语言的干扰，但若是粗暴对待、训斥、严令禁止，甚至是其他更过激的反应，反而会促使他变得更愿意讲粗话、脏话，一旦形成习惯，日后便难更改了。

（四）进入自我言语期

幼儿对语言的掌握速度是迅速的，差不多3岁左右时，他们就能基本掌握母语的语法规则系统，不管是对语言的理解还是表达都已经具备一定的水平，此时他身边的任何人和事都能成为他的"谈资"。也就是在这个时候，幼儿便进入了自我言语期。

所谓"自我言语期"，就是幼儿一边进行各种活动，一边自言自语，情不自禁地将自己心里所想到的事情与正在进行的活动说出来。此时他会表现得有些碎碎念，会很唠叨，一点小事也要说个没完，几乎是看到什么说什么，想到什么说什么。

0—3岁敏感期教育方案设计

案例 2-3

妈妈带着快3岁的女儿朵朵出去玩，一路上朵朵不停地在讲话，不管看见什么她都会"评论"一番。从路边的花，到路过的小狗，再到附近小店的海报、广告，小到手边的玩具，大到天上的云，朵朵几乎是"无话不谈"。

一开始朵朵会跟妈妈说，后来妈妈觉得累了，便减少了应答次数，希望朵朵能安静下来，可是朵朵却转而抱着手里的玩具，又开始和玩具说起话来："你看，你一定要乖，你想不想吃东西？我有花裙子哦，你穿花裙子了吗？我是朵朵，你是我的宝宝，来，亲一个……"妈妈好笑而又无奈，想要安静的环境估计是不行了，朵朵说个不停，还真是喜欢自言自语啊！

自我言语阶段是一个从外部语言向内部语言转换的阶段，此时他的这种自言自语的方式，是人类出生几年后的一种特有的语言形式，3岁时达到高峰，到八九岁左右才会完全消失。

自我言语时期是人类一生中最需要语言交流的时期，这一时期的幼儿需要一个自由表达的环境，也就是不能禁锢他想要说话的欲望，否则任何禁锢、阻碍都将影响他语言的发展，并更容易造成其性格的扭曲。而对于儿童来说，自我言语不仅是他在练习表达，同时也代表着他的思维在进步，所以此时他最需要听众与交流对象，及时抓住这个特点，引导他自由畅快地说，并及时纠正其语言上的错误才是关注的重点。

（五）"口吃"现象

虽然幼儿的语言能力以惊人的速度发展，但这个过程却并不是一帆风顺的，到了某一个时间节点，很多幼儿都会出现"口吃"现象。

案例 2-4

公交车上，一个2岁多的小男孩拿着一包小零食对爸爸说："爸爸……爸爸……我……我……"

爸爸皱了皱眉头问："你这是要说什么？"

小男孩有些紧张了，小脸也红了，可说出来的还是："我……我……我想……想……吃。"

爸爸却生气地说："从哪儿学的？好好说话！学什么结巴！"

小男孩一愣，有些委屈，张嘴想要反驳："我……我……"

"闭嘴！"爸爸说，"想好了再说！结结巴巴的像什么样子！"

案例 2-5

最近一段时间，妈妈发现女儿琪琪说话时会有很特殊的表现。

有一次，琪琪想要喝水，她看着水杯，可开口后却是这样的："我……我……宝宝……宝宝……嗯……"好长一段的"嗯"之后，她急得抬起两只小手护着嘴巴，显然她也意识到了自己这样说不出来话的情况不太好，可还是很想说的样子。妈妈轻轻拉下了琪琪护着

34

嘴的手，微笑着耐心地看着她，等了一会儿，看她还没有组织好语言，便慢慢地说："你是不是想喝水？"有了妈妈的鼓励，琪琪点点头，停顿了一下，这才流利地学着妈妈的话说："我想喝水。"

后来，这种情况出现得越来越多，琪琪有时候要"嗯"好久，或者不停地重复主语，"我……我……"，"宝宝……宝宝……"，手也会不自觉地放在嘴边，似乎是想要帮助自己说出来。不过很多时候，只要等待一下，琪琪还是能把自己想要说的说出来的。

妈妈意识到琪琪并不是真的口吃，而是"思维太快，嘴太慢"。在那一段时间里，妈妈便和家人在与琪琪说话时放慢语速，多了等待的时间，等她组织好语言后再说。在全家人的鼓励下，琪琪说话口吃的次数慢慢减少，也不再用手遮住嘴了。

处在语言敏感期的幼儿出现口吃现象很常见，但这并不是病态，这是因为他的逻辑思维能力在提高，组织语言的能力与说话的速度一旦出现无法配合的情况，语言与思维便会出现脱节现象，这才导致"口吃"。

从这两个案例来看，前面一位爸爸的应对显然是错误的，这时候幼儿的语言表达能力有待提升，若是过分强迫，或者嘲笑，都会影响幼儿的心理健康。尤其是有些父母可能会直接给幼儿贴上"口吃"的标签，这无疑也会增加幼儿的心理负担。而后面妈妈的应对是正确的，耐心与爱心会让幼儿感觉"慢些说也没关系"。毕竟这种现象只是暂时的，随着幼儿年龄的增长，他的词汇量会越来越大，说话的速度也会渐渐地与思维准确联系在一起，语言能力将会提高一大步，到那时口吃现象也就自然而然消失了。

在这里应该注意区分"真口吃"与"假口吃"。真口吃的儿童说出一个字都很困难，为了能说出来，他可能还会伴有挤眼、甩胳膊、歪头、歪嘴等多余的动作，并且越说不出来越着急，一脸沮丧与尴尬。假口吃则不是这样的，假口吃的幼儿只是表达跟不上思维，越紧张越说不出来，但只要给足他时间，允许他慢慢说，再加上耐心倾听，他就能清楚地将自己的意思表达出来。而且假口吃的幼儿并不是所有时候都口吃，当他很放松，且要说的话并不复杂时，便不会出现口吃现象。

（六）喜欢说悄悄话

在幼儿看来，语言不仅是有力量的，也有其意想不到的魅力。随着对语言使用能力的增长，幼儿也将越来越全面丰富地认识语言。他会逐渐发现，语言可以大声说，可以正常声音说，也可以小声说，悄悄地说，他发现了悄悄话的魅力。

案例 2-6

妈妈与然然玩着玩具，无意之间妈妈趴在然然耳边，小声地说了一句话，然然惊讶与惊喜并存，她很快咯咯咯地笑了起来。她发现，原来话还可以这样说。于是，然然也学着妈妈的样子，趴在妈妈耳朵边上，但是没有声音。妈妈扭头看看，只是看到然然咧着嘴在笑。

然然觉得说悄悄话是一个很有趣的游戏，她觉得这样说话很神秘。有时候她趴在妈妈或者爸爸的耳边很久，但只是嘴唇在动，没有发出任何声音。可待她起身后，却会一本正经地问："听见了吗？"妈妈猜，然然是认为她在心里说过的话，别人也一定能听到。所以每次出现这种情况时，妈妈和爸爸都会根据当时的情景猜测然然的心理。

对于幼儿来说，语言的魅力是无穷的，他们会在不断的新发现中感受这种魅力。悄悄话是一种神奇的语言表达方式，幼儿喜欢的是这种人与人之间亲密的状态，他更喜欢因为悄悄话而与周围人拉近距离的感觉。

所以在悄悄话时间里，周围的成人应该给予幼儿足够的耐心与爱心，做出倾听的姿势与表情，满足他想要感受"悄悄话"的欲望，让他尽情体会语言的乐趣与神秘。不过这种耳语的方式也是有时限的，一旦过了喜欢悄悄话的时段之后，就要引导幼儿正常说话，避免他养成说悄悄话的习惯，要让他意识到用正常声音表达自己的想法才是与人交往的正确表达方式。

（七）喜欢抢着接电话

在语言敏感期的幼儿会对一切可以表达语言的方式感兴趣，电话也是能吸引他们注意的东西。从听筒中传出来的声音，以及从话筒中传过去的话语，会让他们意识到原来见不到面的人也能彼此对话。

案例 2-7

妈妈给果果的外婆打电话。

电话接通，妈妈说："喂。"结果听筒中很快就传来一声大大的回应："喂！"妈妈一听就知道是果果接的了。

妈妈说："是果果啊，吃饭了吗？"

对面的果果说："吃饭了吗？吃了。"

妈妈笑了，接着问："吃的什么呀？"

果果说："吃的什么呀？吃的米饭。"

妈妈又问："好吃吗？"

果果说："好吃吗？好吃。"

可还没等妈妈继续说，就听对面的果果说："再见！"嘟的一声，电话被果断挂掉了。还是外婆又把电话拨了回来。原来果果最近特别爱接电话，不过每次接都是拿起来就学着成人的样子，"喂！你好！谁呀！再见！"要不就只是哼哼嗯嗯几声，然后直接就挂掉了。

这个案例中的果果，有很典型的语言敏感期的表现，重复、模仿，能与妈妈一问一答。而抢着接电话，也是语言敏感期的一个特殊表现。幼儿享受的是接电话与挂电话的过程，体验的是这种见不到却能听见声音的奇妙感。所以对待幼儿这样的行为，周围人应予以宽容对待，要满足这个年龄段的幼儿喜欢接打电话的好奇心，可以跟他一起玩接打电话的游戏，在此过程中，引导他通过电话学会基本的沟通，教他一些礼貌用语，帮助他体会人与人之间的深厚感情。

四、影响儿童语言发展的因素

儿童语言的发展与周遭环境有密切的关系，如果错过了语言敏感期，在这一段关键时期中，没有对儿童进行必要的语言学习引导，那就可能让儿童错失在语言方面的发展，而且在未来也很难再弥补。最著名的一些例子，就是那些为非人类所抚养长大的儿童。

知识链接2-1

野 孩 子[1]

1920年10月，一位印度传教士辛格（Singh, J.A.L.）从印度雅加达的丛林中带回两个女孩，一个大约8岁，一个大约1岁半。根据推测，她们是在半岁左右的时候被母狼带进丛林的，所以她们是被狼养大的"狼孩"。辛格给她们取了名字，大的叫卡玛拉（Kamala），小的叫阿玛拉（Amala）。

经过检查，人们发现两个女孩身体的生物系统正常，但是她们却因为为狼所养育，所以具有狼的习性，比如四肢走路，害怕日光，白天睡觉晚上活泼，像狼一样吃东西，等等。她们完全不懂语言，发不出人类的音节。

被送进孤儿院后，她们受到了良好的照料，相比较而言，阿玛拉的发展要比卡玛拉的发展好许多。但是阿玛拉很快便死去了，卡玛拉则经历两年时间才学会直立，用了25个月才开始说第一个词"ma"，4年时间只学会了6个单词，7年后才增加到45个单词，偶尔才能说出用3个单词组成的句子。1929年，卡玛拉因伤寒而去世，此时她的智力也只相当于三四岁孩子的水平。

1970年，美国加利福尼亚的社会工作者在对一位申请社会资助的半盲妇女的家庭情况进行调查时，发现她与丈夫一直将自己13岁的女儿吉尼锁着，从小到大她一直与世隔绝。被发现的时候，吉尼不能说话，不能站立。白天她光着身子被固定在婴儿座上，晚上被放入铁丝网做成的婴儿床并盖上被子。只要哭闹，就会招来父亲的殴打。除了咆哮与怒吼，父亲从未用正常的语言与她交流过。

获救的吉尼在经过了好几年的时间进行广泛的复原计划后，逐渐学会了走路，并学会了辨别词汇，可以说一些基本的句子。但是，她没有学会提问，也没有发展出一套语言系统来理解复杂的英语语法，她最多只能说一些电报式的语言。成年后，她也依旧只能说简单晦涩的句子。

2004年，在俄罗斯阿尔泰边疆区兹梅伊诺戈尔斯克附近地区曾经发现一名大约7岁的男孩，他是在3个月大时被母亲抛弃，父亲也因为酗酒离开了家。最终，家里只剩下了一条狗，狗担负起了抚养男孩的义务。后来男孩被好心人发现，并被送往卡尔曼斯基区的收养所，尽管他慢慢地学会用两条腿直立行走，可却暂时还没学会说话。

虽然不能排除这些儿童是受到了神经缺陷、情感损伤等影响，才导致他们无法像正常人一样用语言来表达，但不能否认的是，周围的语言环境，的确会对儿童语言发展产生很大影响，缺少正常的语言环境，儿童没有可模仿学习的对象，就好比"闭门造车"，语言表达当然会出问题。

（一）生物因素的影响

诺姆·乔姆斯基认为，人类在特定时候、特定条件下获得语言，是一种生物性的预置，

---

[1] 护生：那些被动物养大的"兽孩"悲喜交织的生命传奇[EB/OL].[2016-07-27].http://fo.ifeng.com/sushichachan/sushihusheng/detail_2013_06/07/26203364_0.shtml.

新生儿一出生便具备语言获得装置，这就使得他可以察觉语言的特征与规则，并天生就具备辨别语言发音的能力。

有研究证据表明，大脑中有专门负责语言的区域，这个证据来源于对脑损伤病人的研究，揭示了涉及语言的两个区域。

1861年，法国外科医生和人类学家保罗·布洛卡（Paul Broca）的一位病人大脑左侧受到损伤。这个病人在脑损伤后能讲的唯一的词就是"坦"，为此人们称他"坦"。坦患上了失语症——由于大脑损伤而导致的语言丧失或受损。这个受伤部位位于大脑的左侧额叶，被称为"布洛卡区（Broca's area）"（见图2-2），主要控制肌肉运动包括语言的产生。

大脑另外一个部分如果损伤了也会影响语言的区域，即威尔尼克区（Wernicke's area），这个区域在大脑的左半球，主要负责对语言的理解。威尔尼克区受损的个体通常表达很流畅，但说的都是一些让人无法理解的话，而且他们对于词语的理解也很困难。[1]

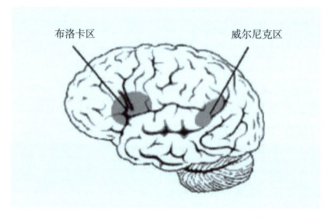

▲ 图2-2　布洛卡区和威尔尼克区[2]

（二）环境因素的影响

不管是狼孩、狗孩，还是被父母粗暴对待的儿童，他们所处的环境中缺乏语言表达的条件，那么他们的语言学习就会出现问题。因为语言是不可能在真空中习得的，没有周围良好语言环境的熏陶，语言功能便无法得到开发。

而且，养育者的爱心养育，对儿童的语言发展也有很大影响，有爱心的人对待儿童会更有耐心，也会更愿意与之进行语言交流，良好的语言环境，充满积极正面内容的语言内容，会让儿童的语言学习更为积极，这无疑会促进儿童语言词汇量增长，也会促进其产生想要用语言表达的意愿。

五、教师的应对

面对处在语言敏感期的幼儿，教师要做到两点：一是要做好对幼儿的语言敏感期的因势利导；二是要引导家长正确面对幼儿语言敏感期，帮助他们为幼儿创造良好的语言发展

---

[1]　（美）桑特洛克（Santrock，J.W.）.儿童发展（11版）[M].桑标等，译.上海：上海人民出版社，2009：276.
[2]　图片引自http://www.360doc.com/content/15/1009/11/535749_504369801.shtml.

环境。

（一）对语言敏感期幼儿因势利导

就教师自身而言，在了解幼儿语言发展过程的基础上，对不同月龄段的幼儿应予以相应的帮助。切记不可以一概全，幼儿敏感期的时间、表现因人而异、因环境而异，教师应全面关注婴幼儿的成长情况，及时发现其语言敏感期的各个发展阶段。

1. 引导幼儿学说完整的话

不管是日常生活还是教育活动，教师都要对幼儿表述完整的话，并有意识地引导幼儿学习完整的表达。如果幼儿在语言表达过程中出现语病，就要及时纠正并正确引导，培养其良好的讲话习惯。

2. 提供丰富且积极正面的语言环境

为了促进幼儿语言发展，教师应该提供丰富且积极向上的语言环境，根据不同年龄段的幼儿着重不同的侧重点，注重以口头语言练习为基础，逐渐过渡到阅读、书写。发展幼儿语言能力的同时，也要激发他们的想象力与创造力，培养他们的情绪智力。

3. 创造轻松愉快的精神环境

允许幼儿自由表达，给其充分的发言机会。鼓励幼儿通过自我语言与周围人进行交流，不要强迫他说出成人预设好的内容，而是允许他按照自己的想法去表达。通过这样的对话，来锻炼幼儿的语言能力，并锻炼其思维能力的发展。

4. 利用各种方法来激发幼儿表达的欲望

看图说话、调动回忆来展开交流、问答模式等方法，都是调动幼儿表达欲望的好方法，教师应该注意辅导幼儿以正确的方式表达，并培养他们学习连贯性的语言，锻炼他们使用更多的词汇、短语，以提升他们对语言的驾驭能力。

（二）积极与养育者进行沟通

对于养育者来说，幼儿能不能开口说话、什么时候开口说话、说话的能力是不是很强都是他们非常关心的问题。但是养育者可能只顾着关心幼儿是不是很能说这样一个结果，却忽略了敏感期的培养。

如果养育者不熟悉语言敏感期，教师应该引导他们认识语言在婴幼儿时期的发展规律，向他们介绍语言敏感期的存在与特点，并给出恰当的建议，解答他们关于语言敏感期的种种疑问；对于对语言敏感期有一定了解的养育者，教师应该予以辅助，以正确的观念帮助缓解他们急躁的心情，可以与他们一起探讨，及时沟通，以帮助婴幼儿顺利度过语言敏感期。

第二节 视觉敏感期

眼睛是心灵的窗户，视觉是人最重要的感觉，通过视觉，人可以感知到外界物体的大小、明暗、颜色，感知它们的动静、状态，以此来获取对保证生存有重要意义的各种信息。在视觉发育过程中，也存在着一个极为重要的视觉敏感期。对身体健康正常的婴幼儿来说，如果能在视觉敏感期得到良好的引导与培养，那么他的视觉发育过程也将会"一路绿灯"。

一、视觉敏感期理论

视觉是非常重要的感知觉器官,在接收外界信息这方面,视觉发挥了巨大的作用。随着成长,眼睛本身的功能也在发生变化,视觉将成为婴儿探索世界的重要工具。

(一)视觉

在了解视觉敏感期之前,先要明白什么是视觉。视觉,当光作用于视觉器官时,会让其感受细胞变得兴奋起来,视觉神经系统会对信息进行加工,这之后产生的感觉便是视觉。

视觉发育,则是指从胚胎开始一直持续到出生后,视觉神经系统从不成熟向成熟状态变化的过程。视觉发育是一个多因素调控的过程,从胚胎时期开始,在遗传基因、分子、电生理活动的调控下,视觉相关神经元、突触、投射、视交叉、神经纤维交叉、视皮质眼功能柱发育形成。出生后,视觉环境和视觉经验共同调控视觉神经系统结构功能的成熟。研究证实,出生后视觉发育存在"敏感期",在此期间皮层神经元及其突触的数量、结构与功能可随环境发生变化,具有经验依赖的可塑性[1]。

(二)视觉敏感期

婴儿通过接触光线唤醒了脑内的神经元,建立了视觉连接,视觉敏感期也就此开始。虽然这时候的婴儿所看到的世界一片模糊,但是如果在这个对光敏感的时间内没有注意让婴儿的眼睛与光接触,那就将造成无法挽回的后果。

案例 2-8 [2]

意大利小男孩托蒂有一只十分奇怪的眼睛。说"十分奇怪",主要是因为眼科大夫多次会诊得出的结论都相同:从生理上看,这是一只完全正常的眼睛。但是,这只眼睛却是完全失明的。

一只完全正常的眼睛何以失明呢?原来,当托蒂呱呱坠地时,由于这只眼睛轻度感染,曾被绷带缠了两个星期,正是这种对常人来说几乎没有任何副作用的治疗,对刚刚出生、大脑正处于发育关键期的婴儿造成了极大的伤害。他的大脑由于长时间无法从这只眼睛接受外界信息,就认为它瞎了。于是原先该为它工作的大脑神经组织也随之"战略转移"了。

小托蒂遭遇的不幸,并非偶然的特殊个案。后来,研究人员在动物身上做了很多类似的实验,发现结果都是一样的,视觉系统都严格执行"用进废退"的原则,如果在一出生时便隔绝了它的使用功能,这个功能便会被永久关闭。

由这个案例可以看出来,若想婴儿的视觉正常发育,从出生开始便要注意其视觉敏感期,也就是要让婴儿的视觉接受光线的刺激,以保证其视觉被激活,接下来才能顺利发展。

那么在新生儿眼中,这个世界又是怎样的呢?

---

[1] 刘虎,赵堪兴.视觉发育敏感期及其可塑性机制的研究[J].眼科新进展,2004(5):395.
[2] 朱国忠.新课程舞台拒绝上演"小托蒂悲剧"[J].新课程研究,2004(8):66—67.

二、婴幼儿视觉发育中的重要变化

刚出生的婴儿，其视觉发展水平在所有感觉能力中是最低的，由于神经、肌肉和眼睛的晶状体依然处在发育发展过程中，所以他们只能感受光线，也可以察觉到位于视野范围内的物体的运动。随着成长，婴幼儿的视觉将发生一系列变化，婴儿期与童年期两大阶段中，婴幼儿的视觉变化也会飞跃发展。

（一）婴儿期

1. 视敏度与颜色视觉

新生儿无法看到远处的物体，不过这种情况很快就会随着他的一天天成长而有所改善。新生儿的视敏度只有成人的1/30～1/10，所谓视敏度，就是精细地辨别细小物体或有一定距离的物体的能力，也就是视力。事实上，几乎每个月，婴儿的视力都会发生变化，从最初的模糊到渐渐清晰，直到1岁时，他的视敏度才会和成人差不多。

而婴儿的颜色知觉也会随着年龄增长有所提升。刚出生时，新生儿更喜欢追视黑白色，只能辨别红色和绿色，待到2个月时，他的所有颜色视觉感受器，也就是视锥细胞就都能发挥作用了，此时他的视敏度也会逐渐增强。

同样婴儿对深度和距离线索的使用功能也在发展过程中，这重点体现在其双眼视觉的出现。因为人的两只眼睛之间存在距离，所以两眼的视野也存在差异，而双眼视觉就是能将两个不同的视野组合成一个图像，这就需要有效距离和深度线索。新生儿是没有双眼视觉的，但成长到3个月左右时，他的双眼视觉便有所发展了。

2. 图形知觉

婴儿眼中的世界是与众不同的，他们对所看之物也是有喜好偏爱的，他们也喜欢看丰富多彩的世界。就拿两三个月的婴儿来说，他们更喜欢看正常的人脸而非拼凑起来的脸，更喜欢看玩偶的眼睛或黑白条图案而不是简单平淡的圆形物。

知识链接 2-2 [1]

美国发展心理学家罗伯特·范茨（Robert Fantz）在1963年便有了一个促进研究者们对婴儿视知觉研究的重大发现：婴儿注视不同物体的时间长短有所不同。范茨首先把婴儿放在"观看室"内，"观看室"中婴儿头部正上方天花板上有两个视觉展示品。一位研究者通过窥视孔来观察婴儿的眼睛活动。如果婴儿集中注视某一展示品，研究者就能从婴儿眼睛中看到该展示品的反射形象，这就使研究者能够知道婴儿注视每一个展示品的时间长短。

范茨发现，才2天大的婴儿对有图案刺激的注视，时间就比对红、白或黄色圆盘的注视时间长。2—3周大的婴儿更喜欢看图案——脸、绘画或玩偶的眼睛，其注视时间则长于对红、白或黄色圆盘的注视时间。范茨的研究方法——通过观测婴儿对不同刺激的注意时间来考查婴儿是否能将某一刺激与其他刺激区别开来——被称作视觉偏好法。

---

[1]（美）桑特洛克（Santrock，J.W.）.儿童发展（11版）[M].桑标等，译.上海：上海人民出版社，2009：169.

3. 知觉恒常性

所谓知觉恒常性，就是指尽管客观条件在一定范围内发生改变，但是知觉映像在一定程度上依然保持其稳定性，也就是感觉刺激的变化对物理世界的知觉影响不大，不管是大小、明暗、周围色彩条件影响，一旦确认了物体本身的形状，那么这些因素都不会影响人对物体的根本判断。比如，一本书，一旦为人所见，人的头脑中便会留下印象，不管有没有在看它，不管白天黑夜，一想到这本书，形象便会出现在头脑中，对这本书的判断也不会发生改变。由此可见，知觉恒常性包括大小恒常性、明度恒常性、颜色恒常性、形状恒常性、方向恒常性等种类。

新生儿是没有知觉恒常性的，同一个物体，如果每次出现在他面前时距离、方位都不同，他就会认为是不同的物体。不过这种情况并不会一直持续下去，3个月大时他就会出现大小恒常性，尽管这一能力并没有完全成熟，但却会持续发展。待到四五个月时，婴儿的双眼视觉有所发展，大小知觉恒常性也就随之得到提升。同样在3个月大时，婴儿也开始具备形状恒常性，只不过此时他的形状恒常性只针对形状规则的物体，对形状不规则的物体也依然没有形状恒常性。

4. 深度知觉

美国心理学家埃莉诺·吉布森（Eleanor Gibson）曾经做过一个经典的"视崖实验"（如图2-3所示）。这个实验的灵感来自她在大峡谷边野餐时看到的悬崖陡坡，她好奇于诸事不懂的婴儿，对悬崖陡坡危险是不是也会有知觉，便在实验室里构建了一个小悬崖模型，模型装置的上方是一个可供婴儿爬行的平台，平台上覆盖厚玻璃，厚玻璃之下一半铺上对比强烈的格子布料，与玻璃紧贴，另一半玻璃不贴布料，但却在与玻璃形成一定距离的地方贴上布料，产生视觉上的深度差，模拟深渊。

▲ 图2-3 视崖模型[1]

---

[1] 图片来自 http://www.qbaobei.com/jiaoyu/446856.html.

实验开始时，研究人员会将婴儿放在"浅滩"上，也就是紧贴玻璃有布料的那一边，让婴儿的母亲在"深渊"一侧呼唤婴儿，看他们是不是会直接爬过玻璃。但实验结果显示，大多数婴儿并不愿意这样做，这证明婴儿是有深度知觉的。

5. 视觉预期

6—8个月时，婴儿开始知道重力与支持，也就是物体如果没有下部支撑或上部牵引，就会掉下去；球从坡上会滚下来，如果坡较长就滚得远，如果坡较短就滚得近。随着成长，类似这样的对物体的预期与动作都会让婴儿渐渐理解物理规律。

（二）童年期

三四岁的幼儿已经可以有效地区分颜色，四五岁时，大多数儿童的眼部肌肉获得了充分的发育，眼球转动日趋灵活，能够扫视一连串的字母或文字。学龄前幼儿中有许多都是远视眼，不过等到了可以入学的年龄，他们的近处视力已经可以调整得很好了，已经能将眼神聚焦在近处物体并能维持一段时间。

正是因为视觉发育越来越好，视觉感受越来越稳定，再加上婴幼儿对周围世界的好奇心日渐强盛，所以在童年期，儿童可以看到的东西会越来越多，想要看的东西也会越来越多。

但是随着科技发展，新时代的婴幼儿接触电子产品的机会也远远超过以往时代的婴幼儿。不管是学习还是娱乐，现在的儿童将会比之前的儿童更多地使用电子产品，不管是电视、电脑，还是手机，即便是婴幼儿，其眼睛也将接收到更多光电信息。不得不说，新时期下儿童视觉的发育，也伴随着新的隐患，若想要儿童的视觉能健康发育，也需要周围成人更多的考虑与保护。

三、婴幼儿视觉敏感期发育过程

从婴幼儿视觉的发育过程来看，有几个关键点需要格外注意，在这些关键点阶段，不管是养育者还是教育者，都应该给予婴幼儿充分的视觉锻炼机会，以保证其视觉正常发育。

（一）婴幼儿视神经发育

从出生开始，婴幼儿视神经发育几乎是一个月一个变化（如表2-2所示），关于这些变化，养育者或教育者应该做到心里有数。只有详细了解婴幼儿视神经发育的过程，才能在合适的阶段给予婴幼儿合适的视觉刺激以帮助他的视觉正常发育。

表2-2　婴儿视觉发展表[1]

月　龄	视觉发育情况
新生儿	瞳孔还没有完全扩大，晶状体的曲度几乎是球面的，视网膜还没有完全发展，婴儿能看到一定程度的远处，并伴有散光。功能启示：新生儿的集中注视能力较差，颜色分辨能力较差，视野小，视敏度约在20/200和20/400之间。此时由于主要是皮层下的定向机制作用，从出生到3个月婴儿在定向到单一目标方面存在困难。婴儿偏好黑白图案，特别是棋盘格。

---

[1] 秦金亮.早期儿童发展导论[M].北京：北京师范大学出版社，2014：79—80.

（续表）

月　龄	视觉发育情况
3个月	眼睛或头部运动的皮层控制出现，使得注意切换成为可能。腹侧和背侧视觉系统开始协同作用来调节婴儿的视觉行为，视觉运动多数时候是协调的。注意力通常被黑白或彩色（黄和红）目标吸引；婴儿能够注意到更小的目标（小到2.5 cm）；视觉注意和视觉搜索开始；婴儿开始把视觉刺激和事件相联系（比如奶瓶和喂养）。
5—6个月	婴儿能够看（即视觉上检视）自己手里的客体；视觉运动更加流畅；婴儿开始视觉探索环境，注视点能够由近及远轻松切换；婴儿注视的距离约为1米；眼手协调能够进行；此时，婴儿感兴趣于观看下落的客体，并通常会把眼睛停留在客体消失的位置。
6—9个月	视敏度快速提高（几乎接近成人水平）；视觉探索行为增多，能进行从手到手的客体转移，并表现出对几何图案的兴趣。
9个月—1岁	婴儿能看见2～3 mm小的客体；喜欢观看人脸并模仿表情；在观看了"隐藏"行为后会出现搜寻客体的行为；对新异的人、客体和环境比较警觉；能区分生人和熟人；视觉开始引导运动控制。
2岁	视神经髓鞘化完成；所有的视觉技能都是流畅和协调的；视敏度在20/20到20/30之间。幼儿能模仿运动；能根据单一特征（比如，颜色或形状）匹配相同的客体；能在一本书里找到特定的图片。
2—5岁	幼儿的脑功能几乎接近成人基本的感觉加工能力。但是，对于分析复杂视觉情景的脑机制发展在后期才会发生。具备最基本的社会知觉能力，但是推测他人意图的社会认知能力还在继续发展。
3岁	视网膜组织成熟了；儿童能基于记忆完成简单的拼图，能画粗糙的圆圈，能把2.5 cm大小的物体放入相应孔中。
5—7岁	皮层感觉区的基本功能已发育完全；但是，对于负责知觉复杂视觉情境的大脑皮层的功能发展仍在继续。这些变化包括神经连接的继续髓鞘化，前额叶皮层神经突触的密度增加等。

有研究结果证明，不管是动物还是人类，刚出生时大脑的各项功能依然在构建过程中，若想要让身体产生各种感觉，就需要大脑中相应的神经中枢发挥作用，只有建立起神经通路，身体的各部分功能才能被开启。

（二）婴儿构建视觉神经通路和网络

新生儿时期是建立神经通路的关键期，要保证眼睛与大脑中特定的神经中枢建立联系，同时还要激活大脑中主管视觉的结构功能。可见这个构建视觉神经通路与网络的过程是极其关键的，只有正确的方式，才对婴儿视觉发展更为有利。

案例 2-9

有这样两位妈妈，她们的孩子都刚出生。

妈妈甲是位细心的妈妈，她对孩子认真观察，在孩子出生后不久，她发现孩子会在某些时候专心地一动不动地盯着某些地方看，有时候是看墙上的影子，有时候是看桌子上的黑白棋盘，对于这些地方他表现出了极大的兴趣。于是在这段时间里，妈妈便有意识地找这样的黑白相间的地方让孩子看。如此过了一个月，孩子对黑白相间图案的兴趣才慢慢减淡。

妈妈乙是一位很努力的妈妈，她会根据自己的考虑来尽量为孩子创造成长条件。所以孩子刚出生，她就在孩子的周围摆出许多玩具，这些玩具色彩斑斓、造型各异，妈妈的目的是想要借此来锻炼孩子的视觉功能。为了加强效果，她还在孩子睡的小床周围绑上很多五颜六色的气球，生怕孩子注意不到这些色彩。可妈妈乙还是觉得这些不够，她发现孩子对这些都不感兴趣，所以她正在想方设法在孩子周围摆放更多更具有吸引力的玩具。

这两位妈妈，哪一位的表现更值得提倡？自然是妈妈甲了。心理学研究表明，新生儿刚开始发展视觉功能，其注意力更容易被黑白对比明显的事物所吸引和维系。这是因为此时他的视觉神经通路正在建立过程中，视觉范围内只能看到模糊一片，黑白分明的事物因为反差较强烈才更容易让孩子注意到。

所以在这个构建过程中，养育者应该顺从婴幼儿的需要，借助玩具和其他道具来训练、完善婴儿的视觉发育。

1. 通过合适的玩具来训练婴儿视觉

对于婴儿来说，最主要的视觉训练物体，就是黑白相间的事物（如图2-4所示），黑白格子棋盘、黑白圈的标靶都是可以拿来一用的东西。另外，灯光在墙上打出来的影子，阳光照射的影子，树丛间漏下来的细碎斑驳的树影，也是婴儿此时喜欢看的景象。有研究表明，婴儿更偏爱的视觉刺激有这样几种：像对比鲜明的黑白格这样的有明暗交替的图案、人脸、会运动的物体、靶心图、鲜艳的颜色和颜色对比鲜明的图案等。

▲ 图2-4　1—2个月婴儿喜欢的黑白图[1]

---

[1] 图片源自 http://baobao.sohu.com/20160717/n459634125.shtml。

就拿"人脸"这一项来说，新出生的婴儿就已经对人脸相当感兴趣了。所以可以为婴儿准备颜色简单、五官清晰而不夸张的洋娃娃玩具，这也是训练婴儿视觉的好工具。这样的洋娃娃不仅可以刺激婴幼儿的视觉发展，另一方面也会让他对五官有初步印象。

知识链接 2-3 [1]

比利时有一项最新研究发现，新生儿对于相貌有着惊人的辨别能力。这项研究选择了4—6个月大的婴儿作为实验对象，在实验过程中使用了最新的探测设备，这个设备装备有32个感应器，每秒将6个不同的形象展示给婴儿看，同时也对其脑电波进行测量。实验结果显示，这些婴儿可以非常清楚地将人脸与其他事物区分开来，更令人惊讶的是，他们不仅能将玩偶熊和人脸区分开，还能成功辨别不同人相貌之间的差别。通过这个实验证明，新生儿时期，婴儿大脑内就已经形成了对人脸的认知。

除此之外，婴儿的辨别速度也令人吃惊，与人脸辨别机器所需要的时间极为相近，都需要超过0.15秒。由此表明，人类的反应速度自小开始一直到成年，都是不变的，人类的大脑从小时候开始就已经展现出了惊人的能力。

2. 利用换位游戏丰富婴儿的视觉感受

在视觉敏感期里，可以利用婴儿最为感兴趣的玩具来与他玩耍，挂在床头的玩具最好选择体积较大且可以发出声响的，这将更迅速地吸引孩子的注意力。同时，这些玩具应该经常变换位置，以此来训练婴儿改变视觉方位的能力，并提升婴儿左右眼的灵活运转。

之所以要这样做，是因为1岁之前的婴儿还没有掌握灵活运动、协调视觉器官的能力，绝大多数的婴儿在注意某样事物时，可能会出现两眼无法顺利聚焦的情况，一只眼睛偏左、一只眼睛偏右，或者两眼对在一起的情况时有发生，因此就要通过移动物体来训练婴儿的眼睛灵活运转。

除了变换位置，也可以将玩具用绳子系在床头，在婴幼儿可视范围内做有规律的水平移动或垂直移动，由慢及快地调整方向与速度，让婴幼儿的双眼追逐左右上下变化物体的能力得到提升。

3. 创造丰富的视觉环境

视觉敏感期内，婴幼儿应该身处一个丰富的视觉环境之中。在不同位置摆放不同的玩具，有意识地引导他去观察。颜色、形状等都是刺激他视力发展的元素。比如，CD光盘就是一个很好的视觉训练工具，因为本身明亮又可以折射光线，多变的视觉效果在吸引婴幼儿注意力的同时，也可以促进其视觉能力的发展。

---

[1] 日媒：新生儿竟能识别人脸，速度堪比专业机器[EB/QL].[2016-08-09].http://www.chinanews.com/jk/2015/07-09/7395096.shtml.

案例 2-10

一位老师在帮朋友搬家时，意外获得了一袋子没有用的光盘，老师没有按照朋友说的随手丢掉，而是拿了回来送给了邻居的孩子。因为之前她发现，这个孩子有一次自己拿着光盘玩，不停地变换角度，光盘上闪现的不同颜色以及投射出来的其他物品的影子，都带给了他极大的兴趣，同时也成为他锻炼视觉的好帮手。

孩子的妈妈也告诉老师："这孩子最近最喜欢盯着光盘、镜子、大理石面看，我觉得他肯定是从这里面看到了有意思的东西。"

后来，在老师的建议下，妈妈给孩子准备了更多的东西，小镜子、小积木、小圆球，只要孩子喜欢看，妈妈就会给他准备好。这些形状各异的东西吸引了孩子的注意力，让他通过对眼睛的不断使用而锻炼视力，同时也提升了他的认知能力。

（三）婴儿视觉的初步发展

在正常发育的情况下，婴儿的视觉发展也会很迅速。将会从刚出生时的"仅能对光线有反应，眼睛发育不完全，视觉结构、视神经不成熟，无法固定视线"状态，逐渐发展到眼睛的各项功能进入开发状态。

研究发现，新生儿的眼睛大约有23厘米的聚焦距离，这个距离也是哺乳时妈妈的脸与新生儿眼睛之间的距离，所以在这个距离内放置物品，可以让新生儿看清。随着成长，婴儿的视觉发展会越来越好，3个月左右时，大多数婴儿已经可以跟随移动的物体而移动视线，也可以将视线固定在某个物体之上了。此时的婴儿也会开始关注五颜六色的色彩，关注运动着的物体了。

在初步发展时期，可以根据婴儿视觉的不同阶段的发展来设计相应的游戏。

比如，对于两三个月大的婴儿，可以用红色的物体吸引其注意，并水平移动物体让婴儿的眼睛跟随注视，锻炼婴儿的眼睛跟随注视的能力。4个月以后的婴儿对色彩的认识能力更强了，可以给婴儿看一些基本的颜色，比如教婴儿认识红、黄、蓝色彩三原色。6个月以后的婴儿，目光可向上向下跟随移动物体转动90度，这时候他的视力可达0.1，能注视距离较远的物体（如街上的行人、车辆等），应将一些物品放在离婴儿有一段距离的地方，让婴儿用手去拿指定的物品（比如红色的小球），以训练婴儿辨认物品的能力和手眼协调的能力。10个月大的婴儿的视线能随移动的物体上下左右移动，能追随落下的物体寻找掉下的玩具，并能辨别物体大小、形状及移动的速度，能看到小物体，能区别简单的几何图形、观察物体的不同形状。[1]

（四）婴儿立体视觉的形成

从4个月开始，婴儿就建立起立体视觉了，视网膜、双眼的视觉发育都渐趋成熟。他可以由近看远，再由远看近，即便是一些细微部位，他也已经可以清楚分辨了，同时也已经开始了距离上的判断。

6个月左右时，婴儿的眼睛会成长到成人的2/3大，可以判断距离与深度，且判断能力还在不断提升。待到1岁左右时，婴儿的视力可以发展到0.1～0.3，不只是视力，眼手脚的协

---

[1] 冯夏婷.透视0—3岁婴幼儿心理世界：给教师和家长的心理学建议[M].北京：中国轻工业出版社，2016：23—24.

调能力也有所提升，运动起来更为灵活。

这一时期的婴儿会越来越喜欢看东西，此时便可以引入色彩鲜艳且画面丰富、形象立体的图书了。比如，一些形象逼真、图画单一的识物画册，通过指认，不仅会引起婴儿的兴趣，也能提升他自身的认知能力。通过观看这些彩色图书，可以全面锻炼他的视觉系统，逐渐形成立体视觉，以便于他日后对整个世界的观察。

在这一时期，要注意多给婴儿适当的视觉刺激，尤其可以增加一些多维物体的观察。比如，在看图片的时候，可以从单一颜色的图片到多种颜色的图片，从二维的图片到三维的图片，图片中的形状也要多种多样，以增加婴儿的视觉经验。

事实上，要促进婴儿的视觉发展不一定只在视觉上做文章，视觉、听觉、触觉等多渠道的感官训练相结合，将会促进他认知的发展，所以完全可以通过视觉——听觉、视觉——触觉、视觉——身体动作等各种相结合的方式，来对婴儿进行训练。

案例 2-11

6个月大的孩子已经开始注意到自己的手了，每次睡醒之后，他都会把手放在嘴里吮吸半天，然后再拿出来看一会儿。妈妈抓住这个机会，趁着他看手的时候，妈妈便抓住他的手在他眼前晃动着，并轻声说道："宝宝看啊，这是你的小手，再看看，妈妈的大手抓着宝宝的小手呢，你的小手也可以抓住妈妈的大手。"一边说，妈妈一边帮着孩子用小手握住她的手指。如此几次之后，孩子自己便可以主动抓住妈妈的手了，这个认知让孩子感觉很开心。

这便是通过视觉与身体动作、触觉、听觉等相结合，给婴儿带来的新的认知。原本他的认知能力就是在多种感觉综合发展下得到提升的，这种方式也更符合婴儿发展的需要。

四、给予婴幼儿视觉应有的保护

眼睛是一个脆弱的器官，尤其是在发育过程中，如果不注意保护，很可能会影响视觉的正常发育，视觉敏感期不只是视觉发育的关键期，也更是视觉保护的重要时期。尤其是新时代的婴幼儿，如前所说，从出生开始，他们便能接触到大量的光电产品（见图2–5），电视、电脑、手机以及各种新式的声光电玩具都会对他们的眼睛产生强烈的刺激，这无疑是对婴幼儿脆弱的眼睛的一种威胁。

▲ 图2–5　频繁接触电子产品的幼儿[1]

---

[1] 图片提供：秀强教育集团徐州云龙区世纪城旗舰幼儿园。

所以，养育者和教师应该予以婴幼儿的眼睛以全面呵护，发展其视觉能力的同时，也要给予相应的保护。

（一）内部保护

可以从食物入手，给婴幼儿准备包含不同营养成分的食物，保证丰富的蛋白质，提供足够的维生素A、维生素C和维生素D，还要有充分的钙质摄入。教师除了要建议养育者在日常生活中注意婴幼儿的膳食均衡之外，在幼儿园或其他早教机构也要对婴幼儿提供合理的营养膳食。比如，鸡蛋，富含蛋白质、维生素B2、维生素A、卵磷脂、脑磷脂，对增强婴幼儿智力与视力都有好处；刀豆，富含钙、铁质、维生素C，利于眼球水晶体的发育；胡萝卜、荷兰豆、荸荠、土豆、香菇，被称为"蔬菜五宝"，都是帮助婴幼儿明目健眼的特效蔬菜；还有山药、枸杞、百合等，都是对眼睛发育和保护有益的食材。

（二）外部保护

现在很多的婴幼儿所需要的外部视力保护，除了保护其不受强光照射，最主要的就是如何保护他的眼睛不受电子产品的影响。虽然不能否认电子产品所带来的便利，比如可视性、可听性、趣味性，这些都能吸引婴幼儿的注意力，但是对处在视觉发育期的婴幼儿来说，电子产品给其视觉带来的伤害也是显而易见的。

案例 2-12

一位妈妈带着一岁半的宝宝去医院做例行体检，之前的检查中，宝宝的视力都是正常的，但这一次检查结果出来后，医生提醒妈妈，宝宝的视力下降了，已经到了近视的边缘。

妈妈很诧异，平时全家人都非常注意宝宝的用眼健康，电视、电脑并不经常让他看，怎么3个月前还好好的视力，这么短的时间就下降得这么厉害呢？

后来，妈妈在医生的引导下忽然回忆起一件重要的事，原来早在半年前，宝宝就迷上了手机，家人有时候也会用手机里的画面、照片、视频等逗弄宝宝，结果宝宝对手机非常着迷，不仅看见自家人玩手机时会抢着要玩，就算在外面看见别人玩手机，也会转头要求家人拿出手机来让他玩。妈妈觉得，只要拿上手机，宝宝立刻就不哭了，所以手机也算是个不错的哄孩子的工具，而且每次用手机都能逗得宝宝哈哈大笑，这让妈妈也觉得省心不少。

哪知道，正是这半年来频繁玩手机，才让宝宝的视力在不知不觉中下降了。在医生的提醒下，妈妈决定回家后和家人商量商量，争取帮宝宝"戒掉"手机。

处在视觉发育敏感期的婴幼儿，需要适当接触外界的光线、色彩、图形的刺激，他们更需要自然光来促进视觉发育完善。所以，应该减少让婴幼儿使用电子产品的机会。但是，在太阳光过于强烈的时间段，则要减少婴幼儿的户外时间，以免强光照射反倒对婴幼儿的眼睛带来伤害。这段时间内，就不妨用各色的玩具、书籍来吸引婴幼儿的注意力，不要用电视、电脑和手机来应付他。

说到书籍和玩具，平时为婴幼儿准备的书籍应该字体大一些，色彩柔和且纯正一些，玩具也是同样道理，声光电一类的玩具要慎重选择。非必要时候，不要使用电子教具。

随着视觉及其他感觉的发展越来越好，进入幼儿期后，幼儿会开始进行阅读、写画，这时候也要培养他们具备良好的学习习惯。监督幼儿保持正确坐姿，保证书本、玩具等与眼睛有足够的距离，对于幼儿不恰当的行为，比如躺着看书或离屏幕过近的举动，要及时提醒和纠正。教师也要肩负起责任来，帮助幼儿养成良好的用眼习惯，让他不仅能顺利度过视觉敏感期，也能在未来拥有一双好眼睛。

另外，教师还要帮助幼儿学习调节视觉疲劳、远望、运转眼球，或者做眼睛保健操，都能帮助他缓解眼部疲劳，改善其眼部血液循环。保护视力，保护眼睛，就要从婴幼儿时期开始抓起。

第三节 听觉敏感期

人类接触世界、感受世界靠的是感官，视觉与听觉是两个最重要的感官，如果说眼睛是心灵的窗口，那么耳朵便可以被看作是接纳世界的桥梁。世界上各种美妙的声音都要靠耳朵来接收，听觉发育的好坏，对于一个人与世界是否顺利接触有重要的意义。听觉也存在一个关键的敏感期，在这段时间里，对正常健康婴幼儿进行必要的听觉能力训练与培养，将有助于他们听觉的健康发展。

一、听觉敏感期理论

听觉是人类重要的感觉通道，借助听觉，人们可以辨别出各种声音，根据其高低、强弱、大小、音色等来判断发声物体的类别、距离、方向以及发出声音的意义。正是因为有了听觉，人们才可以欣赏音乐、倾听歌声、辨认环境与人群，最重要的是靠着听觉，人们之间的交流会相对来说更加简单、流畅。

对于婴儿来说，听觉也有特殊且重要的意义，这是能引导其发声且准确发音说话的一个基本因素，它是婴儿学习口语的基础。在有健全发音器官的前提下，只有具备健全的听觉器官，并能在听觉敏感期内获得足够的听力刺激以激发其听力发展，才能保证婴儿学会说话。

（一）听觉的发生与发展

1. 听觉的发生

如图2-6所示，要想听见声音，产生听觉，必须要经历4个能量转换：（1）空气中的声波必须在耳蜗中转换为流动波；（2）流动波导致基底膜的机械振动；（3）这些振动必须转换成电脉冲；（4）电脉冲必须传入听皮层。[1]

声波通过外耳或耳郭，经外耳道传入，引起鼓膜振动，激活内耳中的——锤骨、砧骨、镫骨，它们的机械振动经过前庭窗到达耳蜗，并开始振动管道里的液体。当液体流过时，耳蜗中盘旋的基底膜内层上微小的毛细胞弯曲，刺激附着在上面的神经末梢。物理刺激就此被转换为神经能量并且通过听神经传送到大脑。

现代心理学研究发现，5个月的胎儿便已经具备听力了，可以听到母亲说话的声音，也能听到母亲呼吸、心跳以及身体里其他的声音。许多孕妇也曾经有过体验，腹中胎儿6个月

---

[1] （美）格里格（Gerrig, R.J.），津巴多（Zimbardo, P.G.）.心理学与生活（16版）[M].王垒、王甦等，译.北京：人民邮电出版社，2003：90.

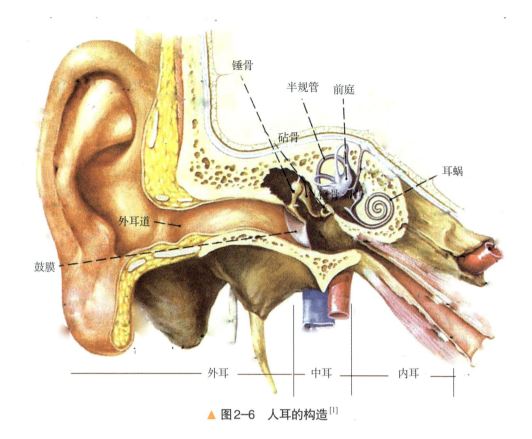

▲ 图2-6　人耳的构造[1]

之后，便会对像汽车喇叭这样的大声音有反应，会做出翻身、踢腿等动作，以表示他听到了这些声音。

有人研究发现，把母亲的心跳声录下来，经过扩大，在婴儿烦躁不安或大哭时播放给他们听，婴儿很快就会安静下来。还有人研究发现，从7—8个月开始隔日一次使用一首固定歌曲对胎儿进行"音乐胎教"，一直持续到出生。出生后，每当婴儿哭闹时，播放该曲，他们就会变得安详宁静，甚至随着音乐的节奏而有规律地摆动双手。改放其他乐曲，其效果明显差于此曲。[2]从进化的角度来看，胎儿在子宫内对声音和语言的早期认知是建立胎儿与母亲之间联系的基础，这对婴儿的早期发展非常关键。[3]

2. 听敏度的发展

1个月婴儿可以鉴别200赫兹与500赫兹纯音之间的差异。5—8个月婴儿在1 000～3 000赫兹范围内能察觉出声频的2%的变化（成人是1%），在4 000～8 000赫兹内的差别阈限与成人水平相同。[4]

3. 视听协调能力的发展

新生儿具有基本的视听协调能力。3—6个月的婴儿就已经能够判断其接收到的视听信息

---

[1] 图片引自 http://www.cn5135.com/xinxi/2363774.html.
[2] 陈帼眉，冯晓霞，庞丽娟.学前儿童发展心理学[M].北京：北京师范大学出版社，2013：83.
[3] （美）帕帕拉（Papalia, D.E.），奥尔兹（Olds, S.W.），费尔德曼（Feldman, R.D.）.孩子的世界——从婴儿期到青春期（11版）[M].郝嘉佳等，译.北京：人民邮电出版社，2013：187.
[4] 林崇德.发展心理学[M].北京：人民教育出版社，2008：145.

是否一致，根据研究发现，6个月以前的婴儿是可以辨别音乐中旋律、音色、音高、调性及其转换模式的不同的，而且初步具备了协调听觉与身体运动的能力。

（二）听觉敏感期

出生之前，胎儿的听觉就已经在发挥作用了，出生之后，婴儿的听觉辨别能力开始快速发育。有科学家曾经做过一个试验，对新生婴儿使用铃声与嗡嗡声进行刺激，铃声在右侧，当铃声响起时，会让婴儿吮吸糖水；嗡嗡声在左侧，当这种声音响起时，便不会给他糖水。如此坚持一段时间之后，每当铃声响起时，婴儿都会把头转向右侧，而当嗡嗡声响起时，他则没有任何反应。

由此可以看出，婴儿的听力很早便出现了，这也就意味着他进入了听觉敏感期，如果此时能够抓住机会对其进行听觉刺激，那么他的听觉能力便会得到迅速提升，并能保证其日后的健康发展。

二、训练婴幼儿的听觉

案例 2-13

自从宝宝出生后，为了保证他有足够安静的睡眠环境，全家人刻意调整了作息与日常生活习惯。爷爷不再在家里开嗓唱戏，奶奶也刻意放低了说话的声音，爸爸忍痛戒了球赛，妈妈也不再在家用流行音乐作调剂。不仅如此，走路、关门这些正常的声音也能小就小，能屏蔽就屏蔽。

原本以为可以健康活泼快乐成长的宝宝，却在逐渐长大后拒绝出门，他在外面很容易被吓哭，只有回到家里这个安静的环境才能平静下来。但即便如此，如果家里稍微有一点大的响动，或者有了什么不一样的声音，宝宝也一样会大哭不止。

处在听觉敏感期的婴幼儿，最不能缺少的就是各种声音的刺激，刻意营造安静的环境，反而会让他的听觉系统因为无法受到足够的刺激，而产生听觉迟钝或听觉过分敏感的现象。所以，对婴儿听力的训练应该尽早尽快地开始。

（一）健康婴儿听力发展

对于健康的婴儿来说，其听力发育是快速的，几乎在每个月都会有不同的变化（见表2-3），根据这些变化来进行相应的引导，有助于促进婴儿听力的发展。

表2-3　健康婴儿听力阶段正常反应[1]

月　　龄	听力阶段正常发育
0—2个月	清醒状态下听到声音后会转动眼睛和头部寻找声源。 对突然的响声有反应，双臂会抱在胸前或四肢抖动，并有眨眼动作。 听到友善或熟悉的声音会停止或减少哭闹，喜欢听高调和母亲的声音。 对于母亲的语言引逗有诸如"哦"、"啊"、"唉"等应答式回应。

---

[1] 健康婴儿听力阶段正常反应[EB/QL].[2016—09—15].http://www.baby-edu.com/2013/0715/10913.html.

（续表）

月　　龄	听力阶段正常发育
3—5个月	对柔和、悦耳的乐音有好感，笑并安静地听，如果听到刺耳声音会全身乱动、烦躁不安。 已经可以倾听周围说话、乐器等的声音，并能将头转向声源处。 可以分辨熟悉与不熟悉的声音，听到母亲的声音会特别开心，并将眼睛转向母亲的方向。 害怕愤怒的声音，开始对能发声的玩具产生兴趣。
6—8个月	对自己的名字等习惯的话语有感知，能够理解简单的语言。 可以模仿一些感兴趣的声音。 能够应答母亲的呼唤，并对母亲友好地微笑。 可以根据声音调节自己的行为，从寻找声源开始过渡到倾听。
9—12个月	逐渐听懂诸如家庭成员称呼等字眼。 可以跟着音乐挥手，可以找寻视野以外的声音。 对简单的语言指令做出反应，并能对号入座。 有与成人一样的辨别声源的能力，对词汇感觉能力开始增强。

从表中可以看出，婴儿并不需要生活在一个完全安静的环境之下，他成长的每一个阶段都需要养育者给予相应的声音刺激，以保证他的听觉持续被激活。只有这样，他才会对声音越来越熟悉，才能慢慢融入这个世界，并逐渐开展正常的生活。

（二）影响婴幼儿听觉的因素

婴幼儿听力及其敏感，需要小心呵护，否则稍有不慎可能会造成永久的损伤。

婴幼儿耳道短，很容易因为感染而引发中耳炎，所以在日常保健方面应该多加用心，以免因为受到感染引发炎症而导致听力受损。

环境的噪声也是要提防的，虽说要让婴幼儿接受应有的声音刺激，但不可长时间接受噪声，否则持续接受噪声刺激，人的内耳听觉器官就会发生病变，出现噪声性耳聋。

婴幼儿年龄小，一些细小的东西如果不小心被他放入耳朵，对耳朵的发育和听力的发展也会造成影响。

还有在用药方面也要格外注意，例如链霉素、庆大霉素、新霉素等药物，都可能会导致幼儿药物性耳聋，也需要成人格外注意，给婴幼儿用药一定要严格遵守医嘱，不要盲目自信、私自做主，尤其是不要将成人的药减半给婴幼儿服用，最好使用婴幼儿专用的药品。

另外，幼儿进入幼儿园之后，因为幼儿众多，很容易出现大声喧哗的现象，如果不加以克制，也会对幼儿的听力造成影响。

（三）促进听力发展的训练

听力游戏可以促进听力的发展，对婴儿听力的训练可以通过一些简单有效的听力游戏来完成，以此来促进婴儿听觉系统的良性发展。

1. 为婴儿创造一个自然的听觉环境

新生儿降生后，需要的是一个自然的有各种声音的环境。不必要因为新生儿而改变周围人的生活习惯，可以降低家中日常发出的噪声，比如改掉大嗓门说话、大音量听歌等习惯，不频繁制造噪声，不故意用大声音惊吓婴儿，但日常的说话、走路、行动不必要被改变，应该让新生儿尽量处在一个自然的听觉环境中，保证他能时刻接收声音的刺激。

2. 日常训练方法

日常在照顾婴儿的过程中，一些简单的行为举动也可以成为促进其听力发展的好方法。

（1）只要婴儿处在清醒且情绪良好的状态下，就多和他讲话，比如讲讲周围的事情，讲讲正在发生的事情，声音的持续刺激会让婴儿尽快熟悉这种声音，同时他也会根据不同的讲话声音来区分养育者，并熟悉经常陪伴他的人。

（2）挑选朗朗上口的儿歌、节奏简单并旋律优美的音乐、有韵律的诗词或顺口溜，随时给婴儿播放，如果养育者能自己唱或诵读出来更好。在重复一段时间之后，可以调换新的内容。这个时候就可以将《弟子规》《千字文》等传统文化内容引入了，简单的三字、四字一句的诵读唱念，仅是节奏感也可以给婴儿带来美感。当然，也可以按照婴儿读经理念，给婴儿播放《论语》《大学》《中庸》《孟子》《周易》《道德经》等中国传统文化经典的音频。

（3）准备八音盒、拨浪鼓、摇铃或者可以捏响的玩具来吸引婴儿注意，可以和他玩寻找声音的游戏，同时刺激婴儿的视觉、听觉、知觉的协调发展。

（4）外出时利用各种自然声音，如鸟叫蝉鸣、风摇树叶、水流雨声，种种声音都能丰富婴儿的听觉经验。

3. 听觉训练游戏

对于婴儿来说，在玩耍中学习是最有效的训练方法，既能让他感受到快乐，也能使其听觉能力得到提升。

（1）录下婴幼儿身边的种种声音，比如家人的说话声，教师的说话声，动物的声音，自然中鸟鸣虫叫的声音，汽车、飞机的声音等，在日后有时间播放给婴幼儿听，引导他"听声辨认"。

（2）自制一些简单的发声工具，比如装上不同容量水的瓶子，敲击声音就会因为水容量不同而有所区别，让婴幼儿在听或在亲自动手过程中体会声音的不同。后期养育者还可以利用简单的乐理知识来制造音阶，这也能培养婴幼儿对音调的理解。

（3）要巧妙利用各种会发声的玩具，不必准备太多，不同声音的玩具会让婴幼儿有不同的体验，经常变换声音组合来让其辨认，或者通过调整声音高低、轻重、节奏等，来训练婴儿的辨别能力。

三、婴幼儿噪声敏感

婴幼儿噪声敏感，是指他会对周围的一切声音很敏感，成人不会在意的一些细小声音，婴幼儿都能听见。这种噪声敏感对婴幼儿的听觉发育是有利有弊的，在合理利用的同时，也要注意避免噪声伤害。

（一）婴幼儿对噪声敏感的原因

案例 2-14

贝贝的耳朵很"灵"，妈妈觉得他就好像是听力小专家一般。每次他都会被一些细小的声音吸引,有时候连妈妈都听不到,可他却能准确地说出声音的来源。

有一天,妈妈抱着贝贝在阳台看风景,突然贝贝却对妈妈说:"妈妈,手机响了。"妈妈一愣,认真听了听,并没有听到铃声。贝贝却依然说:"手机响了。"

妈妈只得抱着贝贝从阳台走向卧室,卧室的门关着,待到推开门,妈妈的手机果然响着。妈妈惊讶极了,站在阳台上,本来离卧室就远,更何况卧室的门还关着,贝贝竟然听到了从卧室里传来的铃声,真是太不可思议了。

之所以会出现婴幼儿对噪声敏感的现象,是因为他对环境的不熟悉,所以周围一切声音都会被他接受。成人对周围的环境相对更为熟悉,各种声音也早已习以为常,即便身处闹市或嘈杂的人群中,成人一样可以毫无压力地与人交谈或者接打电话,并能选择性地听取自己想听到的声音,忽略其他并不重要的声音,这也是一个健康成人拥有完备听力的表现。

但是婴幼儿不一样,他正处在对周围环境熟悉起来的阶段中,很多声音在他听来都是新鲜的,而他对自己能听到的所有声音都会感到好奇。此时的婴幼儿对声音没有选择性,很多声音都能吸引他的注意力。开始认识声音的婴幼儿不会放过任何一种他所听到的声音,这就是很多婴幼儿可以轻易发现某些细小声音的原因。

(二)对噪声敏感的利用

有的成人认为婴儿对噪声太过敏感,并不利于其休息,所以会故意给婴儿制造安静的环境。但实际上婴儿对噪声敏感这个现象也是有可利用价值的,通过这个特点,可以培养他适应环境的能力。不要刻意让他待在安静的环境之中,否则他对周围的环境没有适应能力,就会导致心绪不宁,而且对声音的选择能力也将滞后。

成人可以适当制造一些"噪声",来锻炼婴幼儿的听力。比如,故意制造出其他声音,将电视或者电脑中的声音略微开大,然后在这样的环境下给婴幼儿讲故事,鼓励他认真听故事,让他慢慢学着忽略背景中的电视、电脑或其他物品发出来的声音;也可以多带婴幼儿进入菜市场、超市等场合,在这样的地方和婴幼儿讲话,引导他分辨想听的声音,培养他具备在嘈杂的环境下听清他人意图的能力。

不过,不要制造太过杂乱的噪声,否则这种杂乱的声音会让婴幼儿更加心烦意乱,也会影响其听力,同时也会导致他情绪失控。同时也要注意婴幼儿的情绪,如果他本来就烦躁不安,还是不要用过多的声音去影响他,否则他会变得更加躁动,哭闹不止。对婴幼儿噪声敏感这个特点的利用要巧妙,而且不能长时间使用,婴幼儿对声音的分辨能力会随着他对世界的接触越来越多而有所提升,越到日后,当他熟悉了种种声音,并能够从这些声音中分辨他想要听的声音时,反倒应该屏蔽那些不必要的声音了,这也需要养育者和教师根据实际情况灵活处理。

四、成人的"妈妈腔"

所谓"妈妈腔",就是养育者的一种发音清晰、语速略慢、适度重复、语句简短、内容具体的讲话方式。科学研究发现,"妈妈腔"与婴幼儿大脑接受信息的能力相吻合,这种说话方式能引起婴幼儿的注意。

案例 2-15

科学家曾经做过一个实验,他们请来一位陌生的女士,为其录了两段话,一段话用正常成人的口吻说,另一段话则用"妈妈腔"来说。接着,科学家将这两段录音分别放给一些4个月大的婴儿听。结果他们发现,在播放正常成人口吻的那段话时,婴儿们几乎没有出现什么明显的反应;而在听到"妈妈腔"的话语时,大部分婴儿都会不停地转头,想要寻找这声音到底来自哪里。后来,科学家们又进行了一系列的研究,发现婴儿早在出生后5星期时就已经可以辨别出"妈妈腔"了。

很多人对"妈妈腔"有误解,认为所谓的"妈妈腔"就是和婴幼儿说"吃饭饭"这样的话。因此在和婴幼儿说话时,很多人都不自觉地使用叠词,比如,戴帽帽、穿裤裤、穿袜袜、玩车车、睡觉觉等。人们出于对婴幼儿的喜爱,便将话语用这种并不算很合理的方式讲出来,并自以为这是在顺应婴幼儿的思维,自以为这才是婴幼儿能听懂的讲话方式。

但实际上,这种说话的方式并不利于婴幼儿日后的语言学习。一旦他将这些内容当成是正常讲话方式学会了,他渐渐长大后,会发现周围的人都不用他这样的方式讲话,而且他这种讲话方式在长大后也并不合适,他就不得不再重新学习正常的讲话方式。这就意味着他不得不学习两套说话方式,而之前那一套在之后就将被淘汰,显然那种"吃饭饭"的说话方式并不是婴幼儿在学习说话时所需要的。

所以,正确的"妈妈腔"应该是讲正常的话,只不过表达起来要比正常成人之间的对话慢一些。不要让错误的"妈妈腔"给婴幼儿造成误解,养育者和教师在与婴幼儿对话时,应该做到这样几点:

(一)咬字、发音清晰

在与婴幼儿对话时,要注意咬字、发音清晰无误,保证让婴幼儿能听得清楚,并适度地重复所说的话语内容,给婴幼儿思考的时间。因为"妈妈腔"不仅是在表达养育者自己的意思,还肩负着引领婴幼儿学习语言的重任,他会对周围人的语言表达进行辨识与模仿,只有清晰的发音才能让他的模仿准确无误,以尽快学会正确的表达方式。

尤其是养育者,在家中应该尽量多地使用普通话,但并不意味着方言、外语就不能说了。应该说,不管是何种语言,在说给婴幼儿听的时候,都要做到咬字发音清晰,这也是保证婴幼儿未来讲话"字正腔圆"的重要因素。

(二)语速放慢

"妈妈腔"的另一个特点是语速慢,即便是咬字清晰的话语,如果用正常成人的交流语速来说,婴幼儿也是听不懂的,因为他还没有那么强的思维能力,不会在话语出口的瞬间就明白周围人在说什么,"输入"与"输出"功能还处在发展之中。

婴幼儿需要成人用放慢的语速一字一句地与他交流,要有足够的耐心,只要与婴幼儿交流,就要特意放慢语速,这将有助于婴幼儿与成人之间的交流与彼此理解,更有助于他的模仿学习。

(三)适当重复

与婴幼儿说话要不怕重复,一遍是不够的,反复地、咬字清晰地、慢慢地表达,会让婴幼儿重复接收同一个语言表达的刺激,使之加深记忆。这种重复并不一定是反复说同样的话。比如,对婴幼儿说,"这是一个杯子,是宝宝喝水的杯子,画有小兔子的杯子,杯子,

"这是宝宝的杯子"，反复强调了"杯子"，再加上同步展示，婴幼儿会注意到这个词与实物之间的联系，如果此时再加把力，引导婴幼儿与自己一同发音，"来，宝宝，说，杯子"，他就可能跟着成人说出这个词来，再加上反复强调，要不了多久他就能记住。

（四）语句简短

咬字清晰、语速慢，并不代表就可以借此说正常的、很长的语句，"妈妈腔"的另一个特点就是要用简短的语句来表达内容。因为婴幼儿的听觉能力本身就弱，一长段话语即便是慢慢地说，对他的听觉能力来说也是巨大的压力，他无法一边听，一边思考，一边接收其中的信息，所以讲话的语句要简短。比如，"这是爸爸给宝宝买的新的小红汽车"，句子不仅长，信息也太复杂，可以分开来说，"这是小汽车，新买的，红色的，爸爸给买的哦"，简短的句子会让婴幼儿快速抓住内容重点，方便他的理解。

（五）内容具体

婴幼儿并不具备区分中心语、状语、定语的能力，若想让其听得懂成人的表达，简短的句子里一定要有具体内容。比如，不要问婴幼儿"中午吃了什么好吃的东西"，否则他会不知道应该回答什么，因为他还分不清饭、菜、零食、水果之间的区别，仅仅是"中午"、"吃"、"好吃的"、"东西"这几个词就够他反应好长时间了。所以，应该用简短明了的句子问他"中午吃的米饭还是面条"，这样的问话会让他更快速地明白问题的具体指向。

（六）使用限定

"妈妈腔"并不限定只有母亲才能使用，所有的养育者和教育者都可以用。不过也不能长久使用，随着婴幼儿语言能力的提升，随着他的听觉敏感期顺利度过，他的思维能力与理解能力也会有所提升，这时便可以逐渐减少"妈妈腔"的说话方式出现的次数，并慢慢过渡到正常的表达与交流了。

五、听觉敏感中的音乐敏感

很多胎教是以音乐形式表现出来的（见图2-7），很多胎儿在还未降生时便已经开始产生对音乐的欣赏力与亲切感了。对于某些音乐，胎儿都会表现出明显的好感来，这些好感会带到他出生之后。新生婴儿除了对母亲的声音敏感，也会对这些熟悉的音乐敏感，除了母亲的声音，这些曾经在胎儿时期听过的音乐同样能让他安静下来。

人类对于艺术的追求与感觉可以说是与生俱来的，0—2岁刚好也是培养婴幼儿对音乐的感知力与领悟力的重要时期，所以完全可以在听觉敏感期来培养婴幼儿的音乐感觉。

▲ 图2-7　音乐胎教[1]

---

[1]　图片引自http://www.gxcznews.com.cn/epaper/czzjrb/html/2012/06/12/07/07_52.htm。

(一)建立合适的音乐环境

优美的音乐不是只有成人才能听的,也不是只有专业音乐人士才能欣赏的,婴幼儿如果长期生活在有适当优美音乐的环境中,不仅有助于其听力的发展,对其智力发展也十分有益。

为了促进婴幼儿的这种感知能力,可以经常放一些优美的音乐,还有一些优美的民歌、儿歌,或者格调舒缓优美且内容健康的歌曲,养育者和教师如果自己会哼唱就更好了,可以随时随地与婴幼儿一起享受音乐。

不管是播放还是哼唱,声音都不要太大,尤其是播放的音乐,一定要控制好音量,以免损伤婴幼儿的听力。另外,音乐虽好,也没必要长时间接触,10～30分钟足矣,选择看书的时候、休息的时候来上一段舒缓的音乐,婴幼儿对音乐的感知力和好性情也就自然而然地培养出来了。

知识链接 2-4

早期儿童音乐能力与感知觉发展[1]

在一些音乐能力表现与测量的研究中,研究者十分重视音乐听觉的能力。人类从婴儿期开始,对于音乐所激发的感知能力是超文化的。美国研究者J. W. Anderson研究总结道,大多数婴儿已经能感知协和音程的变化,表示出了对协和音程的偏好;同时,婴儿还能感觉出话语中的情感因素,表现出对带有愉悦感情的语音的偏好;甚至,婴儿还能觉察出自然完整的乐句与不完整乐句的差异,对完整的乐句、流畅的音符表现出了偏好。也就是说,婴儿业已有识别旋律轮廓的心理参与的听觉能力。

Krumhansl和Juscyk在1990年就婴儿对完整与不完整的乐句偏好做了实验研究:实验使用了两种音乐样本:一是西方古典音乐作品中自然、完整的乐句;二是从西方古典音乐作品原有乐句中截出的一段,没有开始,也没有结束。两种样本有类似的音高及长度。实验中,婴儿坐在妈妈身上,播音器上有一个闪烁的灯吸引婴儿的注意。两种音乐样本随机播放。结果,24个婴儿中有22个表现出对完整乐句的偏好。再有完整乐句的音乐样本播放时,他们把头偏向播放器,表现出长时间的兴趣,而在有不完整乐句的音乐样本播放时,他们两秒钟不到就把头扭开。后来研究者又对四个半月的婴儿做了同样的实验,得到了同样的结果。

英国心理学家罗莎蒙德·舒特·戴森(Rosamund Shuter-Dyson)和克莱夫·加布里埃尔(Glive Gabriel)把关于各年龄阶段音乐发展的主要特征也作了归纳(见表2-4),从而有助于我们理解听觉对于儿童的意义。

---

[1] 秦金亮.早期儿童发展导论[M].北京:北京师范大学出版社,2014:91—92.

表2-4 不同年龄对应的音乐发展主要特征[1]

年龄（岁）	音乐发展的主要特征
0—1	对声音做出各种反应
0—2	自发地、本能地"创作"歌曲
2—3	开始能把听到的歌曲片段模仿唱出
3—4	能感知旋律轮廓，如此时开始学习某种乐器演奏，可以培养绝对音高感
4—5	能辨识音高、音区，能重复简单的节奏
5—6	能理解、分辨响亮之声与柔和之声；能从简单的旋律或节奏中辨认出相同的部分
6—7	在歌唱的音高方面已经较为准确；明白有调性的音乐比不成调的音乐的堆砌好听
7—8	有鉴赏协和与不协和之和音的能力
8—9	在歌唱及演奏乐器时，节奏感较过去好
9—10	节奏、旋律的记忆改善了，逐步具有韵律感，能感知两声部旋律
10—11	和声观念建立，对音乐优美特征有了一定程度的感知和判断能力
12—17	欣赏、认识和感情反应能力逐步提高

婴幼儿时期的音乐教育对婴幼儿的自身成长颇有益处，根据音乐家与非音乐家的研究显示，在小肌肉运动发育方面，音乐可以起到极大的促进作用，而且它还可以显著提高左右脑半球感觉运动皮质和协调运动的左基底神经节内的灰质厚度。这项研究还表明，音乐会让脑电图连贯性显著提高；听觉皮层接受能力更佳，提高了25%；小脑和胼胝体分化更为显著。[2]

（二）训练婴幼儿辨别音乐

人类的听觉系统大约在胎儿6个月大时便已经建立起来，而出生后的婴儿在1个月左右时，就已经可以辨别音乐的发声来源了，在安静的空间里，如果有乐声响起，他会将头转向乐声的方向。

所以此时可以有意识地训练婴幼儿寻找音乐的来源，训练他听力的同时，也可以培养他对音乐的感受能力。不同音阶的声音会让婴幼儿的乐感得到训练，同时像是流水声、鸟鸣声等自然音乐在培养其辨音能力的同时还能帮助他放松大脑。不过不管是怎样好听的音乐，也一定要在婴幼儿开心的情况下播放或哼唱，否则如果引发婴幼儿的厌烦感，反倒会让他厌烦音乐。

---

[1] 秦金亮.早期儿童发展导论[M].北京：北京师范大学出版社，2014：92.
[2] （美）韩纳馥.唤醒童心：环球教养学手册[M].何兆灿，蔡慧明，译.北京：中国人民大学出版社，2008：109.

另外，就如前所说，对音乐的选择也要慎重，优美舒缓的、节奏感鲜明的、音调和谐的音乐，会让婴幼儿有更美好的感受，愉悦的情绪下他也会更乐于倾听。此时倒不妨选择一些传统古典音乐，这些音乐优美的旋律能更容易为婴幼儿所接受，让他也能沐浴在浓郁的传统文化之中。

（三）借助音乐进行适当活动

在合适的时间里播放音乐，不仅可以促进婴幼儿听力的发展，如果加入一些合适的活动，对婴幼儿的肢体锻炼以及培养良好的亲子关系或师生关系也是颇有益处的。

1. 婴儿期（0—1岁）

将婴儿抱在怀里，随着节奏一起翩翩起舞，或者跟着音乐节拍轻轻摇晃婴儿的身体，可以站在或者坐在镜子前，让婴儿看清楚活动动作。鼓励婴儿随着音乐做舞蹈动作、哼唱音乐，或者由养育者、教师做出动作，鼓励婴儿去模仿。

可以选择一些特定的时间段，比如给婴儿洗澡或更换衣服的时候，随着音乐给其进行按摩，或者活动他的四肢。这时候婴儿的注意力比较容易集中，音乐与亲人温柔的陪伴，更能带给他好情绪。

2. 幼儿期（1—3岁）

幼儿有了一定的思维和理解力，开始有了自己想要听的音乐，对于一些特定的音乐会有特殊喜好。在听的时候，他会随着音乐开始舞动身体。

案例 2-16

一段时间以来，某电视台一到20点就开播某电视剧，剧中的主题曲成了一个两岁孩子的新宠，每到主题曲开始播放的时候，孩子都会跑到电视机前，随着主题曲一起唱，并左右摇摆身体。遇到好唱的、熟悉的歌词，孩子也会大声地唱出来。

一开始，家人不知道孩子的习惯，总会在这个时候"压"着孩子做些事情，比如洗手、洗脚、洗脸，但每次这个时候，孩子都会在卫生间里大喊"开始唱歌了"，然后就跑出来，也不管手上、脚上或脸上的水。

后来，家人便刻意留意了这段时间，保证孩子每次都能完整地将主题曲听完、唱完、跳完。孩子觉得很快乐，每次主题曲结束，她迎来的都是家人的掌声和笑脸。

音乐是最好的情绪调节剂，是启迪智慧的开关，是协调肢体的重要辅助工具，良好的节奏带给幼儿美感，这也是他热衷于伴随音乐手舞足蹈的原因。听觉敏感期遇上音乐敏感期，这是幼儿飞速发展的时期。

另外，幼儿已经有了一定的自我控制能力和思想，可以给他准备一些安全的玩具乐器，鼓励他动手拨动、敲打，感受乐音的同时也锻炼了手的支配能力。

早教机构中有更多的幼儿，一般也会准备更为齐全的音乐小道具，所以教师也不妨组织更多的幼儿一起举行小音乐会，教幼儿一些简单的音乐，鼓励他们多动手，不用要求他们演奏得多么优美，主要目的是为了利用不同的乐音来促进幼儿听觉能力的发育。

六、听觉的更深一层意义

从胎儿开始，人的听觉开始发育，到出生，可以听见更多的声音，也可以对更多的声音作出反应。尤其是对语言,婴儿对语言的反应是一种天性,"有了说话的声音,尤其是熟悉的话音,就要回头看看",显然这种反应也证明了婴儿的成长,他会逐渐从确认说话声音,到确认说话内容,会从只听见声音,逐渐过渡到听懂声音里的表达。

确定听懂声音的表达,是未来婴幼儿学习说话的一个重要基础,懂得这个发音的含义,他才会逐渐学会运用,学会自己主动发音去表达自我。

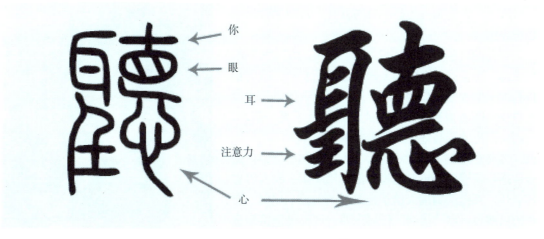

▲ 图2-8　汉字符号——听[1]

从这个篆体字和繁体字的"听"(见图2-8)来看,其组成包括耳朵、心、眼和身体的其余各部分,要想真的"听"到,就要心无旁骛。健康婴幼儿的听觉,也应该不仅仅是能听到声音,更要听进去。所以,教师不仅要训练婴幼儿拥有正常良好的听觉,更要随着他的思想意识、自我意识的萌发,教他也学会听。尽管婴儿幼小,但一些有道理的、教导的话语,他也会慢慢理解。这也是为什么如果从婴儿时期开始对其进行优秀传统文化教育,会对其今后的人生产生影响的重要原因。

同时,教师也要学会倾听婴幼儿,从他们简单、模糊的话语间,听懂他们想要表达的内容,并尽量予以准确的回应。教师良好的倾听表现,也会慢慢让婴幼儿对于听这个动作逐渐产生深层次的感受。

第四节　口的敏感期

口是人类重要的器官,生存、表达、交流、治病,很多行为都要依赖于口来完成。对于婴幼儿来说,口具有更重要的意义,因为在人生最初的时段里,他是靠口来认识世界的。几乎所有正常健康的婴儿都会有将能碰到的东西放进口中的行为,这便是口的敏感期的一个最

---

[1]（美）韩纳馥.唤醒童心:环球教养学手册[M].何兆灿,蔡慧明,译.北京:中国人民大学出版社,2008:112.

明显的特征。

一、口的敏感期理论

（一）婴儿口的特点

婴儿的口腔与成人的口腔有很大区别，正常成人的口腔中，牙齿和舌头是主要的器官，其功能就是吃喝与表达。

婴儿的口腔中没有牙齿，除了舌头，在其两侧脸颊后部，还各有一个隆起突向口腔的脂肪垫，脂肪垫将有助于增加婴儿口腔中的负压，有利于他将奶水吸入口中。随着成长，婴儿变成幼儿，乳牙逐一萌出，这两块高出的脂肪垫也将慢慢变平直至消失。

婴儿在感到饥饿、不开心、不舒服的时候，口是能传递他情感的最重要通道，他会用哭闹、咬人等方式表达，来提醒周围人给予他足够的关注。同时，婴儿的口腔也可以"接纳"任何东西，这也是他接触世界的重要器官。

（二）口的敏感期

对于刚出生的婴儿来说，拥有健全功能的口腔是其生存的最基本也是最重要的保障。出生之后，一个健康婴儿可以自由使用的唯一器官就是口，这是他将自己与整个世界连接起来的唯一通道。口腔敏感期，

▲ 图2-9　口的敏感期[1]

就是婴儿用口来认识整个世界，并由此构建自己的大脑与心理世界的过程。如图2-9所示。

婴儿口腔的敏感可能在出生前便已经存在，如果将糖精放在临产胎儿的羊水中，胎儿吮吸动作会增加[2]。在一项研究之中发现，研究者给只有2个小时大的新生儿品尝甜、酸、苦的溶液，他表现出了不同的面部表情，甜的溶液让他更愉悦，酸的溶液让他皱起眉头，而苦的溶液则让他表现出了不舒服。可见婴儿的口腔也是非常敏感的。对于婴儿来说，口的作用便是品尝味道与认识世界。

口的敏感期集中出现在0—1岁整个阶段，这时的口腔就是对婴儿来说最重要的一个器官，所以只有加深对婴儿口腔的了解，并正确引导其口腔功能发挥，才能帮助他更进一步地认识世界。

二、婴儿用口去感知世界

（一）口的感知

所有健康的婴儿，都是先用口来接触世界的，这是他认识世界的开端。婴儿是在用口一

---

[1] 图片提供：山东庆云新华爱婴幼儿园。
[2]（美）桑特洛克（Santrock, J.W.）.儿童发展（11版）[M].桑标等，译.上海：上海人民出版社，2009：176.

点一点地了解这个世界,从他自己的手、脚等身体部位开始,再到所有能被他握在手中的东西,他都会放进自己的口中,用品尝、舔舐,来体验入口之物的质地、形状、温度、大小、味道,并由不同的感觉来产生不同的情绪,最重要的是借由这种"品尝",他建立起对他自身以及周遭世界的一个初步认知。

用口来认识世界的阶段要持续好几个月,一般来说,口的敏感期大概会在0—1岁这个时间段里出现,正是通过这段时间的口的探索,婴幼儿为融入世界做好了准备。这个时间段是必需的,生命初始阶段如果少了这个过程,婴幼儿的成长就会出现滞后。

案例 2-17

老师发现,班里有一个已经两岁多的男孩出现了迟来的口腔敏感期。他最近喜欢吃手,把所有的手指挨个放进嘴里吮吸一遍,有时候还会把五个手指都塞进去,就像才几个月的婴儿那样,他吃得津津有味,表情显得很愉悦。

不只是吃手,这个男孩对所有能放进嘴里的东西都感兴趣,吃饭的时候会不停地把勺子放进嘴里再拿出来,他甚至想把整个勺子都放进嘴里去,以至于把刚吃下去的饭都吐了出来也不觉得难受。玩玩具的时候,如果老师不注意,他就会把玩具放进嘴里咬,有几次老师从他嘴里还拿出了几粒玩具珠子,把老师也吓了一跳。更让老师惊讶的一次是,他坐在鞋柜旁边,把自己的小皮鞋放进了嘴里,如果没有老师制止,鞋子可能都会被他咬掉一块。

后来老师一了解,原来这个男孩在家里时,家人出于卫生与安全的考虑,除了能吃能喝的食物饮品,禁止他往嘴里放任何其他东西,只要看见他有吃手这个动作就会阻止、训斥甚至打他的手。所以在家里他从来没有心满意足地吃过手,更没有把除了可吃的东西之外的东西放进嘴里的机会,但是到了幼儿园,没有人会阻止他,所以他被压抑的"吃"的行为开始慢慢显现了出来。

如果阻止婴儿用口去探索事物,会让其口腔敏感期的时间向后推移。这个敏感期并不会因为被阻止而消失,总会在日后的某个时刻补上,若是这个时刻被错后得不算太久还算可以应对,一旦被错后得太久,长大后再出现口的敏感期,不仅影响一个人的自身发育,对周围也会造成负面影响,比如,在日后成长阶段有些人可能就会出现抢别人的东西、随意拿别人的东西、捡食地上的食物甚至把注意力都集中在吃的东西上而无法进行手下的工作等行为,这些都是口腔敏感期严重不足所带来的后果,还有一些成年人爱咬指甲、吃零食、抽烟,众多口部运动大部分也有可能是儿时口腔敏感期没有得到满足所致。

(二)应对措施

鉴于婴儿口的功能发育与需求,养育者或教师应该予以他充分的使用口的"权利"。

1. 尽量满足婴儿口的敏感期的需求

在口的敏感期,婴儿会将所有能触碰到的东西放进口中,周围人之所以并不愿意看到他这样的行为,就在于担心卫生与安全问题。比如,担心婴儿会将脏东西吃进嘴里,或者担心婴儿把尖锐物、危险品吞下肚子。

这种担心是有道理的,所以在婴儿口的敏感期,要尽量保证他周围环境的健康安全性。所有他视线范围内可以被放进嘴里的东西,都要清洗干净,不过并不需要过分严格地消毒,因为婴儿的抵抗力是要靠他自己培养来增加的，完全无菌的环境并不利于他对病毒、细菌的抵抗。如果要出门，就随时准备一包消毒纸巾，及时擦干净他的手。尤其是在外面，不要呵斥婴儿随便抓东西放进嘴里的行为，以免给他带来心理阴影，用其他可吃进嘴里的东西吸引他的注意力，保证他的口不会有"寂寞"的感觉；也可以用其他事情来转移他的视线，让他暂时不再只想着"吃"。

2. 保证婴儿的专心"品尝"

事实上，绝大多数婴儿并不会出现异物入腹的情况，因为他对那些入口的事物会有很清晰的分辨能力。当然，这种看上去很安稳的情况也要在其专心致志的情况下才会出现。

案例 2-18

1岁半的利利想要吃枣，妈妈会先把枣核抠出来，然后再把枣肉给利利，但有一个枣，妈妈忘记抠枣核了，利利也照样吃了进去。过了一会儿，妈妈发现利利的嘴一直在动，按照吃一个枣肉的时间来推算，他应该早就吃完了，妈妈有些奇怪。

又过了一会儿，妈妈忽然反应过来，稍微惊慌了一下，然后才平静地对利利说："宝宝乖，把嘴里的核吐出来。"利利听话地吐了出来，让妈妈惊讶的是，那个枣核干干净净的，上面已经一丝枣肉都没有了。

原来利利吃到了"枣核"这个以前没吃过的东西，便在嘴里反复地用牙齿、舌头去舔去咬，并来回在嘴里体验。

婴儿体验的过程是很专心的，同时也是很有技巧的，只要不是突然故意吓唬他，或者突然地吼叫，他不会那么容易被卡住。所以养育者要尊重婴儿的口的敏感期，多加看护，看见他把东西放进嘴里，不要突然大声斥吼，只要能保证那个东西是可以放进嘴里的，就给婴幼儿一些信心，他会进行自我调整，在探索阶段，他不会轻易就被卡住。

不过，这并不意味着周围人可以就此放松对婴幼儿的看护，阻隔可能的危险的发生，这也是养育者和教师的责任。有些婴儿会因为不小心而被卡住，因此小豆子、小糖丸这样细小的东西还是要放得离婴幼儿手边远一些，不要给他自己拿取的机会。平时给他吃的东西也要注意，花生豆、黄豆、小粒的食品要少吃，即便要吃也要经过处理，比如碾碎之后再喂给婴儿。

3. 适当转移婴儿的注意力

在家或者在教育机构内部，卫生与安全是可以得到基本保证的，但是在这两处场所之外，没有度过口腔敏感期的婴儿也会继续用口去探索，有时候便会难以避免地吃进去不能放进口中的东西。这时应该帮助婴儿转移注意力，比如用小游戏来吸引他，调动他的好奇心去关注更多新鲜事物而不是专注于用口去探索。

案例 2-19

一个小男孩在路上蹒跚地走着，忽然他蹲了下来，捡起地上的一片树叶，接着就要放进嘴里去。爸爸看见了，立刻也捡起来一片树叶，并说道："看爸爸手里的这个树叶，可以像小鸟一样飞哦。"说完，爸爸把手里的树叶往天上一扔，接着使劲一吹，树叶摇摇晃晃地飘落，小男孩咯咯咯地笑了起来，接着也大叫着学着爸爸的样子把自己手里的树叶扔了出去。

在口的敏感期，婴儿会时刻想要使用口的功能，若想要更好地保护他，养育者或教育者便要更有智慧地去应对，像这位爸爸这样迅速转移其注意力，就是很有智慧的做法，一定要杜绝训斥、打手甚至打嘴的行为，以免因此导致婴儿口的敏感期的滞后。

4. 有意识地准备足够的可"吃"物

婴儿的口腔需要一个更为丰富的体验，所以与其让他自己在外面找东西"吃"，不如为他准备好足够的东西，给他创造一些"吃"、"咬"或"舔"的机会，满足他的需求。这些物品要包括可食用的与不可食用的两种。

可食用的，包括有不同味道的液体、软硬不同的食物、不同质感的食物；不可食用的包括软的与硬的材质的东西，布料、塑料、木质的东西，泥状的与固体的东西等。主动提供物品来丰富婴幼儿口腔的功能感受，在满足他的探索需求同时，还能保证安全，也会更有助于他口腔功能的发展。

三、吃手是婴儿认知需要

在口的敏感期里，婴儿会有一个非常明显的特点，那就是吃手。通过吃手，他的口的敏感期可以顺利地发展下去，口腔的功能也能得到完善与健全。

（一）吃手的意义

婴儿口的敏感期会唤醒手的敏感期，而手的敏感期则会加快口的敏感期的发展，手口功能将都能得到进一步开发，所以吃手对于婴儿来说具有重要的意义。如图2-10所示。

通过吸吮，婴儿最先感知到手的存在，并感知到手的抓握能力，之后再通过手将周围的东西抓起来送进口中，再用口来感知各种物品。通过这一系列的过程，婴幼儿才能逐渐认识世界。之后，随着手的功能被完全唤醒，手的敏感期便会随之而来。婴幼儿就是通过口与手的探索，才越发了解这个世界的。

尤其是对于0—6个月的婴儿来说，吃手是再正常不过的行为了，除了开发口和手的功能，吃手对于提升婴儿的认知能力，发展其运动能力也颇有益处。

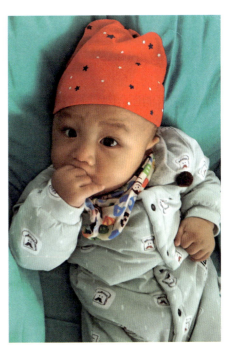

▲ 图2-10 吃手的婴儿[1]

---

[1] 图片提供：湖南张家界童星幼儿园。

案例 2-20

孩子3个多月的时候，妈妈发现他总是在不停地吃手，手被他的唾液弄得湿漉漉的，随便往哪里一放，可能就会有东西沾到湿漉漉的手上，然后再被他吃进嘴里去。妈妈觉得这很不好，便不停地对孩子说不要吃手。有时候会直接把他的手从嘴里拿出来，有时候又会轻轻地打一下。

后来孩子慢慢长大，能听懂妈妈的话了，可他还是会时不时地把手放进嘴里，妈妈就会吓唬他说："手上有大虫子，吃进肚子里就会肚子疼！"孩子有一段时间很害怕。

但有一次，孩子忘记了妈妈说的话，又吃了一次手，他本来很害怕大虫子进到肚子里，可他肚子最终并没有疼，他发觉妈妈是在骗他，之后他吃手的行为便更严重了，几乎到了无时无刻不在吃手的境地。

很多养育者认为吃手是坏毛病，是一定要改正才行的。但从这个案例的情况来看，妈妈的严厉压制，反倒让婴幼儿吃手的行为被延后、被强化，使他这一探索品尝的敏感期被延长了。

婴儿吃手是正常的现象，这只是一种自然发生的行为，吃手行为总会随着他对手的探索结束而结束，所以不要用"不吃手"来强迫要求他，否则他反而会将吃手真的变成一种"坏毛病"。此时应该帮助他做好手的清洁工作，并给予他充分的吃手自由，让他在吃的过程中得到满足，也让他的手的功能可以自然而然地被开发出来。

（二）替代品的作用

吃手一段时间之后，婴儿自然会因为手的功能被开发而开始抓取别的东西，能抓到手的东西就会被他送到嘴边尝一尝，于是他开始"吃"别的东西，这也就意味着他进入了探索世界的关键时期，所以应该尽可能经常地让他接触到更多的东西。如果没有足够的东西让他探索，他便可能还会因为无聊而吃手。

此时要找好合适的代替品，准备一些适当的磨牙物也是有必要的，比如磨牙的饼干、安全健康的橡胶类物品等。不过，虽然替代品有一定作用，但婴儿是否愿意接受替代品也取决于他自身，如果他不情愿甚至哭闹不止，要么让他继续吃手，要么给他换成其他的替代物，不要强制性干涉婴儿吃手的行为，要尊重他成长的过程。

（三）纠正频繁吃手

正常情况下，婴儿吃手的行为不会存在很长时间，是会自然消失的。但种种原因会导致一两岁甚至更大一些的幼儿依然在吃手。长大后的幼儿因为接触到的东西会增多，这也就意味着他接触到的细菌会变多，因为吃手而吞下细菌影响身体健康的概率也会增大，这时养育者和教师就要注意帮助其纠正。在纠正过程中，一方面是要考虑其是不是口欲期没有得到满足，另一方面则要关注其成长过程中的心理变化。

1. 口欲期没有得到满足，幼儿会在日后将其补上，这个敏感期不会随着时间而消失，反而会滞后。如果是这个原因，就要给他准备一些合适的、可咬的东西，满足他缺失的口欲期。

2. 另一个原因是长牙，牙龈的不适感会促使他用手去抓、去摸，相比较其他东西，手指要更灵活，在口中有更大的活动余地，用手来缓解牙龈不适感也就成了某些幼儿依旧在吃手的原因。这时替代物就可以起作用了。

3. 还有一个重要原因也会导致幼儿频繁吃手，那就是他的情感需求没有得到满足，孤独、焦虑、恐惧等情绪的原因，都可能让他吃手吃得过于频繁。这时就需要养育者和教师给予婴幼儿足够的情感关爱，多多陪伴他，增加一些游戏、学习与互动活动，缓解他的负面情绪。

另外，不管是什么原因导致的吃手，都要帮助婴幼儿养成良好的卫生习惯，勤洗手，勤修剪指甲，以免他将细菌吃进身体，引发身体其他健康问题。

四、婴幼儿的咬人行为

案例 2-21

一天上午，活动室里传来了很大的哭声，一个2岁的小男孩咬了另外一个2岁的小女孩。小女孩大声哭着，小男孩一脸不知所措的样子。老师了解原因后，才知道小男孩咬了小女孩的脸，小女孩被咬疼了，所以哭得厉害。

老师有些奇怪，小男孩一直是个很乖巧的孩子，遇到事情也能很清晰地表达自己的想法，平时和小伙伴们相处得很好，这还是第一次咬人。但很快老师联想到了这个小男孩最近的样子，他会啃桌子，会咬玩具，听他妈妈讲，在家他也会咬爸爸的手，而妈妈因此也训斥过他。老师最终肯定了一件事，那就是这个小男孩的口的敏感期依然存在，他正在用"咬人"这种方式来弥补之前可能被落下的口的敏感期。

婴幼儿咬人（见图2-11）总会被有些养育者误以为是有攻击性，他们会因此而训斥教育婴幼儿，提醒他们咬人是错误的。但事实上，这时候婴幼儿的咬人却是无意的，他依旧是在用口来认识事物，而且随着生长发育，咬人的行为也会逐渐消失。所以此时的训斥显得有些"小题大做"，只有抓住他咬人的原因，才能因势利导。

▲ 图2-11 婴幼儿咬人[1]

---

[1] 图片引自 http://mombaby.tw/article13938.html.

（一）咬人原因

在口的敏感期中，大多数婴幼儿都会有咬人情况出现。

对于5—7个月大的婴儿来说，他咬人的原因有这样几个：嘴里不舒服，出牙期，还有可能是依旧用口在探索。但是，此时的婴幼儿不能识别他人的表情与反应，所以并不能理解咬人是不对的。

对于8—14个月的婴幼儿来说，此时他咬人的原因就会变成一种情绪表达，但也没有恶意存在，而且此时的他已经有了操控情绪的能力，因此可以理解他人的劝阻了。

一直到3岁前，幼儿都有可能会因为过于兴奋、无法准确表达自己的情感、情绪低落、自己的意志无法实现、想要控制他人等原因而出现咬人的情况，这些都是可以理解的，只有正确的引导方式才能帮助他顺利度过这段时期。

（二）应对措施

对于婴儿的咬人行为，应对措施非常简单，给他提供一些可以咬的东西，软硬不同的食物、口咬胶这样的东西都可以试一试。婴儿有时候会觉得咬这些东西不如咬皮肤感觉好，养育者需要用其他东西来转移他的注意力，满足他口腔味觉与触觉的需求，从而避免频繁咬人的情况发生。

而对于幼儿的咬人行为，要理解他口的敏感期滞后的心理，而且他已经可以理解他人的意图并能操控自己的情绪了，所以也要采取一些有智慧的方法。

案例 2-22

> 悠悠1岁多的时候喜欢咬人，有一次咬了老师的手，老师紧皱眉头，并表现出了疼痛不已的表情，同时也提高了声调说："啊，老师好疼啊！悠悠只能咬食物哦，咬人会疼的，你看老师好难过。"悠悠看着老师的表情，很快松开了嘴。后来老师把这个方法告诉了悠悠的妈妈，以后悠悠在家咬人的时候，家人也一改之前嘻哈笑闹的样子，而是露出了难过的表情，悠悠逐渐意识到咬人不是游戏，别人会因为被咬感到疼痛，他渐渐地也就不再咬人了。

利用表情、声调这些肢体语言来向幼儿解释"被咬的人会痛苦"这个事实，是一个简单有效的方法，他可以从成人的表情动作中体会到这种情绪。但一定要注意控制好表情和态度，要真实地将自己感觉到的疼痛的感受表现出来，要让幼儿意识到他咬人会给他人带来难过的感觉，不要嬉笑着说"不要咬人，咬人不好"，否则幼儿会根据成人这种无所谓以及玩笑的态度，来错误地判断这只是成人在和他玩一场游戏。

在这一时期里，也可以多给幼儿准备更多可以咬一咬的物品，让他感受咬的乐趣。也可以专门玩咬的游戏，比如准备一些简单易于辨认的物品，给幼儿蒙上眼睛，让他通过咬来辨认咬到的东西是什么。

有时候，幼儿咬人源于情绪问题，比如负面情绪会让他忍不住咬人。那么单纯地只是告诉他咬人不对，他显然不能理解，因为他的情绪还停留在"我很烦躁"之上。所以，此时就要先了解幼儿产生不良情绪的原因，要多站在幼儿的角度去考虑问题，可以通过询问来获得幼儿烦躁的原因，更快找到问题根源并及时解决。

而教师就要在有众多幼儿一起玩的时候，多为幼儿准备足够的玩具或图书，尽量满足所有幼儿的需求，减少他们彼此之间因为争执而产生的打架、咬人行为。

第五节 手的敏感期

与口的敏感期紧密相连的一个敏感期，就是手的敏感期。蒙台梭利说："跟人的智慧最紧密相关的两种肉体的运动是舌头的运动，它用来说话，以及手的运动，可用来工作。"口与手的发育是人类发育比较重要的阶段，人类的手具有精细而复杂的功能。一个成人如果不理解儿童需要运用他的手，不把它看成是工作本能的第一次展现，就可能成为儿童发展的障碍。[1]

一、手的敏感期理论

手是人类所特有的器官，几乎可以被看成是所有生物中最独特也最有能力的器官，手的良好发育，对于人类个体的全面发育也具有重要的意义。

（一）手的发育

有科学家认为，人类具有高度智慧依赖于三个重要器官——可以感受三维空间的眼睛，能够灵活运动的双手以及处理手眼传来信息的大脑。经过几百万年的进化，人类的手演变得更加灵活，堪称大自然创造出来的最完美的"工具"。

人类的手有29块骨头，123条韧带将这些骨头联系在一起，并由48条神经控制着35条强劲的肌肉来牵引韧带，30多条动脉及数量众多的小血管滋养着整个手掌结构。

手在胎儿成长到5周左右时出现，最开始的手如同鱼鳍一般，手指之间一开始是有蹼存在的，随着发育，蹼逐渐退化，待到11周时，手的关节、肌肉、指甲都已经发育完全，所有功能也逐渐齐备。胎儿发育到20周时，他已经可以用手为自己抓痒了。

手的大拇指可以和其他四个手指相对，这种结构是人手的最大优势，人的手指有足够的柔韧性，正是因为这样灵巧的对合，才使得人类可以创造自己的文化，可以促进科技的进步。

人类的手除了基本的抓握功能之外，在人类的生活中还发挥着其他重要的作用，比如手势可以帮助表达情感，手的触感可以帮助人们判断物品，手可以制作各种东西，与他人的牵手、触摸更是增进情感的方式，等等。因为拥有这样丰富的功能，人类借助手才能做更多的事，实现更多的梦想。

对于健康的婴幼儿来说，他的手只是处在一个刚发育成熟的阶段，接下来要怎么使用，要怎么让它变得灵活，要怎么通过它来完成更多行为，都需要成人积极的引导和帮助。尤其是在手的敏感期中，成人要给婴幼儿的手一个充分的发育机会。

（二）手的敏感期

手是人类最重要的器官之一，蒙台梭利认为，研究儿童的心理发展必须与研究受心理刺激的手的活动紧密联系起来。在她看来，虽然就算没有手的帮助，儿童的智力也可以发展到

---

[1]（意）蒙台梭利（Maria Montessori）.童年的秘密[M].马荣根，译.北京：人民教育出版社，2004：96.

一定水平，但如果有了手的帮助，那么儿童的智力就一定可以达到更高的水准，儿童本身也可以获得更加健全的品格。[1]

手的敏感期是在口的敏感期进行期间开始的，是在婴幼儿开始用口来探索手的功能时开启的。等到确定了手的功能，婴幼儿就会通过手展开越来越多的探索。对于婴幼儿来说，其运动的最早象征就是手对物体的抓握、拿取。最初的抓握是无意识的，但慢慢地他的手的动作开始出现有意识的活动。而这种意识一旦出现，他就会对手越来越在意，以前是无意识地抓到什么是什么，很快就变成了特意地针对手的练习。再加上婴幼儿对周围的环境越来越熟悉，他想要动手的意愿也就越发强烈，在接下来的时间里，他的手就会变得越来越忙碌，变得更灵活，很多功能也会被开发或更进一步开发出来。

所以对于婴幼儿的成长来说，手的敏感期也是一个重要的发育阶段，任何阻止其手运动的行为，都有可能导致其手功能的滞后发展，不仅是手功能，手眼协调功能、大脑支配功能，也可能会因为手功能被阻碍而受到影响，所以这是一个需要重视起来的阶段。

二、婴幼儿手的动作发展

精细动作运动技能，近代心理学理论研究将其定义为，个体主要凭借手及手指等部位小肌肉或小肌肉群运动，在感知觉、注意等多方面心理活动配合下完成特定任务的能力。[2]

作为人类最重要的基本能力之一，精细动作适应性技能是人进行实践活动的重要工具。婴幼儿早期运动技能的发育，是其心理发展的外在表现，也是其整体活动发展的直接前提。

多元智能理论认为，婴幼儿早期的精细运动智能是人类智能的重要组成部分，其发展依赖于感觉、认知等其他智能的发育，但同时也是其他智能发育的前提。精细运动技能的快速发育，可以促进包括认知在内的脑的其他智能发育，从而有效扩展人类对自我和外部环境认知的广度与深度。

有研究提示，婴幼儿早期脑认知能力的发育来自感知觉，动作与知觉存在交互作用，动作的精确、协调、连贯基于持续的感觉信息处理和整合。通过早期的抓握等动作，婴幼儿将会获得运动经验，同时也可能促进其视觉、触觉等感知系统发育，进而影响认知能力发展。[3]

婴幼儿精细动作的发展主要体现在手与手指的动作，以及手眼协调能力的发展上。

表2-5 0—3岁婴幼儿精细动作发展顺序[4]

月　龄	精　细　动　作
1	握紧拳头，放拳头入口；握住成人的手指。
2	看见玩具时手舞足蹈，全身乱动。

---

[1]（意）蒙台梭利（Maria Montessori）.蒙台梭利幼儿教育科学方法[M].任代文，译.北京：人民教育出版社，2001：475.

[2] 李蓓蕾，林磊，董奇.儿童精细动作能力的发展及与其学业成绩的关系[J].心理学报，2002，34（5）：494.

[3] 李斐，颜崇淮，沈晓明.早期精细动作技能发育促进脑认知发展的研究进展[J].中华医学杂志，2005，85（30）：2157.

[4] 杨玉红，赵孟静.0—3岁婴幼儿保育与教育[M].天津：天津科技翻译出版公司，2015：133.

（续表）

月 龄	精 细 动 作
4	能将玩具在手中留握较长时间，伸出双臂试够悬挂于胸前的玩具。
6	会迅速伸出手够抓面前的玩具，抓握方式为全掌大把抓握。
8	会用传递、摇、敲等多种方法玩同一个玩具，抓握方式为桡掌或桡指抓握。
10	能够拇指与食指对指取小物品，会笨拙地主动松手放下或扔掉手中的玩具。
12	会灵巧地钳式捏起小丸，一手能同时抓握2～3个小物品，会轻轻地抛球。
15	能垒2～3块积木，大把握笔自发乱画，会用勺取食物。
18	能垒4块积木，能几页几页地翻书。
21	能稳稳地拿住茶杯。
24	能垒6～7块积木，能一页一页地翻书，正确握笔，模仿画垂直线。
27	能模仿画直线。
30	能垒8～9块积木，能模仿画水平线和交叉线，会穿短袜和便鞋。
36	能垒10块积木，能临摹圆形和十字，会穿珠子、扣纽扣。

婴幼儿的精细动作能力在3岁前的发展极为迅速，所以养育者应该为婴幼儿创造足够的空间，准备足够的可锻炼他的手的玩具或其他物品，以保证他的手有可锻炼的机会。

知识链接 2-5

婴幼儿双手精细动作的关键期[1]

3岁前是婴幼儿精细动作能力发展极为迅速的时期。良好的操作能力是一种基本的素质，是学习任何一种特殊技能的前提条件。在婴幼儿的成长过程中有很多个关键期，关于婴幼儿双手精细动作能力发展的一些关键期：

5—6个月：双手协作能力产生、发展的关键期。

7—8个月：单手抓住多物能力产生、发展的关键期。

---

[1] 杨玉红，赵孟静.0—3岁婴幼儿保育与教育[M].天津：天津科技翻译出版公司，2015：135—136.

11—12个月：放物入孔能力产生、发展的关键期。
12—13个月：双手控制物品运动能力产生、发展的关键期。
16—17个月：垒叠平衡能力产生、发展的关键期。
24—25个月：用笔画直线的能力产生、发展的关键期。
33—34个月：构思建构能力产生、发展的关键期。

在这些关键期里，可以为婴幼儿创设合适的条件与机会，促使其双手精细动作能力有更好的发展。

三、婴幼儿手指的分化功能锻炼

手的动作之所以被称为精细动作，就是因为不同的手指会有不同的功能表现，几个手指组合在一起就可以做出更多的事情。最初时，婴幼儿的手是做不到这一点的，不管做什么，他的手指都是"同开同合"，动作很少，即便有也是无意识或者本能反应而来的。随着成长，他的手指才开始慢慢出现分化功能，这时要多加锻炼，帮助他的手指分化功能更为完善。

单就抓握这个动作来看，其发展顺序如图2-12，3个月以前的婴幼儿，手可以有意识地张开，会有随意的抓握，抓到东西的时候是大把地抓，没有目的性。随着成长，他的五指会分开，手眼协调能力也将提升，再抓什么东西就能准确地握到手中了。再之后，婴幼儿的手逐渐变得越来越灵活，可以主动地、随心地去抓握、摆弄各种物体，灵活的手指会让他有更多的能力进行学习与创造活动，这就实现了手的工具作用。

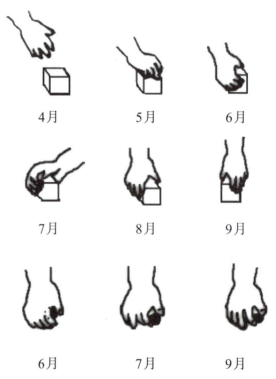

6月：大把抓 7月：拇他指捏取 9月：拇食指捏取

▲ 图2-12 幼儿抓握动作的发展顺序[1]

为了保证婴幼儿手的功能可以得到锻炼，需要采取合理的锻炼方式。

---

[1] 鲍秀兰等.0—3岁：儿童最佳的人生开端[M].北京：中国发展出版社，2005：77.

（一）给婴幼儿充分的用手自由

收起可能造成危险的东西，比如剪刀、钉子、尖锐物、药品、太小的物品、可能掉色的物品等。在他视线和手臂可及的范围内，放置可以被他拿起来但又摔不坏的东西，要在保证婴幼儿自己和物品都安全的前提下，来解放婴幼儿的双手。

对于已经有足够行动自由的婴幼儿，应该给他充分的活动空间，让他的手在各种抓、握、拿、取、捏等动作中，获得最大程度的锻炼。在婴幼儿有想要主动抓握的意向时，最好能配合他的需求，在他周围有意识地摆放各种物品。如果他想要触摸、拿起什么东西，只要是安全无害的，也可以抱着他或者引导他凑上去，让他自己动手体会。

（二）利用水与沙子锻炼婴幼儿的手

无形无色无味的水，具有极大的"可塑性"，颜色、温度、味道、形状，它可以有千万种不同的变化组合，对于婴幼儿来说，玩水对他有强大的吸引力。同时，沙子也是奇妙的东西，因其颗粒细小以及可以被塑造成各种形态的特性，使得婴幼儿在抓与堆的过程中，手也会得到锻炼。总之，水和沙子形态变化多端，玩法多种多样，不仅可以满足婴幼儿想象和创造的需求，还可以给他带来巨大的空间感和流动感。所以，婴幼儿特别喜欢玩水、玩沙。

针对婴幼儿的这一喜好，可以为他准备合适的玩耍场所——不深的水池、干净的沙子，并准备好耐脏的衣服，或者随时准备为他替换衣物，保证他玩耍的乐趣，尊重他的天性，不要随意干涉。

（三）通过撕书撕纸来锻炼

六七个月大的婴儿会出现撕书、撕纸的情况，这也是其在进行手指分化功能锻炼。在婴幼儿看来，撕书、撕纸的乐趣在于，他发现自己也具有了可以改变外界事物的能力。而实际上，"撕"这个动作也会让婴幼儿的手眼协调能力得到训练，促进其脑功能的健全发育。不仅是撕，揉、叠、抓、拉扯等动作也同样能对婴幼儿的手起到锻炼作用，准备一些不用的书报作为婴幼儿撕扯的对象，并做好妥当的善后处理，满足他撕的需求。在他情绪愉悦的时候，也可以加入他撕纸的游戏，给他撕出花朵、小动物等形状，满足他的好奇心。

四、婴幼儿手的触感体验

案例 2-23

妈妈给八九个月的孩子喂香蕉吃，孩子趁妈妈不注意，一把抓住了香蕉，然后使劲一捏，接着再把残留在手中的香蕉用力一攥，软软的香蕉果肉立刻变得黏黏糊糊，一部分还掉在了他的身上和他身下的椅子上。

妈妈虎着脸说："不许捏！你看你把香蕉都捏烂了，吃也没法吃，还弄得身上哪儿都是，多脏！"一边说着，妈妈一边拿过一旁的纸巾，动作迅速地给孩子清理干净。

孩子却并不愿意被清理干净手，他摇晃着身子，努力想要挣脱妈妈对他手的束缚，手里也紧紧攥着剩余的香蕉，无奈"势单力薄"，最终他的手还是被擦得干干净净。

可是妈妈并没有因此而松一口气，因为后来的几天，每次到了吃香蕉时间，她都不得不提起精神，否则一个不注意香蕉就会落入孩子的手中，然后立刻又被捏得黏黏糊糊，清理起来很是费劲。

婴幼儿非常喜欢类似于香蕉这样的软软的触觉，只要有机会，他几乎会将一切能到手的软东西抓捏一番，如面团、蛋黄、面条、果酱、不能吃的橡皮泥。婴幼儿对这些软软的物体的抓捏，通过手指运动，以及手指对这些物品质感的感受，来锻炼自己的手。

除了这种软软的触感，婴幼儿的手也应该接触更多其他的触感。坚硬的、柔软的、粗糙的、细腻的，不同的触感丰富手的感觉，如果接触不同大小的物品也就更能锻炼婴幼儿手的操控能力。

可以和他玩一玩这样的游戏：

1. 盒子里的宝贝

在一个不透明的盒子里放上各种质地、大小的物品，让婴幼儿伸手进去摸，待他摸出来之后，告诉他抓到的是什么东西。

2. 橡皮泥的世界

橡皮泥与众不同的触感最能带给婴幼儿快乐，准备安全健康的橡皮泥，与婴幼儿一起用橡皮泥制作各种小物品，不仅锻炼其手的触感，也会对手指功能起到锻炼作用。

3. 增加婴幼儿的触摸体验

婴幼儿本身便有好奇心，对很多东西都想用手摸一摸，在保证安全的前提下，主动让婴幼儿多触摸各种物品。比如整理衣柜的时候，不同的衣服质地可以让他摸一摸；买菜回来，不同的蔬菜质感也让他摸一摸；玩具中也会有各式各样的质地，多让婴幼儿摸一摸、玩一玩；外出的时候，也要放开婴幼儿的手，树干、花草、砖石这些东西也要允许婴幼儿去触碰，只要注意健康安全就完全没问题。

五、婴幼儿小肌肉的发展

婴幼儿对手的锻炼是无时无刻的，随着他的行动越来越灵活，手的抓握能力越来越好，伴随着好奇心，他也会将手"伸"向很多原本不应该成为玩具的东西。

案例 2-24

20个月大的清清被妈妈视为"破坏家"，因为他会频繁地扭动门把手，开门、关门；也会把桌子上放着的笔的笔帽反复拔开再插上，有时候还会把整个笔都拆开，笔芯、笔尖扔得到处都是；就连妈妈的唇膏、眼线笔、眉笔都没逃过他的手。

不仅如此，只要是能被拉开、拆开、拔开的东西，清清都会不遗余力地去尝试一下。甚至有一次，在家人都没注意的情况下，清清自己拿起一把剪刀剪坏了沙发靠垫，事后妈妈后怕的同时也不得不感慨清清的破坏力。

在和老师聊天时，妈妈忍不住抱怨说："这个孩子破坏能力太强了，我都有些管不住他，老师有什么好的建议吗？"

婴幼儿并不是存心要破坏什么，这些动作其实都是他小肌肉的发展需要。拧瓶盖、拆东西，只有发达的小肌肉才能帮助婴幼儿更好地控制手，准确完成这些动作，实现他的"目的"。

这时的婴幼儿会有相当强烈的热情,促使他在周围环境中寻找一切可以满足自己需求的突破口。而且,家人和周围人又给了他很好的"示范",生活技能方面他会耳濡目染,所以他会去模仿、去感受。所有可以操作的工具,就成了他锻炼的对象。

要避免婴幼儿成为"破坏家",就应该尽可能满足他此时的需求,让他的行为从破坏变为用手去感受与创造,让他的手有充分运动的机会,当他那旺盛的精力得到了发泄,当他已经可以熟练操作他的手时,自然也就远离破坏了。

平时只要有可能用到手的动作,比如扣纽扣、用筷子、系鞋带、拧瓶盖、插吸管、盖盖子、打开盒子……这些要用到手的精细动作的行为,都要让婴幼儿自己体验一下,只要有机会就交给他自己来做,也可以专门找时间让他自己去练习。比如说扭门把手,如果遇到婴幼儿对这件事感兴趣,那就专门腾出这一小段时间来,鼓励他自己去扭门把手,陪他玩开门、关门的游戏,反复几次之后,他会越来越熟练,当他能很自然地掌握这个动作时,这股兴奋劲头也会慢慢退散,他自然也就不会一直想要做这件事了,很快又会被其他事情所吸引。

六、婴幼儿的"打人"行为

手的敏感期会让婴幼儿的手获得充分的练习与活动,他会通过手来尝试、体会各种动作,并在动作的进行过程中,发现手的种种功能。

但是,婴幼儿对手的功能的发现与掌握也是循序渐进的,所以很多时候他虽然运用了手,手的功能也得到了体现,但这个动作所表达的意义却并不是其本意。婴幼儿在很多时候会无意识地做出某个动作,如果这个动作让他感到新鲜,或者给他带来了不同以往的愉悦感,他就会不断尝试练习,至于说这个动作到底代表什么意义,此时的他并不能理解。

▲ 图2-13 婴儿"爱"打人[1]

---

[1] 图片引自http://baobao.sohu.com/20160310/n439999765.shtml。

比如，打人这个动作（见图2-13），处在手的敏感期的婴幼儿几乎都打过人，这也几乎可以算是这个敏感期的一个"特点"了。这时的婴幼儿能够做出"打人"这个动作，意味着他手部的功能分化到了一个突破点，他可以支配手腕到上臂的肌肉了，每一次抬手挥动，都是他对手的一次全新的锻炼。所以，婴幼儿的"打人"行为只不过是他对手臂肌肉的一种练习，而他做完这个动作之后，周围人的一系列反应会让他感受到前所未有的感觉。不管是生气的还是哈哈笑的，他都会觉得这个动作与其他动作是有不同的。

（一）成人的误区

按照正常成人思维来看的话，打人是不对的，所以很多成人会用这种道德标准来约束婴幼儿。不仅如此，很多养育者或教师也会因为婴幼儿有打人行为而做出不恰当的处理。

案例 2-25

1岁多的乐乐和爸爸一起做游戏，因为父子二人配合良好，游戏让乐乐感受到了快乐。爸爸抱起乐乐，乐乐咯咯笑着的同时，忽然伸手一巴掌打在了爸爸的脸上。爸爸先是一愣，然后就有些不高兴地对乐乐说："你怎么能打爸爸呢？打人的都是坏孩子。"

乐乐原本是笑着的，但爸爸脸色一变，说话的语气严厉起来，让他听着很不舒服，他还想伸手的时候，爸爸一下子躲开了，并直接把他放到了地上。乐乐还不是很懂爸爸说的话，但看到爸爸再没有了笑脸，他的小脸上也慢慢不见了笑容，爸爸生气地说不再和他一起玩游戏了，等什么时候他反省了，以后不再打人了再和他玩。而乐乐一脸茫然，并不知道爸爸为什么这样说，更不知道自己只不过是挥了几下手，爸爸怎么就不高兴了。但是他能确认的是，爸爸不和他一起玩了，他觉得很沮丧，眼泪在眼眶里打起了转转。

成人对言行好坏的判断标准，是建立在一定的道德基础之上的，再加上有生活经验的积累，所以作出像这位爸爸一样的判断无可厚非。但是处在手的敏感期的婴幼儿是不具备这样的判断力的，他所表现出来的"打人"这个动作，只代表他掌握了一种对肌肉支配的能力，就好比成人学会了某种技能之后，总是更愿意去展示一番一样，婴幼儿更是有这样的心理。在发现挥动手臂，会有"打"这个动作出现，尤其是有些人在"挨打"之后，可能会有夸张的表情，可能会有笑哈哈的表现，这些回应都会带给婴幼儿全新的体验，这就促使他更愿意频繁地去练习并熟悉这个动作，以体验更多的乐趣。

而此时，如果成人用道德的标准去约束婴幼儿，这无异于"对牛弹琴"。婴幼儿远没有建立起道德概念，内心更没有道德标准，而且也完全没必要上升到这样的高度。一番训斥下来，成人自以为给婴幼儿讲了道理，但却只会换来他的一场啼哭。重要的是，婴幼儿此时并不能将道理与自己之前的行为联系起来，他也不是因为感到内疚而啼哭，而是成人的态度让他产生了恐惧心理和不愉快的感受，显然这并没有实现成人的预期目标，只能是两方面都闹得不愉快。

那么就此对婴幼儿的打人行为一笑而过又怎么样呢？这样也不行，婴幼儿简单的思维会帮他理顺这样一个关系：打人——获得对方哈哈一笑的表现——这就是一个与众不同的游戏——继续打人。在他不理解的前提下，他可能会错误地认为自己的这种行为会引发周围人特殊的反应，他会将其当成是一种游戏，这种错误的引导反而会强化他的动作，这无疑也相当于鼓励了他打人的行为。待到以后，即便再给他讲打人是错误的，他也很可能并不在意，因为成人的态度给了他足够的"信心"。

（二）对打人行为的正确处理

虽然婴幼儿"打人"的行为是一种成长现象，但严格处理和干脆放纵，都不是合适的处理方法。婴幼儿也是生活在集体中的，任由他去"练习"自己的肌肉能力，对周围人的生活也会造成影响，所以养育者和教师还是要对其"打人"的行为进行正确的处理。

1. 读懂婴幼儿的内心

在手的敏感期，婴幼儿的"打人"动作多数情况下只是拍拍而已，并不是真正意义上的"打"，这种行为只是他自我意识的一种反应。而且在这个时候，婴幼儿没办法用言语来表达自己的所有情绪，有时候只能依靠本能，用"打"这种行为来释放自己的情感。养育者需要对婴幼儿的成长予以尊重，读懂他的真实感觉，不要对他"打人"这个行为太过敏感。

2. 理解婴幼儿真正的意图

在很多情况下，婴幼儿都会用"打人"来表达他强烈的情感，高兴了，他会打人，以表示"我太开心，开心得不知道应该怎么办"；生气了，他也会打人，意思是"我很不高兴，我要发泄"；难过了，他还是会打人，就像是在说"我觉得很委屈，可是我怎么都说不出来"。尽管都是打人，但通过表情和动作的幅度就可以区分出来他到底处在一个怎样的情绪之下。

这个时候，养育者或教师应该帮助婴幼儿将他想表达的意思表达出来，周围人的理解，会让婴幼儿的内心也畅快起来，当他的情绪得到了很好的表达时，虽然是通过他人之口表达出来的，但也同样会让他如释重负，他自然也就不会依靠打人来宣泄了。

3. 规范日常言行

婴幼儿"打人"有其无意识表现的原因，也有模仿的原因在里面。婴幼儿模仿的对象，无疑都是他最亲近的人，养育者的日常言行最能影响他的成长。尤其是对婴幼儿展开教育时，养育者若是有过打人的举动，或者夫妻之间有过动手的经历，婴幼儿便很容易通过模仿，学会这些动作。

所以日常生活中对整个家庭的言行规范是很重要的，要建立起不能打人的规则，为婴幼儿做好榜样，让具有吸收性心智的婴幼儿可以吸收良性的环境因素。

案例 2-26

园园打了一直和他一起玩的小姐姐，小姐姐有些不太高兴。妈妈问园园："你是不是很喜欢小姐姐？"园园点点头说："喜欢。"妈妈也点点头："那你和小姐姐拉拉手吧，或者抱一抱小姐姐，这样小姐姐也会喜欢你的。"园园很直接地就去和小姐姐拉手了，后来还抱了抱。他发现这样做了之后，小姐姐比刚才和他更亲近了一些，这让他也感到很高兴。

4. 教婴幼儿正确表达情绪

婴幼儿拥有强大的学习能力，所以越早教他正确表达情绪，越能避免他的行为向恶性发展。这需要养育者对婴幼儿投注更多的关注，及时发现他的真正情绪。教师要提醒养育者对婴幼儿要有足够的耐心与爱心，这也有利于对婴幼儿的情绪进行一个正向的引导。

第六节　行走敏感期

与其他四肢类动物不同，人类行走的时候只是使用下肢，完全依靠两条腿来平衡走路。很多新生动物刚出生便会站立并行走，而人类则不然，新生儿并不具备行走能力，经历过前期的成长过程，比如抬头、翻身、坐起、站立等行为之后，身体周围的活动范围已经远不能满足他的需求了，接下来他才会迫切想要迈开腿，能像成人一样走到自己想去的地方。于是，婴幼儿便进入了行走敏感期。

一、行走敏感期理论

行走是帮助正常儿童扩大行动范围的基础性行动，利用好行走敏感期中婴幼儿想要行走的渴望，让他的腿脚得到锻炼的同时，也将增加他肢体活动的灵活度，让他能更自如地探索世界。

（一）行走敏感期

蒙台梭利认为，儿童行走能力的发展，并不是等待这种能力的降临，而是通过走路获得的。儿童的第一步是对自然的一种征服，它通常标志着儿童从1岁进入2岁。学会走路对儿童来说是第二次降生，他从一个不能自主的人变成一个主动的人。这番努力的成功是儿童正常发展的主要标志之一，但在这第一步之后，他仍然需要较长时间。取得平衡和获得稳健的步伐是个人持续努力的结果。[1]

在早期动作发展基本趋势的研究中，有一种动力系统假说的观点，认为每个新技能都是一种建构，当婴儿主动把已有的动作技能重组成更为复杂的新动作系统时，这种建构就出现了。最初这些动作结构可能是尝试性的，低效能而且不协调的。比如，一个刚学走路的婴儿会经常摔倒，但这是正常现象，而经过一段时间之后，这些新的动作模式会逐渐变得精确，最终，所有的动作组成部分协调一致，并变成流畅和谐的动作（如爬、走、跑、跳）。婴儿之所以会如此努力地通过练习来获得新的动作技能，动力系统理论认为，这是因为这些动作技能可以帮助婴儿接触到自身感兴趣的事物，或者借以实现他们头脑中的某些想法。[2]

处在行走敏感期的婴幼儿，有想要扩大活动范围的想法，也有模仿成人行为的意图，所以他会迫切地迈开腿，这便促使他有了主动行走的意识。一旦他发现了腿脚的功能，靠自己的腿脚迈出了第一步，那么接下来他的探索欲望便会不断提升。

婴幼儿学步有四个阶段，详见表2-6所示。

---

[1] （意）蒙台梭利（Maria Montessori）.童年的秘密[M].马荣根，译.北京：人民教育出版社，2004：86.
[2] （美）谢弗（Shaffer，D.R.）等.发展心理学：儿童与青少年（8版）[M].邹泓等，译.北京：中国轻工业出版社，2009：193.

表2-6 婴幼儿学步四阶段[1]

阶段	年龄段	名称	状态
第一阶段	11个月左右	单手扶物	能够扶着床、桌子等支撑物站起来，甚至还能离开支撑物独自站立一会儿。
第二阶段	12个月左右	站—蹲—站	能够一只手扶着支撑物，甚至双手离开支撑物，蹲下来拿东西，然后再自己站起来。
第三阶段	13个月左右	扶持迈步	能够尝试用手扶着墙壁、床、桌子等支撑物一点点挪动，或者让身边人拉着一只手慢慢向前迈步。
第四阶段	14个月左右	独立行走	在确保安全的前提下，可以大胆摆脱一切支撑，将身体重量放在双腿上，勇敢迈步。

在蒙台梭利看来，对于人类来说，学步对于行走具有特别重要的意义，不仅因为它非常复杂，而且因为它是在生命的最初阶段完成的，即与语言的形成以及四处活动等同时进行的。学步对儿童来说是重要的心理事件。其他哺乳动物皆无须学步，只有人类需要经过一个漫长而脆弱的成长阶段才能走路。她认为，想要靠教育手段教幼儿在可以行走的阶段行走都是注定要失败的，因为行走也要依靠一连串同时产生的身体发育才可能进行得下去。[2]

（二）独立行走的意义

行走敏感期的发生发展，无疑也是婴幼儿成长发育过程中的一个里程碑式的阶段。正是因为可以做到直立行走，婴幼儿才能做到掌控自己的部分动作行为，而可以独立行走，也就使他具有了独立性和主动性，由此他的活动范围扩大，认知范围也会扩大，也就更有利于各种感觉器官和语言器官的发展。同时，婴幼儿的独立行走会促使大运动发展更加迅速，也将帮助其建立起运动与视觉的联系，这也就为其日后形成空间知觉准备好了条件。在与多方面事物的接触过程中，他对事物的综合分析能力也将提升，这也就为早期思维活动的发展提供了可能。

二、婴幼儿探索腿脚的功能

婴幼儿运动技能的发展有一系列的里程碑式的阶段，技能的发展是一个有系统、有步骤的过程，每一种新技能的掌握都是在为婴儿掌握下一种技能做准备。婴幼儿先学会简单的技能，然后将这些简单的技能结合起来，形成更复杂的运动系统，以确保更精确的运动和更有效地控制环境。所以在学习走路的过程中，婴幼儿并不是直接就站起身、迈开腿走起来的，他需要先学会单独的胳膊、腿、脚的运动，然后再将这些运动结合起来，这样才能迈出第一步。[3] 在开始行走之前，婴幼儿会先探索其腿脚的功能。

---

[1] 鲁鹏程.抓住儿童敏感期，你的教育就对了[M].北京：机械工业出版社，2013：68.
[2] （意）蒙台梭利（Maria Montessori）.蒙台梭利幼儿教育科学方法[M].任代文，译.北京：人民教育出版社，2001：417—418.
[3] （美）帕帕拉（Papalia, D.E.）, 奥尔兹（Olds, S.W.）, 费尔德曼（Feldman, R.D.）.孩子的世界——从婴儿期到青春期（11版）[M].郝嘉佳等，译.北京：人民邮电出版社，2013：189.

▲ 图2-14 迈步行走的渴望[1]

很多婴儿在七八个月大时就已经开始想要自己迈步走了（如图2-14所示），但此时他多半都站不稳，可这并不影响他想要运动双腿的愿望。这时候他们先是拒绝坐，接着便不断要求成人拉着他的双手，而他则会双腿用力，有了跳这个动作，尤其喜欢站在他人腿上跳跃，一边跳一边笑，这让他感觉很愉悦，而且这种愉悦感会一直持续，即便养育者已经感到劳累，但他却依然乐此不疲。而事实上，通过这样的跳跃，婴幼儿的腿和脚会得到锻炼，当他能凭借自己的腿脚站稳时，就为他之后的行走做好了准备。

这样跳跃一段时间之后，婴幼儿就会迈开脚步了，刚学会走的时候，他会很喜欢上下坡、上下楼梯，而且一定要求自己来，走在普通路面上时，他也是哪里不平走哪里。

案例 2-27

早教班的老师发现，班上一个一岁半多的孩子最近有些特别。因为要进入班级，需要走上一段不算短的楼梯，以前这个孩子都是被妈妈抱上来的，可这几天他却拒绝了妈妈的帮助，不管时间多紧张，哪怕要迟到了，他都坚持要求自己一阶一阶地爬上来。

有一次时间太紧了，妈妈抱他上了楼，但他大哭大闹，最终妈妈只得和老师讲明了情况，又把他抱到了楼下，然后就看他挂着泪珠却也一脸认真地自己一个台阶一个台阶地爬了上

---

[1] 图片引自 http://j.news.163.com/docs/23/20150506l5/AOUKR9FP9001R9FQ.html.

来。不仅如此,最近一段时间,这个孩子非常喜欢不平整的路,早教机构的院子里有个小斜坡,活动时间里他就喜欢在斜坡上走来走去。

在走的敏感期中,爬楼梯(如图2–15)、上下坡都是非常典型的表现。不断地爬上爬下,不断地踩踏不平的地方,婴幼儿正是在这样的自我"奋斗"过程中,发掘出腿脚的功能。这一时期里,每一个婴幼儿都是一个活跃且自由的个体,而正是通过这样的高低行走,不仅他的行走能力得到了发展,他对空间的探索能力也随之跨出了一大步。

▲ 图2–15　爬楼梯[1]

这一时期的婴幼儿会格外喜欢登高爬低,爬椅子、爬桌子,爬一切可能爬上去的东西,上到所有比他所站之地高的地方,很多时候,他也会试图从高处跳到低处。当学会走路之后,随着走路机会越来越多,婴幼儿走路也将越来越顺利,到了后期,他可能还会出现很多不一样的走路姿势,比如他可以踮起脚尖来走碎步,也能大踏步地走,还能自如地跨越障碍,有时候也会跳一跳,甚至跳着前进。这些行为表现,无不体现婴幼儿内心的一种需求,正因为处在这样一个敏感期,他的大肌肉渴求发展,身体的各个部分都渴求"运动",腿脚更是希望能频繁地蹬爬、跳下,所以此时的他最需要的就是自由行动。

这个时期教师应该多给婴幼儿自己行走的机会,配合他走路的速度,不要催促,也不要干涉。尤其是在有楼梯、有一定坡度空间的地带,如果婴幼儿有想要自己行走的意愿,要允

---

[1] 图片提供:湖南张家界童星幼儿园。

许他自由活动、锻炼行走，但要注意保护好他的安全。

另外，也要提醒养育者，保护婴幼儿的安全是必须的，但不要给他过分的保护。要信任婴幼儿的自我掌控能力，婴幼儿内心也会有一个探索的过程，他可以判断自己的身体是不是能做到这件事，并通过身体和大脑来进行体验与分析，不管是不是成功，他都能从中获得经验与收获。因此，养育者一定要给婴幼儿足够的自由，不要试图伸手去帮助或保护，此时的信任感也非常重要。所以要减少主动抱起婴幼儿走路的次数，充分尊重他自由行动的意愿。当然对于那些习惯于被抱着不愿意自己走的婴幼儿，也要有智慧地鼓励他迈开腿脚。

三、腿脚探索欲望的提升

行走是在扩大人可接触空间范围的最基本也是最重要的方式，可以说人对外界的很多探索，都是在行走的基础上完成的，脚步能抵达的地方，才能让人有更多的探索机会。婴幼儿更是有着无穷的探索欲望，当他可以行走之后，他这种欲望会更为强烈，他会迫不及待地迈开腿脚，探索更宽广的世界。

有了强烈的探索欲望，婴幼儿就有可能会凭着自己的意愿前往任何地方，有些地方还算好，如平坦的大道、干净的草坪，但有些地方就让人头疼了，像高台、陡峭的大石、脏乱差的地方、凹凸不平的地方，这些地方都隐藏着更多的危险。一旦婴幼儿想要涉足，很多养育者和教师都会产生阻止的冲动。

案例 2-28

下过雨后的地面上因为路面不平整而出现大大小小很多积水坑，带着孩子出门透气的妈妈原本想着要抱着孩子走一走就回家，可孩子看见路面上的水坑后，却闹着一定要下来自己走。因为水坑有深有浅，出于安全与卫生洁净的考虑，妈妈提醒孩子绕着水坑走，哪知道他完全没理会妈妈的话，脚刚一沾到地面，他立刻就奔向了水坑，并一脚踩了上去，不平整的路面再加上溅起来的水，让孩子有了相当愉悦的体验，但是因为踩水坑，鞋子湿了不说，裤子上也被溅上了泥点子。妈妈生气地一把抱起了他："怎么就是不好好走路呢？看这衣服脏的，回家了！"孩子很不情愿，可妈妈再没听从他的意愿，直接把他抱回了家。

婴幼儿的探索欲望会促使他不断扩大可行走的范围，高低起伏的地方、不平整的路面、有水坑的地方，都对他有着极强的吸引力。这些地方也正因为不平整，才给婴幼儿的脚带来了全新的感触，对未知的好奇，再加上全新感觉，婴幼儿想要探索的心思也就会更加强烈。

踩路肩石、上台阶、走坡地、踩地上的小坑，婴幼儿在行走过程中不可避免地会遇到这样的地形，而他也刚好会对这样的地形产生更大的兴趣，这正是婴幼儿探索范围扩大的表现。

（一）提醒养育者不要过分担心婴幼儿跌倒的问题

随着探索欲望的提升，婴幼儿的行走便不再小心翼翼，而是会渴望急切的行走，所以跌倒的情况也就变得越来越多。跌倒后的疼痛会让很多婴幼儿哭闹不止，这种哭闹会唤起养育者的心疼，由此可能就会使得一部分养育者不愿意放婴幼儿去自由行走，尤其是在凹凸不平、陌生的路面上行走。还有的养育者会在看到婴幼儿跌倒时第一时间冲过去，迅速抱起，并反复安慰,这无疑也是在扩大婴幼儿对痛苦的感受,并不利于培养他坚强的性格。

教师要提醒养育者,跌倒是婴幼儿学习行走过程中必然要经历的事情,他需要通过自己的亲身经历来调节自身的平衡支配,通过跌倒他才能意识到怎样走才不会跌倒,这是只有婴幼儿自己去经历才可能获得的经验。

所以养育者要学会冷静面对这种情况,当婴幼儿因为行走不稳而跌倒时,要迅速判断他是否受伤或是否因为其他干扰原因而跌倒,如果只是单纯的走不稳跌倒,不要立刻冲上去抱起他来,而是要鼓励他自己站起来。当婴幼儿自己起身之后,可以给以拥抱以示安慰和鼓励,同时也要简单明了地告诉他怎样走才不会跌倒,让他通过亲身经历和旁人的提示,来掌握行走的技巧。

当然,可以在家中的地面上铺上毯子或软垫子,以免让婴幼儿摔得太疼引发强烈的哭闹。有的养育者会给婴幼儿戴上头盔、护肘、护膝,为了保护他免于跌倒后太过疼痛,这样的做法也是可行的。

还要注意的是不要训斥婴幼儿,不是所有的婴幼儿都能快速而没有障碍地学会走路,有的婴幼儿可能发育慢一点,养育者要有耐心,排除疾病干扰之外,要等待婴幼儿的自我成长,多一些鼓励,少一些斥责,多一些正确的刺激方法,引发婴幼儿走路的兴趣,将有助于他更快学会行走。

(二)引导养育者理性看待脏乱差的地方

脏乱差意味着不健康与危险,这些地方在很多养育者心目中是"行走的禁区",但是养育者眼中的"脏乱差"却可能只是成人的感觉,比如,有的妈妈会坚决反对婴幼儿去踩泥巴,雨后泥坑绝对是"禁区",但在婴幼儿看来,泥巴坑却可能就是一个无比吸引他的存在。

教师在理解婴幼儿想要用双脚去体验感受的同时,也要理解养育者的心理,为了避免养育者盲目限定婴幼儿的活动范围,导致其成长出现被错过的时机,教师可以这样建议养育者:

为婴幼儿换上耐脏的衣服,并陪同他一起去那些地方探险,在行进的过程中告诉他什么是不安全的,让他意识到某些危险。比如,垃圾堆是不可以去的,因为其中的细菌、病菌会让他的身体生病,其中的废弃物也可能会让他受伤,所以那里是不能去的。简单给婴幼儿讲清楚道理,他也能记住什么地方是不能去的。

除了那些的确不能去的地方,其他场合里,不管是踩沙地,趟积水,还是踩泥地,婴幼儿都将在实际探索中体验全新感受,此时就要大胆放手,同时也迈开自己的脚,站在婴幼儿的角度去体会他的感受。只有亲身经历所得来的收获,才会是婴幼儿最真实的人生经验。

而且,正因为有了亲身体验,当养育者再讲道理时,婴幼儿对道理的理解能力也会更进一步。比如,踩了泥地会弄脏身上,婴幼儿经历过几次之后就会意识到泥水会让他变成脏娃娃,可能养育者都不用再多说,他也会自动减少去踩泥地的次数,而且他也有过这样的体验,对泥地的兴趣可能很快就会过去。

(三)建议养育者给婴幼儿穿合适的鞋子

鞋子是婴幼儿行走健康安全的重要保证,教师应该向养育者推荐更适合婴幼儿行走的鞋子,比如柔软的、平底的、防滑的鞋子。

很多养育者习惯给婴幼儿穿有响声的鞋子,实际上这些发声设备因为声音响亮,可能会扰乱婴幼儿行走的心情,也会对他的听力带来一定的影响。而且,这样的鞋子的发声设备多在鞋跟部位,好奇的婴幼儿会刻意让脚跟着地以听见响声,如果一只鞋子不响,他可能还会刻意在不响的一侧脚用力,时间久了很容易造成跛行。所以教师应该给予养育者更科学的建议,提醒他们给婴幼儿换上普通而舒适的鞋子。

四、婴幼儿平衡感的发展

(一)平衡感

一个人的平衡能力主要来自其身体的骨架与中枢神经的功能,并依靠其中耳的半规管组成的辨识神经体系来协调身体与地心引力。平衡感也就是一个人与地心引力相对抗,以维持灵活稳定的自身动作的一种能力。

平衡感良好的婴幼儿,才可能保证走路及其他行动的平稳性,拥有了平稳性,才可能做好其他事。平衡感差的婴幼儿,不仅个人行动能力会受到限制,比如会出现站无站相、坐无坐相、容易跌倒、好动不安、注意力不集中等问题,而且连基本的身体器官功能都有可能受到影响,由于中枢神经发育不健全,语言能力发展及左脑的组织判断能力发展会受到阻碍,导致逻辑思维混乱。

平衡能力的发展其实从胎儿在母体中的胎位变化就开始了,在5个月左右,胎儿的平衡系统就会逐步发育成熟。出生之后,借助平衡能力的发展,婴幼儿会经历平躺、翻身、抬头、坐、爬,然后再站立的过程(见图2-16),接着灵活操纵大小肌肉,从而建立起一切行动的基础。

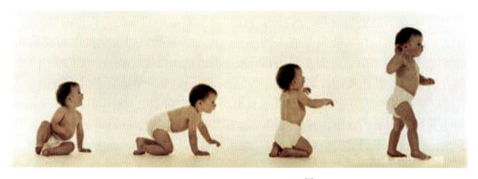

▲ 图2-16　婴幼儿的行动[1]

(二)培养婴幼儿的平衡感

对于婴幼儿来说,运动是在功能上运用的创造性力量,通过运动,他可以实现改善外部环境的"使命"。

表2-7　婴幼儿大运动动作发展顺序[2]

顺序	动作项目名称	年龄/月	顺序	动作项目名称	年龄/月
1	俯卧举头	1.5	2	俯卧、抬头45°	2.1
3	坐,头稳定	2.8	4	俯卧、头抬90°	2.9

---

[1] 图片引自http://www.beva.com/a/20102.html.
[2] 范存仁,周志芳.从初生到六岁儿童智能发展规律的探讨[J].心理学报,1983(4):433.

（续表）

顺序	动作项目名称	年龄/月	顺序	动作项目名称	年龄/月
5	俯卧、抬胸，手臂能支持	2.9	18	走，能向后退	15.7
6	拉坐，头不滞后	3.6	19	会上台阶	17.5
7	腿能支持一点儿重量	3.7	20	举手过肩扔球	18.2
8	翻身	4.5	21	踢球	18.6
9	无支持地坐	6.4	22	双足并跳	23.9
10	扶东西能站	7.0	23	独脚站1秒	28.0
11	拉物能站	8.6	24	跳远	27.8
12	能自己坐下	8.7	25	独脚站5秒	33.3
13	扶家具能走	9.4	26	独脚站10秒	38.1
14	能独立站瞬息	9.9	27	独脚跳	40.2
15	独立站	11.5	28	抓住蹦跳的球	46.3
16	弯腰再站起来	12.0	29	脚跟对脚尖地向前走	47.0
17	走得好	13.7	30	脚跟对脚尖地退着走	51.9

从表2-7所示的婴幼儿大运动动作发展顺序来看，婴幼儿的各项大动作发展几乎都与平衡感有关。所以在平衡感发育的关键期，也就是行走敏感期，成人应该予以适当干预，帮助婴幼儿增强感觉灵敏度，锻炼其平衡感。

案例 2-29

一位妈妈向老师反映了她的担忧，原来她的孩子最近不好好走路，放着平坦的路不走，偏要踩着路肩石走，走得又慢不说，那颤颤巍巍而又小心翼翼的样子，总让妈妈很担心。有时候耗费很长时间，因为紧张，他自己的小鼻头上也会见汗珠，但他从来都不放弃。可是妈妈觉得这很麻烦，路肩石比路面要高出一截，走不好可能会崴脚，而且走得又慢，很耽误时间，她既担心孩子的安全，同时也因为这个状况而烦躁。

处在行走敏感期的婴幼儿，对地上的白线、路肩石、窄窄的高台等地形，是有奇妙的好感的。这时的他会尽量保持稳定，哪怕是一步步挪，也要在这些地方行走，这其实就是婴幼儿在锻炼自身的平衡能力。不仅如此，有时候婴幼儿还会自己提着重物走路，这其实也是他借助于这样的动作，来提升控制身体平衡的能力。

为了培养婴幼儿的平衡感，教师可以这样做：

（一）利用好自然存在的"道具"

路肩石、不算高的围墙、阶梯状的台子等，这些都是生活中常见的场地，选择不影响交通、不打扰他人的地带，让婴幼儿自由地在这些场地行走。要有足够的耐心，也要提醒养育者具备足够的耐心，毕竟即便是成人走这样的地方都不会那么迅速而准确，更何况是刚开始进行行走练习的婴幼儿，所以不要催促，不要指挥，婴幼儿的成长有其自然的规律，顺从他的需求，满足他的渴望就好。

（二）布置出特殊的练习场所

为了尽可能满足行走敏感期婴幼儿的需求，为他布置出特殊的练习场所也是可行的。用有颜色的长胶带在宽敞的地方贴出一个有弧度的或者闭合椭圆形的轨道，让婴幼儿沿着这个轨道行进。或者清理干净一片空地，在空地上为婴幼儿搭建一个小小的"闯关场地"，台阶、坡路、窄路、有一定间隔的矮圆柱组成的路、沙地、水路、长长的圆筒……这些不同于正常路面的行走地段，都会让婴幼儿的腿脚功能得到锻炼，同时他的注意力也将得到提升。如果有几个婴幼儿一起来体验，小伙伴们在一起，也能增加许多乐趣。如果有机会，养育者和教师都可以参与进来，排成长龙一样地行进，也会增加婴幼儿行进中的乐趣。

（三）增加并不断变换"线上"活动

平衡感的练习也不光是运动腿脚，所以也可以根据婴幼儿走线的熟练程度来逐渐增加并变换"线上"活动。最开始可以只让他双臂伸展地走线，提醒他要脚跟连着脚尖一步步走，之后就可以在他的手上增加东西，托着球、豆子、水杯等，尽管难度在提升，但婴幼儿经过锻炼，其平衡能力也会越来越好。

第七节 渴望爱的敏感期

人类对爱的渴望是强烈而直接的，人人都需要爱，有了爱的滋养，人生才能继续下去，人才能感受到生命中的美好。这一点在婴幼儿身上表现得尤为明显，从出生开始，健康正常的婴幼儿对外界的刺激便表现得极为敏感，如果周围人对他施予足够的爱，他从情绪到身心的发育都将趋于美好与正常。而从婴幼儿开始便出现的对于爱的这份渴望，就意味着他处在渴望爱的敏感期。

一、渴望爱的敏感期理论

1岁以后，幼儿的生长特点是，对他人有依赖性，情绪并不丰富，而且有极为迫切的生理需求。在成长过程中，幼儿会具有越来越丰富的情感，也将能够理解他人的情感并能控制自己的情感。实现这一切的源头，就在于幼儿周围的养育者和教师给予他所渴望的爱，满足他对爱的需求。

案例 2-30

一个孩子第一天上幼儿园，因为是第一次如此长久地离开妈妈，所以他很紧张，妈妈要把他从怀里放下并离开，他紧紧抱着妈妈的脖子大哭不止。老师这时将孩子从妈妈怀里接过来，虽然孩子依然扯着妈妈的衣服，但妈妈最终还是走了。

孩子转身抱住了老师，继续大哭。老师抱着孩子，安慰地拍着他的后背说："我知道离开妈妈让你感到害怕，所以哭吧，老师会一直陪着你，直到妈妈来接你。"

孩子大声哭着，点头表示同意老师的说法，哭了一阵之后，他慢慢地不再恐惧，变成只是因为妈妈的离开而伤心，再到后来，他的哭声小了，心情慢慢平复下来，在老师的带领下加入了集体中间。

幼儿的这种表现被称为"分离焦虑"（见图2-17），婴幼儿虽然在语言表达方面不那么顺畅，但他的情绪表达却往往很直白。之所以会有焦虑，就是因为他一直认为妈妈在身边是最安全的，而陌生的地方——幼儿园，以及陌生的人——老师和其他小朋友，都将他原有的秩序感破坏了，所以他这时的情绪是一种自然而本能的反应。

▲ 图2-17 分离焦虑[1]

---

[1] 图片提供：秀强教育集团义乌市儿童乐园幼稚园。

从这样一种反应可以看出来，婴幼儿迫切需要自己生活在一种安宁的环境中，这种环境的基本组成要素就是爱。婴幼儿对爱的渴望，使得他本能地亲近能带给他安全感的养育者，并对其发出想要爱的信号。

（一）婴儿依恋的发展

婴儿对周围人的爱的渴望，具体表现为依恋。依恋是婴儿和照料者之间形成的一种相互的、持续的情感联结，双方都影响依恋关系的质量。从进化角度而言，依恋有助于婴儿适应，确保他们的心理社会需要和生理需求得以满足。根据进化论，婴儿和父母具有相互依恋对方的先天倾向，依恋提高了婴儿的存活率。[1]

婴儿的依恋并不是突然产生的，是在一系列的阶段过程中发展起来的。英国精神病理学家约翰·鲍尔比（John Bowlby）认为，婴儿和最初的养育者形成依恋都有生物倾向，也就是父母与婴儿之间的依恋是一种相互关系，婴儿的依恋行为直接的结果是保持在最初养育者的附近，远期的效益是提高婴儿继续生存的机会。

婴幼儿渴望获得爱，正因为有爱，他才能感到安全，并能从心理上获得愉悦感。为爱所包围的婴幼儿，才会有足够的自信去积极主动地探索世界，并与同龄人有更积极的互动，也会产生更友善的交往。可见，婴幼儿对爱的渴望不无道理，而且意义非凡。

（二）婴儿依恋的特点与发展阶段

1. 婴儿依恋的特点

对于婴儿来说，依恋的核心就是寻求亲近，这也是其基本的外在行为表达，其内在的心理表征则是强烈的相互依存的情感。婴儿的依恋主要有以下5个方面的特点：

（1）婴儿依恋对象具有选择性。他倾向于对那些可以引起特定情感体验与行为反应的个体产生依恋，以满足自身的身心需要。所以婴儿很容易对反应性高和敏感性强的父母形成依恋。

（2）婴儿依恋行为具有亲近性。婴儿会寻求与亲人尤其是母亲的身体上的接触，更喜欢依偎在母亲的怀抱中，对着母亲发出声音、微笑，并更愿意在母亲身旁活动。

（3）婴儿依恋关系具有相互性。包括婴儿在内的依恋双方，彼此之间具有和谐的关系，可以保持行为与情感的互相呼应与协调。

（4）婴儿依恋结果具有支持性。依恋者尤其是婴儿一方，可以从这种依恋关系中获得安全感与心理支持，当婴儿遭遇压力、困难、挫折时，母亲的安抚是让他平静下来的有效方法。

（5）婴儿依恋影响具有长期性。在这种依恋关系中，婴儿建立起一个内部工作模型，其内化了对依恋双方及两者关系的内在心理表征，具有稳定倾向，会对婴幼儿未来发展产生长期的影响。

2. 婴儿依恋发展阶段

依恋的发展是阶段性的，是个体与其所处社会环境相互作用的结果，婴儿依恋的发展可分为三个阶段。

第一个阶段，从出生到3个月，是无差别的社会反应阶段。此时婴儿对任何人的反应几乎都是一样的，并没有对谁产生偏爱。但是此时他对人类声音与面孔的偏好，以及通过哭或

---

[1]（美）帕帕拉（Papalia, D.E.），奥尔兹（Olds, S.W.），费尔德曼（Feldman, R.D.）.孩子的世界——从婴儿期到青春期（11版）[M].郝嘉佳等，译.北京：人民邮电出版社，2013：268.

笑来吸引母亲注意，却是有助于他依恋情结的发展的。

第二个阶段，从3个月到6个月，是有差别的社会反应阶段。此时婴儿开始区别对待熟人与陌生人，对母亲有特别的偏爱。但并没有表现出明显的怕生。

第三个阶段，从6个月一直到3岁，是特殊情感联结阶段。过了6个月，婴儿就会出现对依恋对象的分离焦虑和对陌生人的怯生现象，这是婴儿形成依恋的标志。[1]

而根据鲍尔比依恋的概念，则将婴幼儿的依恋状态分为了四个阶段，如表2-8所示：

表2-8 鲍尔比依恋概念四阶段[2]

阶 段	时 间	表 现
阶段1	出生—2个月	婴儿本能地把他们的依恋指向人类的外形。陌生人、同胞和父母有同样的可能引发婴儿的哭和笑。
阶段2	2—7个月	依恋开始集中于一个外形，通常是最初的照料者，因为婴儿逐渐学会把熟悉和不熟悉的人区分开来。
阶段3	7—24个月	发展了特定的依恋。随着运动技能的提高，婴儿主动地寻求与日常照料者的基础，如母亲或父亲。
阶段4	24个月以后	儿童开始意识到他人的情感、目标和计划，并开始把这些用于解释他人的行为。

不管分为几个阶段，依恋对婴儿及其以后的发展都具有重要影响，能获得更多爱的婴儿，将有助于促进他未来产生更为积极的探索能力。

（三）渴望爱的敏感期

"爱和自由，美和理想"，这是蒙台梭利的育儿理念，她认为，爱会成为儿童人格、心智等各方面发展的最重要的基础。

▲ 图2-18 父母的爱[3]

---

[1] 王慧萍，孙宏伟.儿童发展心理学[M].北京：科学出版社，2010：130—131.
[2] （美）桑特洛克（Santrock, J.W.）.儿童发展（11版）[M].桑标等，译.上海：上海人民出版社，2009：310—311.
[3] 图片引自http://www.taopic.com/tuku/201403/511597.html.

0—3岁敏感期教育方案设计

美国著名发展心理学家和精神分析学家爱利克·埃里克森（Erik Erikson）提出了人格的社会心理发展理论，将心理的发展划分为8个阶段。其中，第一个阶段是婴儿期，从出生持续到一周岁，在这一阶段里，母亲的照料状况将会深刻影响婴儿的心理发展。这时期的婴儿追求一种基本信任，如果他能感到所处的环境是安全的、周围的人是可以信任的，那么他的信任感就能建立起来，相反如果他得不到周围人的关心与照顾，那么他就会对外界环境及周围的人产生害怕与怀疑的心理，这种心理也会影响他的继续成长发育。第二个阶段是幼儿期，从1岁持续到3岁，这一阶段幼儿的自我意识开始形成，开始学着处理与成人的关系，想要获得成人的肯定，却又脱离不开成人的关怀。这一时期的幼儿更希望获得独立，但同时也希望自己的言行举动可以获得成人的赞赏、宽容与支持。[1]

从这两个阶段来看，就能发现人在婴幼儿时期的成长阶段中，对爱的渴望是无比强烈的，所以从出生到3岁这段时间，就是渴望爱的敏感期。周围人给予的持续而稳定的爱，尤其是父母给予的爱，会让婴幼儿产生较高的安全感。而且，这时期的婴幼儿刚好处在自我与外部世界建立联系的重要阶段，来自养育者或周围人的爱，会帮助他顺利建立起这种联系。

二、给婴幼儿无条件的爱

爱是一种复杂的情感，从天性来看，在新生儿降生后的一段时间里，养育者对婴儿的爱是自然而然存在的，也就是无条件的爱，这也是婴儿对养育者有依恋之心的重要原因。但是，很多养育者却在这份爱里加入了诸多条件，比如，婴幼儿只有实现了养育者的期望，才能从养育者这里获得爱；婴幼儿如果表现得不好，就不能得到养育者的爱；婴幼儿若是让养育者失望，就会得到"你真让我丢脸"这样的狠话，等等。养育者在表达爱的过程中设置了无数条件，无形中让这份爱变了味道。

（一）有条件的爱

案例 2-31

一位妈妈迫不及待地向周围的熟人"推荐"自己刚两岁的孩子："他会背好多诗歌了，还会自己数到100，来，宝宝，给他们数个数。"孩子明显不愿意，妈妈却一直在催促："不数数那就给背个诗歌。"孩子依旧不愿意，妈妈催促了几次，孩子就是不开口。

周围人善意地笑了起来，只当是孩子的小淘气，妈妈却觉得脸上有些挂不住，就假装生气地说道："你不听妈妈的话了吗？你要是不好好给大家背诗，妈妈就生气了，就不喜欢你了。"

听了这话，孩子非但没张口，反倒嘴一撇准备哭了。周围人赶紧转移话题，妈妈只能不好意思地表示："他今天估计是不高兴，改天吧。"

婴幼儿渴望的是最纯粹的爱，他希望养育者没有任何私心与利益要求地去爱他。所以用"如果你不如何，我就不爱你了"这样的话来威胁婴幼儿，并不会如人所愿地让他"激将"

---

[1] 埃里克森心理社会发展的八个阶段.[EB/OL].[2016-10-14].http://www.psychspace.com/psych/action-blogdetail-uid-11729-id-2566.html.

而起，反而会伤害他的依恋心，他会真的以为养育者不再喜欢他，这样的认知会让他产生不安全感。

不仅如此，如果同样的事情经常发生，婴幼儿也会以此得出判断，要获得爱就必须要用某样东西来交换，这会导致他将所有可以讨好和获得夸奖的表现都当作交换的筹码，不管是学习、好的表现，还是甜言蜜语，都会变成他的"筹码"，这无疑会助长其功利心的发展。

（二）无条件的爱

有条件的爱破坏婴幼儿的安全感，也会影响亲子关系的正常发育，对于养育者或教师来说，只有给婴幼儿无条件的爱，才可能获得他全部的信任。可以从以下三点来入手：

1. 接纳婴幼儿的全部

婴幼儿的成长是一个自然的过程，养育者与教师应该尊重他的成长。这个过程中会有无数种可能出现，有好的也会有坏的，婴幼儿的成长也是一路磕磕绊绊，不会一帆风顺，没有完美的婴幼儿。

不论是养育者还是教师，都不能因为婴幼儿的不完美而不愿付出爱，或者因为这不完美而将自己的爱有所保留。如果不能接纳婴幼儿的全部，便不能全身心投入自己的爱，便总会在婴幼儿身上寻找那些不完美，也总会"如己所愿"地找到，这些不完美就会引发养育者的不满，一旦这些不满通过言行举止表现出来，就会给婴幼儿的成长增加压力。所以，养育者应该用更平和的心态来看待婴幼儿，欣赏他的好，同时也要接纳他所有的不完美。养育者真心付出爱，婴幼儿才能整个身心受到爱的滋养，从而激发生命的奇迹。

2. 取消所有"条件"

好好表现才会得到爱，不犯错才会得到爱，为父母争光才能得到爱，不给老师丢脸才能得到爱……条件之下的爱，是带有功利性的，同时也带有个人的私心。看似是为了婴幼儿的成长而设下的条件，但其实却只是出于成人的功利考虑。

婴幼儿想要获得爱，这是天性，也是权利，任何人都不能剥夺这个权利，更不能因为种种理由就不再对婴幼儿主动付出。所以养育者和教师都应该主动放弃这些条件，然后婴幼儿才能从成人的态度中去体会到，原来他不需要看着成人的脸色来用条件交换爱，他能得到的爱都是他应得的。

不过，在婴幼儿表现良好的时候给予更真诚的鼓励和夸奖，让他意识到成人对于他良好的表现是肯定的，这无疑也是一种正向的促进，婴幼儿也将更愿意用好的表现来享受这样的爱。

3. 爱的教育和教育中的爱

婴幼儿的成长过程是需要爱与教育并重的，既不能只爱不教，也不能只教不爱。给婴幼儿的爱要理性，爱不能只是简单表达"我非常疼爱你"，其中也要有教育，爱中的教育可以让婴幼儿明确意识到什么样的行为是值得提倡的。如果有需要批评的地方，也要明确表明什么是错误的，要拿捏好表达时的态度，不能太严厉地训斥、谩骂，要用平和的、严肃的语言提醒婴幼儿他的问题所在，并且要清楚地告诉他应该怎样去改正。

而在教育的过程中，也并不意味着全程严肃下去，婴幼儿正处在是非观念建立的过程中，养育者采取严肃的教育是为了帮他明白对错，但也要让他明白，批评教育只是指正他的错误，并不是不再爱他。

生活中可以看到这样的现象，婴幼儿被训斥之后，多半都会哭着寻找他最亲近的人，并伸开双手，眼神中希望对方能给他一个拥抱，给他一些安慰。这其实也反映了婴幼儿的一个心理，那就是在接受了严厉对待之后，他是慌张的，他多半会通过能不能获得安慰来判断自己是不是依然被爱着，如果此时他寻求安慰的那个人拒绝了他，那么这时他会更为伤心，这种伤害可能比直接告诉他"我不喜欢你了"更深。尤其是在面对母亲的时候，即便母亲严厉训斥了他，但他依然会渴望获得母亲的拥抱爱抚，他需要确认，母亲严厉态度的背后是不是依旧还有爱。

所以，婴幼儿的这种渴望爱的表现，也提醒着成人，教育与爱应该是相结合的，即便是教育也要带着爱。在讲清楚应该说明的道理之后，在婴幼儿意识到自己犯了错之后，给婴幼儿一个拥抱，告诉他自己对他的担忧，这些表达爱的动作和话语，会让他意识到自己并没有失去爱，这能带给他足够的安全感，也更能让他专注于自己的问题。

当然，这也需要成人的智慧与灵活应对，在教育的时候一定要有教育的样子，要说到点子上，而该给予的爱一点都不会少，但同时也要让他不能产生"反正妈妈训过之后依然爱我，听不听无所谓"的错觉，而要更好地做到这两点，就涉及了下面的内容，成人要正确地向婴幼儿表达爱。

三、对婴幼儿表达爱

渴望爱的敏感期里，婴幼儿对养育者有极强的依恋心，他需要养育者全身心的照料，不仅在身体成长发育方面有需求，内心情感方面也同样有巨大的需求。所以，此时要正确地对婴幼儿表达爱，让他从中感受到理性的爱的滋养。

对婴幼儿表达爱，可以从以下四个方面来入手：

（一）口头语言表达

口头语言表达爱是最直接的一种表达，要明确地将爱完整表达出来，让婴幼儿能直接接收到这些爱意。

平时多一些与婴幼儿的口头交流，明确告诉他"妈妈很爱你"、"爸爸很爱你"、"老师很喜欢你"，越是熟悉的人说出来的爱的表达，越能让婴幼儿感觉安心。在表达爱意时要看着婴幼儿的眼睛，让爱意不仅从语言中表现出来，眼神中也同样要有感情。

口头表达要真诚，不能敷衍，不能随便一说，要切实考虑到婴幼儿的心理再表达。即便他做错了或者没做好，也不要用极端情绪对待。婴幼儿在情感方面会很敏感，过分强烈的极端情绪会影响他对情感的判断。所以，不要想着用反面激将的方式来对待婴幼儿，越是直接明了，越能让他有爱的体会。

另外，口头表达不是居高临下的训斥，要适时蹲下来，与婴幼儿的视线保持齐平，这样也不会给他带来压迫感。

（二）肢体语言表达

除了口头表达，很多时候肢体语言也能体现出爱意。比如，拥抱、亲吻、爱抚，拉拉手、摸摸头，轻轻地拍一拍，和婴幼儿一起做游戏，肢体语言中所蕴含的爱意会更容易让婴幼儿有更直接的亲身体验。肢体语言表达和口头语言表达可以结合在一起使用，这也可以让婴幼儿从多个感官来体验爱。

要注意的是把握好动作分寸，温柔的动作就足矣，否则过猛的肢体语言不仅不雅观，还有可能会对婴幼儿的身体造成伤害，也可能会让其养成没大没小的坏习惯。

（三）深层意义表达

所谓深层意义，是一种在接纳婴幼儿情感的基础上所进行的情感表达。这是因为处在渴望爱的敏感期的婴幼儿本身也具有丰富的情感，他的情感也需要有共鸣，这种基于接纳情感的爱的表达，可以引导婴幼儿的情感正常发展。

案例 2-32

一名男孩玩耍的时候被桌子腿绊倒，哭泣的时候眼望着老师，眼睛里满是渴望。但是老师却并没有立刻冲过来，而是慢慢走了过来，停在男孩跟前蹲下身，温柔地说道："我知道你很疼，老师也为你心疼。不过我知道你是个勇敢的孩子，我相信你可以自己起来。"

男孩哭了一会儿，最终在老师鼓励的目光下自己爬了起来，老师微笑着对他张开双臂，说："很棒！自己爬起来真棒！"男孩脸上虽然挂着泪，但还是笑着冲进了老师的怀抱，老师抱了抱他说道："你是个勇敢的小男子汉！"

这是一个很常见的场景，这时需要成人先认同婴幼儿的情感，明白他想要表达的是什么，回应他的情感，让他产生被认同感，便能保证他不会借助自己的劣势而强硬撒娇，有了正向的鼓励和夸奖，也能帮助他更快走出困境。

由此可见，更深层次的情感表达，是需要成人与婴幼儿在情感上产生共鸣的。不管是养育者还是教师，都要多站在婴幼儿的角度去思考，理解他在特定情况下所产生的特定情感，有了情感共鸣，成人就是婴幼儿情感的最好回应者。这种"感同身受"和被人理解的感觉，会带给婴幼儿更安心且愉悦的感受，同时也会培养他逐渐具备并完善自身的同理情感。

深层意义的爱的表达都会有教育、引导的意义在其中，成人要具备正确的教育理念，要在爱之中正确引导婴幼儿的成长。

（四）多种形式的表达

婴幼儿对爱的渴望是无时无刻的，他喜欢被包围、被关注、被爱护的感觉，就算是睡觉，他也会在无意识中将身体紧贴睡在他旁边的人身上以感受温暖。所以不管什么时候，在面对婴幼儿可爱的脸庞时，不妨自然地让自己的喜爱疼惜之情流露出来。

如果是养育者，下班回家时，微笑着对婴幼儿张开手，给他一个爱的抱抱或者爱的举高高，和他贴一贴脸；休息的时候，与他一起玩简单的游戏，满足他的需求，暂时放下身份遵从他可爱的"命令"，用陪伴来让他感受爱；在他难过的时候，给他拥抱，用轻言细语和温柔的话来安抚他，逗他开心。

如果是教师，那就用最温暖的笑脸来迎接所有的婴幼儿，耐心应对每一个婴幼儿的问题，细心安抚每一个婴幼儿的情绪，用自己的亲和力来吸引面前所有婴幼儿的注意力，用自己的智慧引导每一个婴幼儿都能有所进步。

只要不是溺爱，只要不是盲目的爱，怎样的爱对婴幼儿都不过分，因为爱才是婴幼儿成长过程中最重要的滋养品。

另外，爱的表达要多一些精神上的，少一些物质上的，尤其是不要将爱与物质挂钩，只有发自内心的爱才最能让婴幼儿感受深刻。

四、引导婴幼儿正确表达爱

面对成人爱的付出,婴幼儿不会无动于衷,其强大的学习能力会引导他也想要像周围人一样表达爱。但是,不够成熟的思想和能力很容易导致他好心办坏事,这时成人的引导就非常重要了,所以渴望爱的敏感期也是一个教导婴幼儿学习正确表达爱的好时机。

(一)正视"捣乱"行为

案例 2-33

两岁的瑞瑞把爸爸的白衬衫丢进了马桶里,说要给爸爸洗干净。爸爸很生气,训斥了瑞瑞一顿。瑞瑞却很委屈,他模糊地表达了几个词,意思是只想帮爸爸洗衬衫,可是爸爸却觉得他就是在想办法捣乱。瑞瑞很迷惑,既然帮忙是捣乱,那以后不帮是不是就是好孩子了呢?

很多婴幼儿会在这一时期出现"捣乱"行为,有的行为的确是在捣乱,只是为了满足自己一时的好奇心或者想要玩耍的乐趣,但有时候他的行为实质却可能并不是如周围人所想。成人应该理性看待这些行为,不要只凭借表象就擅自下决定,要站在婴幼儿的角度,多联想,通过简单的询问、调查了解其行为背后的原因,切记不要逼迫婴幼儿承认其做坏事。

尤其是类似于案例中这样的事,不能否认这也正是幼儿想要表达自己爱的一种表现,他希望通过"帮助"爸爸洗衬衫来表达自己其实很喜欢爸爸,这个行为真正的原因是令人感动的,也理应获得肯定。所以不要因为自己的理解就破坏了幼儿内心原本想要付出的爱,自己的行动再慢一些,自己的思考再全面一些,才能更深刻地体会到幼儿这种"不走寻常路"的爱。

(二)善待错误行为

就如案例2-33中的幼儿一样,好心办坏事是婴幼儿在此一时期最常见的表现,他的好心是值得肯定的,但其能力不足,思想又太直白,所以会犯很多错误,有些甚至是破坏性的行为。但是婴幼儿行为的本质并不是为了破坏而破坏,单纯地训斥指责会减少婴幼儿心中被爱的感觉。对这种错误应该以善心对待,多询问原因,并将正确的方法告知或者手把手地进行教育,在日常生活和学习过程中教会他用正确的方式来表达爱。

当然很多时候,婴幼儿也会故意有一些错误行为,但这不意味着必须严肃处理。同样的,也要了解他这样做的原因,只有知道原因才能作出正确的处理。因为有的婴幼儿可能正是因为想要获得关注,想要获得爱,所以才会故意犯错。这就不仅需要教育婴幼儿,连带成人自己也要进行自我教育了。婴幼儿犯了错误,不要将其都归结为他自己的问题,多方归因,才能在保证婴幼儿既能改正错误,又能获得成长。

(三)以正引正

总有成人以爱的名义对婴幼儿施展暴力,言语上辱骂甚至上巴掌拳脚,可却还要用"我就是因为爱你才会教训你"的理由来为自己作解释,但这种暴力的爱只会给婴幼儿带来反面影响。随着成长,儿童还会将成人的暴力也"继承"过来,到那时候,不仅是他自己感受不到爱,连爱别人的能力也会弱化。

案例 2-34

一位爸爸总是打孩子，因为他的孩子并不能好好与其他孩子相处，爸爸经常收到他人的告状，说他的孩子打人了。为了教育孩子，这位爸爸只有打骂这一招。而他的解释则是："我真的爱我的孩子，但是我不知道应该怎么做，看到他犯错，我根本控制不住自己，只能用打来制止他。我小时候，我妈妈就是这样打我的，直到她打不动才会住手，而我则是通过打别的同学泄愤。我并没有'妈妈爱我'这样的感受，所以我不知道到底应该怎么去爱孩子。"

婴幼儿对爱的学习是从感觉开始的，他对爱有渴望，成人给予他爱，他感受到了，便会模仿，然后将爱传达出去。但是，没有被爱的感觉，自然也就无法学会正确的爱，所以教婴幼儿表达爱，成人应该先从付出开始。正确对婴幼儿表达爱，让他意识到喜欢、高兴的情感怎样表现才能获得对方的赞同，要减少以错示警的教育方式，多采用以正引正的方式。另外，成人还要通过自身的良好表现，或其他方面的优秀表现，来帮助婴幼儿建立内心的道德秩序和善心原则，使之从中受到启发，学会正确表达爱。

从另一个角度来看，婴幼儿对爱的渴望也是一种学习，他会从周围人的表现、对待他的态度，来更好地支配自己的表现。渴望也是一种获取的欲望，从渴望爱，到模仿学习，直到自己最终也能具备表达爱的能力，这意味着婴幼儿有一个飞跃与成长。

1. 你对婴幼儿在0—2.5岁时期的敏感期了解多少？有过什么误解吗？
2. 在感觉器官的这些敏感期内，婴幼儿有哪些特殊表现？回忆之前自己有没有遇到或处理过这方面的问题，是否有注意到敏感期的发展，并作出反思。
3. 对于处在口和手的敏感期的婴幼儿，你曾经有过哪些正确或错误的应对？又造成了怎样的结果？
4. 你是否了解婴幼儿对爱的渴望？关于渴望爱的敏感期，请回忆与反思自己的做法。
5. 阅读以下案例，思考之后的问题。

孩子出生后，爸爸妈妈重新布置了孩子的小房间，换上了五颜六色的壁纸，加入了色彩鲜艳的玩具、家具。为了保证孩子有一个安静的成长环境，家里重新制定了"新家规"，要求家中成员一律放低声音说话、放轻脚步走路，看电视要开到最小声，如果能插耳机就绝对不能公放。同时，妈妈也将所有可能被孩子摸到碰到的东西都收了起来，为了防止他不小心被绊倒或者把东西放进嘴里吃进细菌。总之，爸爸妈妈为了迎接这个孩子，做了大量的准备。

（1）请指出案例中父母错误的做法，并列出正确的做法，讲出原因。
（2）案例中父母的做法会影响儿童的哪几种敏感期的发育，反思自己是否曾经也做过这样的错事。
（3）谈谈自己对于感官敏感期的理解。

1. 约翰·W.桑特洛克著，桑标等译：《儿童发展》（第11版），上海人民出版社，2009

年版。

2. 戴安娜·帕帕拉，萨莉·奥尔兹，露丝·费尔德曼著，郝嘉佳等译：《孩子的世界——从婴儿期到青春期》（第11版），人民邮电出版社，2013年版。

3. 秦金亮主编：《早期儿童发展导论》，北京师范大学出版社，2014年版。

4. 冯夏婷主编：《透视0—3岁婴幼儿心理世界》，中国轻工业出版社，2016年版。

5. 鲁鹏程：《抓住儿童敏感期，你的教育就对了》，机械工业出版社，2013年版。

6. 理查德·格里格，菲利普·津巴多著，王垒、王甦等译：《心理学与生活》（第16版），人民邮电出版社，2003年版。

7. 陈帼眉，冯晓霞，庞丽娟：《学前儿童发展心理学》，北京师范大学出版社，2013年版。

8. 林崇德主编：《发展心理学》（第2版），人民教育出版社，2009年版。

9. 鲍秀兰等：《0—3岁：儿童最佳的人生开端》，中国发展出版社，2006年版。

10. 玛利亚·蒙台梭利著，任代文译：《蒙台梭利幼儿教育科学方法》，人民教育出版社，2001年版。

11. David R.Shaffer & Katherine Kipp著，邹泓等译：《发展心理学——儿童与青少年》（第8版），中国轻工业出版社，2011年版。

2—3岁儿童敏感期

1. 了解2—3岁儿童的各个敏感期。
2. 熟悉成长初期与儿童内在深入发展的几个敏感期的特点。
3. 了解2—3岁儿童感受世界的方式及在此过程中的成长特点。
4. 掌握顺畅应对处于敏感期的2—3岁儿童的教育方法。

```
                    2—3岁儿童敏感期
                    │
   ┌────────────────┼────────────────┐
儿童通过内在发育感受世界           思考与拓展阅读
• 借助内在感受理解世界
• 敏感期引导成长
• 感受世界是一个深入过程
                                  积极应对儿童敏感期
感受世界的过程中的各个敏感期        • 教师应有独立处理的能力
• 幼儿时期敏感期的特点              • 家园联动促进儿童敏感期的健康
• 促进幼儿在不同敏感期有不同的进步    发育，帮助儿童感受世界
• 尊重幼儿的飞速成长
```

2—3岁的儿童有的已经进入幼儿园，有的也已经进入了早教班或亲子班，这时期的儿童有相当一部分时间是远离家长的，教师便肩负起了发现与引导其敏感期的重要责任。所以，了解、熟悉这一阶段儿童的敏感期，对于教师来说更为重要。

第一节　秩序敏感期

人们通常认为，儿童是没有秩序的，他们习惯于随着自己的喜好而行动。但实际上，儿童却有一个非常重要且神秘的敏感期，这就是秩序敏感期。从出生后第一年起，这个敏感期就已经出现了，并且一直持续下去，2—4岁期间会表现得格外明显。所谓秩序敏感期，就是儿童对秩序极端敏感的一个重要且神秘的时期，在这一时期内，儿童对秩序有着超乎寻常的强烈追求与需求，通过物体的整齐摆放及生活起居习惯的培养，获得和发展秩序感。

一、秩序敏感期理论

新生儿降生后，会调动自己的一切感官来感知周围的世界，他在认识、熟悉与母体子宫完全不同的新环境。随着对环境的了解，婴儿的安全感才一点一点地建立起来，只有熟悉周围的一切才会让他感到安心。婴儿的这种安心是建立在秩序的基础上的，任何让他产生"与之前不一样"的感觉的变化，都会给他带来焦躁不安的情绪。

随着成长，婴儿迈进幼儿阶段，物品的位置、特定物品的归属、做事的顺序……这些都将慢慢成为幼儿更为关注的内容，任何不符合其内心所想、不符合其所期望的秩序，都将引发他的不满。

案例 3-1

老师发现一个叫贺贺的孩子最近表现得有点与众不同，一天吃午饭时，老师原本已经把鸡蛋羹、青菜、鸡肉丸都放在了贺贺的餐盘中，可是他不但不吃还死死瞪着老师，后来见老师没理会他，他干脆倒掉了饭菜。在老师诧异的目光中，贺贺直接走到了老师面前，理直气壮地说："我要自己选。"说完，他指了指鸡蛋羹、青菜、鸡肉丸，说："我要这个、这个、这个。"老师这才明白，原来贺贺生气的原因在于老师没有按照他的意愿让他自己选择。

经过观察，老师还发现，贺贺每次休息之前，都要将桌子上自己的东西一样一样地装回书包里，等到用的时候，再一样一样地拿出来。中午睡觉的时候，如果是老师给盖上的被子，他一定会要求拿掉被子，然后自己再重新盖一遍。

老师在与贺贺的妈妈交流过程中发现，贺贺在家里的时候也变得与之前不太一样。比如，回家之后，即便天色暗淡，也不让妈妈开灯，因为之前回家时客厅的灯是灭着的；吃饭的时候，如果别人坐了贺贺的位置，贺贺便不愿意再坐到餐桌旁的；在哪里拿的东西，必须要放回到哪里去；做某件事必须要按照一定的顺序，等等。

最后老师得出结论，贺贺进入了秩序敏感期，他对秩序的要求不断提升，如果秩序被打乱，他就会变得非常痛苦，以哭闹来进行抗议，并要求恢复原状。

这样的事例可以证明，幼儿对秩序有一种强烈的热爱，秩序感是生命的一种需要，当它得到满足时，就产生了真正的快乐。秩序感可以让儿童认识到每样物品在环境中的位置，记住每件事情从发生直至完成的顺序。秩序感的存在意味着，"一个人能够适应自己的环境，能够在所有的细节方面支配他"。对于处在秩序敏感期的儿童来说，"心灵是这样与环境相协调的：一个人能闭着眼睛到处走动，只要伸伸手就能拿到他想要的任何东西。这样的环境是一个人感到平静和快乐所不可或缺的"[1]。

就好比鱼要生存便需要有水一样，人也要依靠秩序来度过人生的最初几年，幼儿成长过程中必须要从周围的环境中感受到能让他适应的原则，只有依靠精确的原则来进行引导，他才会从周围环境中得到塑造。

秩序敏感期中所提到的"秩序感"这个词，在蒙台梭利看来，秩序感的存在是儿童生命的自然本质之一。秩序，是通过时空形式所体现出的事物或要素间和谐统

▲ 图3-1　幼儿的秩序感[2]

一的运动状态，对称、均衡、比例协调、节奏和谐等都是秩序的表现形态（如图3-1所示）。所谓秩序感，就是人对秩序的感受和追求。一方面表现为由和谐、有序所带来的一种愉悦、兴奋和舒服，另一方面则表现为当人处于混乱、无序时所产生的焦虑、恐惧、急切改变的情绪体验[3]。显然，秩序感便是人类生命对于秩序的感受与追求，是人类的文化心理结构的积淀，是人类自然—生物和历史—文化演变的结果。

二、秩序敏感期的一些明显表现

要判断秩序敏感期也很简单，这个时期的幼儿具备一些特殊的表现，这些表现能给他带来安心与自然快乐的感觉，但是对于成人来说，可能就并不是什么令人愉快的表现了。但这对成人也是一种提醒，那就是此时的幼儿会对秩序有强烈的追求，尽管可能会令成人感到不舒服，但擅自影响甚至阻止他对秩序的追求，并不是明智之举。

（一）确定事物的"主人"

《辞海》中对于"秩序"的释义，就是"人或事物所在的位置，含有整齐守规则之意"。

---

[1]（意）蒙台梭利（Maria Montessori）.蒙台梭利早期教育法全书[M].万信琼，译.北京：中国发展出版社，2004：93.
[2] 图片提供：山东庆云新华爱婴幼儿园.
[3] 易晓明.秩序感是儿童道德成长中的重要情感资源[J].学前教育研究，2002（2）：14.

从这个最基本的解释来看，秩序本来就是要求事物各归其位的。对于处在秩序敏感期的幼儿来说，他们对每件事物的准确归属便有很强的"执念"，妈妈的眼镜、爸爸的水杯、老师的故事书、邻居小朋友的小汽车、自己的小书包……所有东西的归属都不能乱。

案例 3-2

　　爸爸出差了，家里只有妈妈和两岁的女儿。晚上临睡觉前，妈妈抖开了爸爸的被子，说："今天晚上我们盖爸爸的被子睡觉好了。"可是女儿却不高兴了，小嘴一撇，带着哭腔说："不行！不行！爸爸的被子！不能盖爸爸的被子！"

　　妈妈问道："不能盖爸爸的被子吗？那妈妈盖哪个被子？"女儿小手一指旁边的被子说："那个是妈妈的被子。"然后又指了指一个小被子说："这个是宝宝的被子。"

　　妈妈这才说："妈妈要盖妈妈的被子，宝宝要盖宝宝的被子，所以不能盖爸爸的被子，是不是啊？"女儿赶紧点头，接着起身把已经抖开的爸爸的被子又放回到了爸爸经常睡觉的那一边，虽然一团乱地堆了过去，但她却为自己重新确定了被子的归属问题而感到很满意。

　　这种情况在幼儿园或一些亲子机构也很常见，比如，有幼儿A哭着告诉老师，幼儿B用了幼儿C的杯子；每天上课坐的位置是固定的，如果幼儿甲不小心坐了幼儿乙的位置，那么幼儿乙就会很愤怒；等等。

　　确定事物的主人并维护这层关系，是儿童在秩序敏感期中一个很明显的行为，他们不希望这层关系出现混乱，否则便会通过各种举动来对他人的行为进行干涉，或者自己主动"出击"，让他眼中的秩序恢复如常。

　　但从根本上来讲，儿童此时的任何一种干涉都不带有恶意，只不过是他在保护自己的快乐与安稳。而且，越是熟悉的环境，幼儿对秩序的需求也就越强烈，他对物品的归属问题也就越是执着。这时候如果没有特殊的需要，最好尊重幼儿的这种感觉，让各种物品物归原主，如果实在有需求，可以向幼儿讲明白，让他知道虽然物品暂时被他人使用，但归属权还是没有变的，以此来安抚他不安的情绪。

(二)归位行为

案例 3-3

　　瑞士儿童心理学家皮亚杰曾经对自己的孩子进行过一项试验。

　　在孩子在场的情况下，他将一样东西藏在了一把椅子的椅垫下。接着他让孩子走出房间，而他则立刻将那样东西从椅子的椅垫下拿了出来，转而放在了这把椅子对面椅子的椅垫下。然后他又把孩子叫了回来，让他寻找那样东西。

　　皮亚杰希望看到的是，孩子在第一把椅子的椅垫下没找到东西，就能在另一个椅子的椅垫下找到。但是孩子的表现完全与他所期望的不同，孩子拿起了第一把椅子的椅垫，发现没有东西之后便对皮亚杰说："没有了。"之后再没继续寻找。

　　皮亚杰接着重复了试验，并让孩子看着他将东西换藏到了另一把椅子的椅垫下。可孩子还是和第一次一样，只是找了第一把椅子的椅垫下之后便说"没了"。

皮亚杰拿起第二把椅子的椅垫，指着那样东西说："你难道没看到我把东西放到这里了吗？"孩子却说："我看到了啊。"可接着孩子却指了指第一把椅子说："但是，它应该在那里才对。"

各物归于各位，各个物品有其自己固定的位置，这也是处在秩序敏感期的幼儿的一大强烈"要求"，他认为这种情况是理所应当的。所以在上面案例的这种情况下，幼儿关注的是"这个东西竟然没有在原位置上"，而并不是"这里没有，就去那里找找看"，秩序感让幼儿默认物品的原位，其他事情反倒不重要了。

秩序感对于幼儿来说，就是一种一眼望去很熟悉很安心的感觉。比如，衣服一定要挂在衣帽钩上，而且每个人的衣服都应该有固定的衣帽钩顺序；积木是放在架子最下层的，小汽车玩具一定要放在积木的旁边，拼图绝对要放在积木的上层；喜欢看的书必须放在它一直在的位置，不管是书架还是屋子的某个角落，一旦确定，最好不要更改；等等。这些位置在短时间内是不能被更改的，或者不能在幼儿不知道的时候去更改，否则他的秩序感就会被破坏。任何不在他所认知的原位上的物品，都会让他格外在意，因为这些改变给他带来了不安全感。图3-2即为"有秩序的摆放"。

▲ 图3-2 有秩序的摆放[1]

而这些"规则"或者说生活习惯，会在幼儿的内心慢慢确立起来，并在秩序敏感期中得到最强的巩固。一旦乱了，或者被改变了，幼儿会感觉失落、遗憾，也可能会立刻变得烦躁，如果他能动手，那他一定会想方设法将这些东西归位于他所认为的原处；如果他无能

---

[1] 图片提供：秀强教育集团徐州云龙区世纪城旗舰幼儿园。

为力，便会用哭闹来提醒周围人，"那个东西放错了位置，不管是谁，来帮我让它恢复原状吧"，"这件事不能是这样子的，应该先那样，再这样"。

幼儿需要一个有序的生活、玩耍、学习的环境，这样更有助于他们去明确认识组成周围环境的各个部分之间的关系。当某样东西不在他所熟悉的位置上时，他会主动将其归位，这是幼儿对有序环境的追求。只有确定了各个物品稳定的位置与彼此之间的关系，他的行动才会变得更有目的性，并找到让自己安心的生活方式。

幼儿对秩序的敏感性，是一种内在的感觉，它不仅仅可以区分物体本身的不同，更可以区分物体之间的关系。依靠这种敏感性，幼儿所感受到的外界环境便会汇为一个整体，而在这个整体之中，各个部分又相互依赖。在这样的环境下，幼儿才可以指引自己的行动去实现特定的目的。

（三）建立内在的秩序感

幼儿的秩序感分为外部的秩序感与内部的秩序感，外部秩序感与他所处环境的体验有关，而内在的秩序感又称为"内部定位"，不仅能让他意识到自己身体的不同部分，也能让他意识到这些部分的相对位置。

关于内部定位的研究一直在继续，有实验心理学家认为，在人类的肌肉中应该存在一种感觉，是可以让每个人都意识到自己身体的不同部分所在的不同位置的，这也就是特殊的"肌肉记忆"。这种完全机械性的解释建立在有意识地进行活动并积累了经验的基础之上，比如，移动手臂拿到了东西，那么肌肉便记住了这个动作，下次再有需要拿东西的动作时，这种记忆便会被调动起来，并再次重复这个动作。

但对于幼儿来说，早在他可以自由走动并具有这些肌肉记忆之前，他就已经经历了与身体姿势有关的各种高度发展的敏感期。自然赋予人类一种与他身体的各种姿势与位置有紧密关联的特殊敏感性。

这种敏感性与心理活动有关，为意识的发展打下了基础。如果环境阻挠这种创造性的征服的发展，幼儿就会变得极端焦躁不安，情绪激动，如果这种阻挠一直持续下去，那么任何想要平息幼儿情绪的尝试都将是无效的。一旦障碍排除，幼儿所有的脾气，以及因为脾气而来的疾病状态也会随之消失，这很明显地表明正是其特有的秩序感造成了这种奇妙现象的出现。[1]

案例 3-4

原本的保姆请假离开家一段时间，另一位来顶替的保姆若要给孩子洗澡，孩子就会表现出极为强烈的反抗心理，每次洗澡不是哭泣就是挣扎，甚至还想要逃跑。尽管顶替的保姆做了很多事，试图让孩子高兴起来，但效果都不明显，也依然没有改变孩子厌恶她的事实。这种情况直到原来的保姆结束假期回来，孩子才恢复平静并且再次而明显地喜欢上了洗澡。

得知情况的原来的保姆经过观察发现，后来的保姆给孩子洗澡的动作顺序与她的顺序是不同的，这让孩子内在的秩序感发生了混乱，所以他厌恶的不是第二个保姆这个人，而是她错误的洗澡动作和顺序，因此孩子产生了不安全感，才把她当成了坏人。

---

[1] 杜召荣.解析儿童的秩序感[J].考试周刊，2009（1）：40—41.

这足以说明敏感期的力量是强大的，幼儿正处在获得感知印象的过程中，感受着创造作用。他从一无所有、什么都不能做也不会做，到能熟练地经历未来生活，必须要付出巨大的努力，这种创造方式是儿童在秩序敏感期所独有的。

在人生前几年所经历的敏感期中，自然所给予人的第一个刺激就是跟秩序有关的。就好像自然给人一个指南针，使他能够适应世界；就好像一位教师通过给学生一张教室平面图，给他们第一个有关地理学的概念一样。自然给予儿童重复成人讲话声音的能力。人的智力不是凭空而来的；而是建立于儿童在敏感期所打下的基础上[1]。

这种内在的秩序会让幼儿默认做事顺序，不管是简单的诸如"喝水先拿杯子再拧杯盖"这样的事情，还是复杂的类似"穿衣服一定要从上衣开始穿，接着穿下衣，然后穿袜子，最后再穿鞋子"这样的事情，幼儿会在看过几遍或者经历过几遍之后就确定其顺序，不能被打乱，不能被代替，不管是他自己动手还是有旁人帮忙，都要保持秩序，否则他就会瞬间变脸。

这其实并不是一件坏事，趁此机会将一些事情的正确的做事顺序确定下来，这同时也是在帮助幼儿建立良好的生活及做事习惯。尤其是一些需要幼儿自己动手完成的事情，这个时机是最好不过的，趁此机会加深幼儿的做事印象，这无疑对其日后的生活大有益处。

（四）各种重复行为

处在秩序敏感期的幼儿不仅对物品位置有强烈的"执念"，同时也会对做同一件事情"乐此不疲"，也就是会出现各种重复行为。他们会通过不断重复某种顺序的工作，来建立起肌肉的运动秩序。

比如，有的幼儿会反复练习倒水，从一个杯子倒进另一个杯子；也有的幼儿会反复练习将吸管插进纸盒或酸奶瓶的小洞中，哪怕弄得满手都是也毫不在意；还有的幼儿会不断地开抽屉、关抽屉，或者开柜门、关柜门；等等。通过持续反复的动手操作，幼儿的肌肉感觉及记忆就会不断加深，在这样的过程中，内在秩序感也就一点一点地建立起来，同时他生活的经验也在变得日益丰富。

而另一层意义上的"重复"，则是指幼儿会对他人代替完成的事情表现出不满，就如案例3-1中的贺贺一样，老师给他盛好的饭菜他表现出拒绝，非要自己再重新点一遍，但实际上这件事情原本的性质并没有什么太大改变，事情的结果只不过变成了"幼儿自己主动去做"而已。这种出于幼儿主观意愿的"重复"，目的就是为了要改变"他人帮忙做好"这个过程，也是幼儿对内心秩序的维护与追求。

案例 3-5

妈妈手里拿着东西，想要进卧室便需要屋子里的人帮忙开门，外婆听见妈妈的脚步声，起身开了门，可是妈妈刚一进屋，就听见小彤彤正闹着。只见小彤彤原本站在沙发上，这时候正想要光着脚跳下地，外婆觉得她太闹，就训斥她说："这不妈妈进来了吗？怎么这么不听话！一个劲儿地喊妈妈，妈妈进来了怎么还这么闹！"可是小彤彤却还是不依不饶，

---

[1]（意）蒙台梭利（Maria Montessori）.童年的秘密[M].马荣根，译.北京：人民教育出版社，2004：66—67.

眼泪都流出来了。

　　妈妈放下手里的东西，抱起了小彤彤好好安抚了一下。母女俩坐在沙发上，过了好一会儿，小彤彤忽然扭头对妈妈说："我想给妈妈开门。"妈妈恍然大悟，问道："外婆把门打开了，不是你开的，所以你不高兴是吗？"小彤彤眼圈红红的，却也认真地点点头。原来是外婆开了门，打乱了小彤彤内心的秩序，她想要自己去完成这件事。

　　妈妈这才说："那你给妈妈开一次门好不好？"小彤彤眼睛都亮了，又使劲点了点头。妈妈放下小彤彤，转身出了卧室门，站在门口，喊道："彤彤，给妈妈开门。"卧室门被一只小手抓住门边打开，力气蛮大，门"咣"地一声撞到了墙，可是妈妈却看到了小彤彤灿烂的笑脸。

　　秩序敏感期中，幼儿会希望有更多的事情能通过自己的手来完成，任何人的代替或者帮忙，都会对他内心的秩序造成破坏。这也就是在提醒周围的成人，幼儿内心建立秩序的过程中，一定要给他足够的行动自由，在保证安全的前提下，允许他做自己想做的事情，除非必要或他的确需要，否则不要擅自伸手干预，这也将有助于幼儿内心秩序感的建立。同时，也要理解此时幼儿的心理，不要强硬地破坏他的秩序，也不要对他所要求的秩序不闻不问，尊重他此时对秩序的要求，满足他的秩序感，也能给他带来身心上的愉悦，减少不必要的哭闹与训斥。

　　对于幼儿的重复行为，也要予以理解，不要觉得这是重复的无用功，而要尊重他想要自己去完成某件事的心理，他需要通过自己完成这件事来维护自己的秩序，并从中感受到乐趣与安全感。所以这时候的重复是必要的，成人倒不如带着乐观的态度去看待，并宽容地接纳幼儿的表现。

三、培养幼儿良好的秩序感

　　有序的环境会帮助幼儿认识事物、熟悉环境，随着成长，秩序感会慢慢深化为幼儿内心的安全感、归属感。借助秩序敏感期，可以培养幼儿良好的秩序感，这会令他受益终生。曾经有美国社会心理学研究表示，三四岁的学龄前孩童如果能获得良好的生活秩序习惯，那么从6岁之后开始，他便会拥有自如和谐的人际交往关系，这显然有利于他之后的社会生活。

　　处在秩序敏感期的幼儿，有一部分已经进入了幼儿园或其他早教机构开始了集体生活，这时就需要教师针对他的这一敏感期特点，给予相应的引导与帮助。教师应当顺应幼儿这种与生俱来的秩序感，满足他对秩序的爆发式需求，帮助他们建立良好、有序、合理的生活习惯，并建立良好的秩序行为。

（一）建立井然有序的教室环境

　　蒙台梭利认为，如果成人并没有为幼儿提供一个有序的生活环境，那么他便会"没有一个基础以建立起对各种关系的知觉"。所以教师首先要为幼儿建立井然有序的教室环境。

　　教具的摆放、图书的整理、玩具的归类等都要井然有序，按照区域予以不同划分，确定合理的摆放顺序，用规整的视觉感觉来让幼儿建立起视觉上的愉悦与对事物的美感，以此来体验秩序感。另外，也要最大限度地为幼儿创设宽松自由的活动空间，保证他们对秩序感的美好体验。如图3-3所示。

▲ 图3-3 有序的教室环境[1]

这种规整的视觉感觉并不是强硬地必须保持教室环境永不变化，如果要有变化，可以带领幼儿一起做。比如，重新收拾书架、玩具区，让幼儿参与到建立井然有序的环境这个过程中来，由他亲手创建秩序，也是在帮他维护内心的秩序。

(二)科学安排教育活动

在培养幼儿秩序感这方面，除了环境这种客观因素，从教师出发的主观因素也将起到重要作用。在教育活动的安排上，如果有科学合理的安排，不仅会促进幼儿秩序敏感期的健康发展，也将使他们在生活习惯上的秩序感得到培养。

比如，某幼儿园中每种教具都有科学规定，只配备一套，意在让幼儿在自主选择中体会秩序感。一旦出现几个人同时选一种教具的情况，他们就必须学会控制自己焦躁的情绪以耐心等待，等到别人使用完毕之后，自己才能继续使用。同时，幼儿需要学会自己独立操作，不能打扰到其他人。教具使用完毕后，还要有意识地将其物归原位。通过这样的教育环境，使幼儿逐渐学会等待，学会有秩序地学习与生活。[2]

(三)培养幼儿养成有序的习惯

虽然幼儿的秩序敏感期是自发出现的，但如果不加以合理引导和培养，他的秩序感就只是一种对那些不符合他内心秩序的情况的不满反应，而不会变成促使他产生良好秩序感的动力与源泉。在有些家庭中，会有养育者因为溺爱而包办幼儿应该自己做的所有事情，结果导致幼儿的秩序感也变得混乱起来；还有的家庭自身就没有良好的生活秩序环境，结果导致幼

---

[1] 图片提供：秀强教育集团义乌市儿童乐园幼稚园。
[2] 吴晓青.浅谈如何培养幼儿良好的秩序感[J].文科爱好者：教育教学版，2010（6）：130.

儿也变得秩序混乱。

曾经有幼儿园在幼儿入园一个月后，对一个班级24名幼儿进行相关秩序感的检测，但其检测的结果并不令人满意。

表3-1　幼儿一日活动有序性前测[1]

内　容	评　价　指　标	人数	占总人数比例
喝水有序	会根据标志拿自己的水杯喝水，喝后能放回原处	10	41%
盥洗有序	户外活动回来知道按一定顺序活动（小便—洗手—喝水）	3	12%
洗手有序	能按正确的步骤洗手（拧开水龙头—冲—擦肥皂—冲净—擦手）	5	20%
摆放鞋子有序	能将脱下的鞋摆整齐	8	33%

通过表3-1可以发现，许多幼儿在有序生活这些方面的表现其实还存在种种问题，很多外部原因都会导致他们即便处在秩序敏感期，却也并没有养成良好的讲秩序的好习惯。比如，自理能力差，不会正确归位，不懂倾听，没有耐心，等等。按道理来说，幼儿在秩序敏感期里原本注重秩序，但却因为没有养成好习惯，很多行为变成了需要担心的问题。

针对这一点，教师在日常的教学工作中要着重加强培养，促使幼儿养成做事规范有序的好习惯。比如，给幼儿日常使用的水杯、毛巾、小床等物品做好标记，这个标记可以是幼儿的名字，也可以是不同的蔬菜水果或者花朵图案，有标记是为了保证他们不会错拿乱用他人物品，并保证在使用完后他们能完好地物归原处。这便是让幼儿体会按秩序收放物品的好习惯，长久下去，这会在幼儿内心形成良好记忆，从而促进他们秩序感的养成。同时，在进行日常游戏或其他活动时，也要教他学会遵守活动规则，通过暗示、提醒等方法来引导他从无序走向有序（如图3-4所示）。

▲ 图3-4　有序排队[2]

---

[1] 姚蓉.托班幼儿秩序感培养的有效途径[J].教育导刊，2013（5）：26.
[2] 图片提供：山东庆云新华爱婴幼儿园。

（四）理智应对秩序被破坏的情况

在培养幼儿秩序感的过程中，一定会遇到幼儿内心所认定的秩序被破坏的情况，旁人可能在不经意间就违背了幼儿的秩序，这个时候教师也要能灵活应对。

如果这件事的做事顺序是可复制的，或者说是可以重来的，且对其他事情没有产生严重影响的话，那么当幼儿表现出不愉快并有强烈反对表现时，可以让他顺从自己的意愿再让事情重新发展，或者允许他按照自己的顺序再做一遍，也就是前面提到的"重复"，当他内心的秩序感得到了满足，情绪自然会恢复如常。

但如果这件事的做事顺序是不可复制的，这个结果是不能逆转的，或者说如果重新来过就将影响其他事情、造成严重结果，这时的处理就要慎重一些了。面对幼儿不愉悦甚至是崩溃的情绪，教师不能只是一味地安慰，简单地劝说"别哭了，以后再如何如何"，效果其实并不算太好，因为这种说法只是在强调以后，幼儿不会意识到以后如何，他关心的是当下自己感到难过这件事。

所以这个时候，教师一定要认同幼儿的情绪，尊重他内心的秩序感，再给予适当的安慰，这会有效得多。比如，下面这位妈妈的做法，就值得参考。

案例 3-6

3岁的孩子最近热衷于一件事，帮助下班回家的妈妈刷带饭的饭盒。如此一连好几天，孩子做得乐此不疲。

但有一天，爸爸顺手帮助妈妈把饭盒刷干净了，孩子看见了，立刻哭闹起来，嘴里一直说着："爸爸把饭盒刷了，爸爸把饭盒刷了。"爸爸觉得头疼，认为自己刷了饭盒又不是什么错事，还觉得是孩子在无理取闹。

妈妈却走过来蹲下身，看着孩子的泪眼柔声问："你感觉不舒服是吗？"

"嗯！"孩子流着眼泪点点头。

妈妈又慢慢地说："爸爸把妈妈的饭盒刷了，你觉得不开心是吗？"

"嗯！"孩子继续点头。

妈妈接着问："你想和妈妈一起刷饭盒是吗？"

"嗯！"孩子又使劲点了一下头。

妈妈张开双臂并说道："妈妈知道了，来，妈妈抱抱。"

孩子一下子扑进妈妈的怀里，妈妈抱起孩子，说："明天妈妈的饭盒留着，不让爸爸刷了，明天我们一起刷，好不好？"

孩子答应了下来，声音已经不再那么悲伤，虽然还在流泪，但情绪已经好了很多，妈妈趁机找了其他的事情，迅速转移了孩子的注意力，孩子很快又恢复了笑脸。

对幼儿情感的认同，会让幼儿的情绪找到一个发泄的通道，而他人的同理心，也会让幼儿感觉自己的这种难过并不是错误的，尤其是得到亲密的人的认同，也会让他那种难过的感觉得到缓解，这无疑也会增加幼儿与周围人的亲密程度。

另外，在转移幼儿注意力时，不要选择他哭得最厉害的时候，因为那时候他的情绪还没有得到释放，所以转移多半不会成功，要选择他情绪有所恢复，不再那么难过时，适当地用其他更有意思的事物来吸引他，他很快就能走出这段痛苦的情绪，继续自己的快乐了。

（五）教师的自我行为规范约束

在培养幼儿的秩序感过程中，教师不仅有指导作用，更有榜样作用，肩负着以自己的规范行为引导幼儿的重要责任。要求幼儿做到的内容，教师应将其当成好习惯，要将培养幼儿规则意识的内容始终贯穿在生活之中。

比如，从最基本的生活细节开始，走路轻声慢步，说话和言细语，轻开门缓关窗，物品摆放整齐有序，物归原处时刻牢记，待人耐心和蔼、礼貌有加，做事计划周详有头有尾，等等。就拿最简单的教具活动来说，从取出教具，到给幼儿作示范，再到引导幼儿动手操作、动脑参与，直到最终物归原处，教师自始至终都要严于律己。教师的良好表现会对幼儿的习惯养成产生积极的影响。

教师也要提醒养育者，注意幼儿的行为特点，及时发现他进入秩序敏感期的表现，关心引导处在这一时期的幼儿，不要强硬地违逆他的行为。同时，教师还要做好家园联动，通过多种途径让养育者了解并认同秩序敏感期，以保证在家中也能为幼儿提供良好的充满秩序感的生活氛围。

第二节　审美敏感期

审美，是人类理解世界的一种特殊形式，就是对事物的一种欣赏、品味或者领会。不管是什么事物，可以让人感到身心愉悦，那在愉悦的人内心中，这个事物就是美的。人们对审美的追求一直存在，这是一种主观的心理活动过程，是人们根据自身对某些事物的要求而来的一些判断，具有很大的偶然性，同时也与人们所处的环境、时代有很大的关系。婴幼儿也会对审美有追求，随着成长，他会慢慢进入一个全新的敏感期——审美敏感期。

一、审美敏感期的表现

审美是一个主动的动作，其范围很广泛，各行各业几乎都有审美的要求，人们对美的追求也几乎遍及生活的方方面面，不同的人对审美的要求也会有所不同，婴幼儿的审美自然也是与众不同的。

随着不断成长，婴儿逐渐长成幼儿，他的自我意识也会发生变化，渐渐会有更多自我的思想，也开始发现并注意到生活中会出现一些他满意或不满意的情况，开始出现了审美行为。对于感到满意的情况，他享受得心安理得，但遇到不满意的时候，就会让他对生活有更多的"挑剔"。

比如，有的幼儿坚决不吃有"伤疤"的水果，哪怕只是一个很小的伤痕，只要被他看见，他一定会拒绝；有的幼儿不愿意接受有折痕或划痕的纸张、书本，甚至会为此烦恼不已；有的幼儿对于被破坏的完整感到很不舒服，不管是别人还是他自己弄破的，都会因此产生负面情绪；还有的幼儿即便自己吃不了一整个蛋糕，也坚决不要半个的；更有的幼儿对一些他看上眼的东西颇为维护，别人不经意的破坏会使他十分伤心。

幼儿的"审美"与成人的"审美"并不是一个概念，幼儿维护的是内心一种对秩序的追求,一种对安全感的渴望,这种"美"能带给他安心的感受。

幼儿的审美敏感期呈现一种螺旋式发展,从对吃的东西要求完美、完整,再到对用的东西要求完美、完整,然后就是对自我形象的完美追求,最后上升为对环境、内在气质、艺术品质的完美追求。

(一)要求完整

案例 3-7

> 周末家里吃团圆饭,妈妈特意做了一条清蒸鱼,整条鱼摆在桌子上,加上黄色柠檬片、翠绿葱花的点缀,看上去很好看,可谓色香味俱全。但从这道菜上桌之后,涛涛就不让家人动它了,他一直护着,不让任何人动筷子。爷爷奶奶心疼孙子,没说什么,可爸爸却觉得这不好,便自作主张直接端走了鱼,并很快将鱼拆分了鱼肉出来,放在了爷爷奶奶的盘子里。涛涛当时就哭了起来,家人以为他是想吃鱼肉,可是给了他也不吃,只是一直看着那个被分得七零八碎的鱼,哭得伤心不已。

在这个幼儿的心中,一整条鱼,搭配上周围的配菜,就是一个完整而美好的存在,周围人一旦动了筷子,不管是鱼本身还是配菜被挪动了位置,都会破坏他对这种美好的追求,这才是他哭泣的真正原因,这就是幼儿处在审美敏感期的一个典型表现。而像这位父亲所做的,不管不顾地破坏幼儿眼中的完美并不是正确的做法,不仅不会震慑住幼儿,反而会让幼儿因为美好被破坏而感到痛苦。所以,成人应该更有智慧地去处理这件事,既能安抚幼儿的哭闹,还能保证事态发展不会被破坏。

这个时期的幼儿其实对很多事物的要求都很高,要求食物的完整、用具的完整都是很常见的表现。这些完整的事物会给他带来愉悦的感觉,这其实也意味着幼儿的精神世界正在逐渐走向丰富。

(二)追求完美、圆满

除了要求完整,在做事方面,此时的幼儿也会要求完美、圆满。比如,自己倒水的时候非常认真,一定要倒进杯子里,如果水洒在了杯子外面,他会觉得很烦躁;还比如,用笔画圆的时候,一定要画得让自己满意,否则他会不断重复,而且还会因为画不圆而产生愤怒感;还有的幼儿如果发现衣服上有一个褶子,他就会想办法去压平、抚平,否则他宁可不穿这件衣服,哪怕只有这一件衣服可穿,他也毫不犹豫拒绝。这种对完美、圆满的要求,是这个时期的幼儿最为固执的表现。

案例 3-8

> 柔柔刚学会用筷子,但实际上她还做不到很好地掌控筷子。一天吃饭的时候,妈妈做了炸丸子,柔柔拿着筷子想要自己去夹起一颗丸子来,但是她努力了多次,筷子总是不听使唤,没拿住还掉了一根。
>
> 妈妈劝说:"丸子不一定非要夹起来,你用筷子插着吃也可以啊!"可是柔柔却坚决不同意,一定要用筷子夹,但她还是败给了自己那不灵活的手。
>
> 最终,柔柔扔了筷子哭了起来,妈妈实在看不过去,便抓着她的手,终于夹了一颗丸子到她的碗里,她才稍微平静了一些。

对于完美、圆满的追求，会让幼儿的表现看上去很偏执、很挑剔，为了让事物能实现或者恢复到自己内心的标准与要求，幼儿几乎是不遗余力的。虽然经常会失败，虽然也会出现因为无法实现而烦恼的情况，但这些体验、表现却对幼儿有很重要的意义，这是他正常发育要经历的一个阶段。

（三）自我完善

从要求眼前的事物完整、完美到要求自身完美，幼儿会在成长过程中慢慢出现这样的转换。从某一天开始，幼儿便会对打扮自身产生浓厚的兴趣，此时他开始对完善自我产生了需求与渴望。追求自我完善的幼儿，会出现更多令成人吃惊的举动，比如他们会给自己化妆，会自己搭配衣服，会为了实现自己内心的完美状态而不遗余力。而到了那时候，幼儿便会进入到比审美敏感期更进一步的追求完美的敏感期，这部分内容在"追求完美敏感期"中有更为详细的讲解。

（四）要求环境

幼儿对完美的追求是不断升级的，当追求完事物、用具、自身的完美之后，要不了多久，他又会对周围的生活、工作环境也产生更多的要求，希望周围的环境也能符合他内心的审美，这也是他追求完美敏感期时的表现了，而到了那时，就更需要养育者和教师加以对其内在气质的培养，这样才能保证他的审美是符合道德标准的，引导他的审美向客观而健康的方向发展。

二、幼儿审美敏感期应对

处在审美敏感期的幼儿，会被有些养育者称为"固执难搞的孩子"，因为这个时候的幼儿对所有事物都有自己的标准与要求，不管是谁打乱了他的标准与要求，他都会发脾气甚至哭闹不止。而且这时期的幼儿多半已经可以很好地表达自己的意思了，所以会非常固执地与成人争论。

就拿喜欢一件东西来说，有时候幼儿喜欢的东西可能会超出成人的预期，他可能偏偏就觉得那些不符合常理的东西是美的，并不允许他人的反驳。还有的幼儿喜欢的可能刚好是比较贵重的东西，就很有可能会被成人误以为他是爱慕虚荣。

婴幼儿的成长与养育者和教师的教养态度与教导方式是分不开的，如果只站在成人的角度去判断幼儿的表现，势必会因为不了解内情而出现错误判断，并可能给幼儿作出错误引导。所以应对审美敏感期的幼儿，也要因势利导。

（一）满足幼儿对完整的追求

案例 3-9

中午加餐时，老师给孩子们分夹心饼干，忽然一个两岁半的小女孩哭闹了起来，说着"我不要这个"。老师走过去一看，原来分饼干的时候，摆在小女孩盘子里面向小女孩的一面是完整的饼干，而当她拿起来在手里反复看的时候，却发现夹心饼干的另一面缺了一小块，老师赶紧给她换了一块两面都完整的饼干，小女孩这才平静下来。

幼儿对完美如此执着，不过是希望他想要的完美能长久保持，所以应对幼儿的这种心理，应该多追寻问题原因，满足幼儿对完美的追求，允许他对完美的维护与保持。就如案例中老师所做的那样，干净利索地予以满足。

比如，幼儿希望获得"完美"的苹果，就尽量给他找一个这样的苹果，这时候不要故意与幼儿对着干，不要因此训斥、批评他"矫情"，更不能硬塞给他不完整的苹果。同时，也要根据幼儿近一段时间的表现来判断他是否已经进入了审美敏感期，一旦确定他的确处在这样一个特殊的时期，面对他的矫情表现，宽容一些更好，待他对审美有一定了解并培养出正确的审美观之后，自然也就不会再这么不讲道理了。

(二) 关注幼儿审美特点

幼儿的审美与成人所理解的审美有本质上的不同，如果只是从成人的角度去看幼儿的审美，很可能会影响幼儿的自然发展，过分干涉他的审美发展，也会破坏他的成长规律。所以培养幼儿的审美观，要注意把握其审美的特点。

第一，幼儿的审美并没有上升到高尚的道德层面，他更多地在乎自己所喜欢的事物是不是能让他感到愉快，至于说这个审美有什么深刻的意义，又会带来怎样深远的影响，他还远没有考虑这么多。那些"幼稚的"、"无意义的"、"在成人看来并不美"的美，在幼儿眼中就将会是另一个样子，但只要他感到舒服，这就够了。因此养育者和教育者对幼儿的审美教育不要好高骛远，也没必要强硬灌输成人所谓的"美"的观念，尊重幼儿自然的思想发展，逐步引导他建立正确的审美观才是正确的。

第二，此时幼儿对美的关注只是局部的，至于说整体来看到底是不是真的美，这并不是幼儿所关心的。由于注意力也在发展过程中，此时他只会关心一朵花是不是让他喜欢，并不在乎整个花园是不是真的很漂亮；他也只会注意到地上的小蚂蚁在爬，而并不会关注到离他不远处的一片草地到底有多美。所以，从这点出发也不要过分强调让幼儿对他眼中的世界一定给出全面性、有价值的评价，只要幼儿自己感觉开心就好。

第三，幼儿的审美是源自他自己的想法的，因为他没有受到太多世俗思想的影响，也没有接受过太多约定俗成的东西，而且他也并不具备足够强的判断能力，美丑对于他来说没有确切的定义，只要他喜欢的、感兴趣的，在他眼中都是美的。所以，幼儿的审美有其独有的特点，并且不会受到世俗的影响，也并不愿意为周围人所左右，成人应该站在他的角度去欣赏他认可的美，尊重幼儿的审美看法，积极肯定与引导他才可以让他的审美观更好地发展。

(三) 用积极健康的美来感染幼儿

积极健康的审美观也是可以依靠日常培养而来的，不是说放任幼儿自己随便去欣赏美，成人还是可以在最开始进行正向干预，引导其审美更多地向真正的美去发展的。

要实现这一点，就要为幼儿提供良好、正面的审美环境。从家庭到早教机构或幼儿园，再到平时经常光顾的地方，都要创建或者寻觅一个良好的审美环境。

比如，可以多准备积极健康正向的书籍，传统经典书籍、乐曲都是很好的陶冶性情、提升涵养的工具；平时也可以多带幼儿去参观博物馆、艺术馆、美术馆等有正向审美观气息的地方。

而在引导幼儿形成积极健康的审美观念时，也要逐渐让幼儿意识到，不同的人有不同的审美看法，用不着攀比，用不着比较，也不用和他人做到一致，更不能强硬地去要求别人，或者扭转别人的看法。美是自己内心的感受，与他人无关，审美是有个体差异性的，是允许不同存在的。

(四)利用游戏来进行审美教育

游戏是幼儿最喜欢的活动,寓教于乐是一种颇为方便快捷的教育方式,一些简单的游戏会让幼儿更好地理解什么是美。

1. 彩色积木

不同颜色的积木混搭在一起,会有漂亮的建筑产生,也会有意想不到的搭配效果。引导幼儿展开想象,搭建出有艺术气息的城堡、有独特构造的小车,如果是可以拼插的积木,更可以做出更多有艺术感的事物来。

2. 彩色拼图

不同色彩的拼图凑在一起,可以让幼儿从中学会色彩搭配。不同颜色之间应该如何和谐搭配,幼儿只有亲自去摆弄才能有所体会。彩色拼图也可以完全让幼儿自行发挥想象,拼出他心目中美丽的样子。

3. 大自然的美

自然中拥有最和谐的色彩搭配,拥有最令人惊叹的比例展示,经常性的户外活动不仅会让幼儿身体健康,对于提升他的审美观也是大有好处的。但是要注意的是,大自然的美是用来欣赏的,不能破坏,在欣赏美的同时也要提醒幼儿保护好环境,保护好自然中的一切生物,这无疑也是在间接培养幼儿的公德观念,可谓一举多得。

4. 画笔的妙用

为幼儿准备足够多色彩的画笔,鼓励他们根据自己的意愿去作画,任何颜色、任何造型、任何形状都是他可以自由发挥的,不要苛求他画得多么像、多么好,也不用管他是不是弄脏了衣服,这种对美的感悟,只有在自由状态下才能更好地发挥出来。

5. 巧用手工

手工制作不仅能锻炼幼儿的手指功能,也同样可以培养他的审美观念。比如,捡来掉落的树叶、花瓣,制作美丽的图画;用捡来的彩色的小石头,或者摆出可爱的造型,或者在石头上画出造型,或者给石头涂上美丽的颜色,这会提升幼儿发现美、创造美、表现美的能力。

(五)教师的思考

对完整、完美、干净的事物有追求,是幼儿审美敏感期的特点,几乎每个幼儿都会表现出这种特点。作为教师来说,很可能会同时遇到好几个幼儿处在这一敏感期的情况,"事儿多"、"任性"的幼儿也许会"挑起"各种麻烦。

比如,幼儿会想要一个完整的苹果,但是他小小的胃口可能吃不完一个完整的苹果。怎么办?苦口婆心地劝他们接受半个苹果吗?这是不合理的,也是不可能的。这半个苹果,对审美敏感期的幼儿来说就是一种折磨,他并不是为了吃而追求完整与完美,他享受的是完整完美的东西所带来的愉悦感。

相较养育者,教师需要更多的耐心,在这个时期,没必要非得坚持以往的做法,每人半个苹果可以换成每人一个完整的小苹果或者其他水果,也要多准备一些完整的、完美的玩具、书籍和其他物品,重视幼儿此时追求完整的心理,读懂他的需求,满足他的同时,也能保证正常活动顺利进行下去。

第三节　关注细小事物敏感期

从1岁开始，幼儿所关注的对象会发生一种微妙的变化，他会用大部分时间去关注一些很细小的事物，这些事物往往会被成人所忽略，但在幼儿眼中，这些小事物却仿佛被放大了，在没有任何打扰的前提下，他可以很专心地观察半天。这实际上也是幼儿认识事物、熟悉环境的一个发展过程，此时他会从微观着眼，那些细小的事物都会成为他眼中的焦点。这样一个听起来很有趣的时期，就是幼儿的关注细小事物敏感期。

一、关注细小事物敏感期理论

关注细小事物敏感期一般会出现在1岁以后的幼儿身上，以1.5岁的幼儿居多，这一敏感期大概会持续两三年的时间，有的幼儿可能会持续更久一些。处在这一敏感期的幼儿，就如这一敏感期的名称一样，对一些微小的事物会更为关注。

皮亚杰认为，幼儿首先会通过简单图式发展认知，并逐渐认识外在世界。在这样的认知过程中，幼儿所注意到的外界多是微观的，所以不管是认识事物还是观察环境，他也多会从微观方面着眼，那些细小的、不起眼的事物，会更为吸引他的注意力。

随着动作、平衡、视觉能力的提升，幼儿对四肢的掌控越来越娴熟，动作也表现得更自然，他可以去更多更远的地方，也将能看到、听到、摸到更多不同的东西。这些变化促使幼儿用一种更为立体多彩的视角来看待世界，为了能看到更丰富的世界，他经常会结合身体的各项功能，并以自己的方式来对世界展开观察，对周围环境进行认识。最终，他也会像成人一样将目光和注意力转移到更大的事物上去。蒙台梭利曾说："儿童对细小事物的观察与热爱，是对已无暇顾及环境的成人的一种弥补。"事实上，无论是从大的角度去看，还是从小的视觉去观察，世界都很精彩。成人大可任幼儿去观察他喜爱的细小事物。

在关注细小事物敏感期里，许多细小的事物都会引发幼儿的新奇感，不仅是用眼睛看，他还会用手去触摸，并动脑筋去想。在这个过程中，幼儿的四肢、眼、脑都将得到锻炼，这也就为其日后发展精细动作打下了良好的基础。通过观察这些细小事物，幼儿也会逐渐发现事物之间的差异，借助这种感官上的探索与辨别，幼儿对周围环境的敏感度以及观察事物的敏锐性也将有所增强。

二、幼儿关注细小事物的心理原因

之所以会有关注细小事物敏感期的存在，与幼儿成长过程中的心理变化不无关系。在幼儿还是婴儿时，他最初注意到的世界都是"大"的，比如高大的成人、宽大的床、一手拿不过来的东西、迈步也走不完的场地，这些过去的体验会让慢慢有了自我思想的幼儿意识到自己的渺小。

▲ 图3-5 对细小事物的关注[1]

但是，随着视力发育得越来越好，观察能力不断提升，行动越来越灵活，能去的地方越来越多，幼儿会注意到这个世界里不只有那些大的东西，也有很多比他还小的东西，那些东西非常小，还很不起眼，甚至可以为他一手所掌控。当他发现这些细小的事物时，内心就会涌现出一种怜惜感，原本他就期望自己也能像成人一样变得高大起来，他更希望自己能做到成人所做到的事情，当他发现小花、小草、小蚂蚁这些比他还要弱小的事物，可以被自己很轻易地摆弄，他可以凭借自己的力量来给那些弱小事物以庇护，可以照顾那些更为弱小的事物时，这样的事实会让他瞬间意识到"原来我也不是那么弱小"。有了这样的意识，幼儿便开始关注这些比自己弱小的事物（如图3-5所示），此时他将会表现出一种纯真的善意。

案例 3-10

雨后，孩子们从教室里跑出来，突然一个孩子蹲在了花坛边上，接着又有两个孩子蹲了下来，老师在远处看了一会儿，发现几个孩子没有起身的意思，便走过去弯下腰想看看他们在干什么。仔细一看，才发现是大雨过后，两条小蚯蚓正在一拱一拱地向泥土里爬，孩子们被这个几乎与泥土同一个颜色的只有成人手指那么长的小虫子吸引了。老师笑了笑，

---

[1]　图片提供：湖南张家界童星幼儿园。

虽然活动时间并不长,但她选择耐心等待,并悄悄延长了时间。半个多小时之后,小蚯蚓钻进了泥土里,孩子们这才收回了视线,站起身来,心满意足地一起离开了。

成人眼中的那些微不足道的事物或景象,往往都会成为幼儿眼中的"重大事件",他对那些弱小事物的关心甚至是帮助,无不体现着幼儿的爱心。就如蒙台梭利所说:"并不是这个物体给他深刻的印象,而是在他的注视下,表现他对事物的挚爱与理解。"正是因为有了关注细小事物敏感期的存在,幼儿的同情心与爱心也会被慢慢培养起来。所以这位老师的做法是值得肯定的,在幼儿与幼小事物接触的过程中,也要给他们释放自己爱心的机会,做到不打扰就可以了。当然,如果有机会的话,也可以加入幼儿的游戏或活动中去,用他的视角来体会他的感受,适当有一些互动,也会逐渐完善对幼儿的爱心培养。

从另一方面来看,幼儿是有想要表达爱的渴望的,尤其是对他周围亲近的人。这是因为他接收到了来自这些人的爱,所以不管是从模仿的角度还是情感发育的角度,他也有想要回馈的意愿,但是就目前来讲,他没有足够的能力做到像成人那样进行完美的表达,有时候他也不太确定应该怎样表达。而在面对细小事物的时候,他就显得轻松了许多,便将自己想要表达的爱转移到了细小事物身上。但是随着成长,幼儿也将慢慢学会应该如何正确表达爱。所以,从某种意义上来讲,幼儿对细小事物的关注,也是他正在练习应该如何关心身边的事物,并寻找心理平衡的一个必然的过程。

三、观察细小事物与专注力的培养

幼儿的内心世界是很奇妙的,在他看来,整体的、宏观的世界似乎离他还很遥远,不管是成长还是学习,他都需要经历从小到大的过程。而且,幼儿的视角是与成人有所不同的,所以他会更容易注意到那些已经被成人视而不见或即便是看见了也并不走心的事物。而实际上,观察细小事物对于幼儿来说也是有益的,这刚好可以培养他的专注力。

(一)专注力

专注力,是社会心理学领域的一个重要课题。这一概念起源于古佛教、印度教和中国哲学,它被定义为精神或心理的积极状态,其特征为发现新的差别,从而使个体:(1)处于当下;(2)对环境和不同的观点很敏感;(3)受规则和管理的引导(而不是受其支配)。专注力是通过个体处于当下、对新奇的事物持有开放的态度、对事物之区别比较机敏、对不同的环境很敏感以及有多角度的意识等获得的。[1]

(二)对专注力的培养

婴儿时期就已经展现出了一定的专注力。比如,看到之前没有见过的新事物,婴儿都会聚精会神地盯着看,目不转睛,然后再伸手想要触摸。而之后,婴儿成长为幼儿时,这种能力并不会消失,只要有合理的培养,他的专注力便能得到稳固。

1. 不要随便干扰

很多幼儿之所以无法专注,其实是与周围人的干扰分不开的。比如,幼儿正专心看着一件东西,但养育者却突然拿走了东西,或者挡住了他的视线、制止了他的行为,转而用成人

---

[1] 杨秀君.提升教育的专注力[J].现代教学,2015(6):71—72.

认为是重要的另外一件事情来代替，要求他立刻放下手里的事情去做别的事情。如此多次被破坏之后，幼儿本来就难以集中的专注力也会随之被渐渐消磨掉。久而久之，他自然也就没办法集中注意力去做事情了。所以，当发现幼儿认真地做某件事、观察某样东西时，如果不是有特殊的、必要的事情，周围人最好能给他一个安静的环境，让他可以较为完整地完成他想要做的事情。

成人要合理安排自己的事情，调整自己的情绪，在幼儿专注对待细小事物的时候，成人要尽量创造一个不打扰的良好空间。如果真的必须要打断幼儿，也要找一个合理的方式来打断，不要直接拉走幼儿或者破坏掉他眼前的细小事物，如果有可能，带走他要看的东西；如果没有可能，有智慧地转移幼儿的注意力。就如下面这位妈妈做的，是值得思考的。

案例 3-11

中午时分，妈妈带着两岁半的女儿往家赶，走到楼下草坪的位置，女儿眼尖地发现草丛中有一个会蹦的东西，她立刻停住了脚步，蹲下来看了看，然后惊讶地指着那个东西问："妈妈，那是什么？"妈妈也不得不蹲了下来，看了看回答道："那是小蚂蚱。"

女儿认真地看着这个小蚂蚱，她兴致盎然，丝毫没顾忌已经中午了快要吃饭了。妈妈陪着看了一会儿，但时间不等人，她想要带女儿回家吃饭。看着依然兴致不减，还不停问着各种问题的女儿，妈妈说："妈妈有些饿了，你说小蚂蚱有没有饿呢？"女儿却反问："它吃什么呀？"妈妈说："不知道呀，它得回家才知道妈妈给它做了什么好吃的。"女儿这时忽然说了一句："我也想吃好吃的。"妈妈趁势赶紧说："那我们也回家做好吃的去啊，快跟小蚂蚱再见，下次来告诉它你都吃了什么好吃的。"

女儿立刻站起身，对着小蚂蚱的方向挥了挥手说："再见，小蚂蚱，我要回家吃饭了。"说完，女儿拉着妈妈的手快速向楼上跑去。

虽然幼儿在观察细小事物时的确会出现那种全神贯注的情况，一副不容任何人打扰的样子，但实际上，幼儿内心对某些事情也是有一定的判断的。所以成人要有智慧地引导他作出正确的决定，并善于抓住任何一个有利的时机，巧妙地将他的状态从观察细小事物的氛围中带离出来，让他能心甘情愿且不会有情绪波动地接受接下来的安排。如此既满足了幼儿想要观察的心理，还没有破坏他的专注力，而且还能很自然地进行接下来的事情，可谓一举三得。

2. 抓住幼儿的兴趣所在

幼儿专注去做的事情和所看的东西，都是他感兴趣的，可以利用他的兴趣，来让他变得更专注。教师要注意观察，抓住幼儿的兴趣点，找对他的兴趣，在他的兴趣范围内寻找一些适合观察的小事物，给幼儿足够的观察时间，让他尽情沉浸在自己的兴趣之中（见图3-6）。

同时，也要合理安排幼儿的活动，注意幼儿的情绪，只有在他情绪好的时候，用他感兴趣的事物去吸引他，才会让他更具有专注力，否则坏情绪下，幼儿就将专心"应对"让他感到不高兴的事情，对感兴趣的东西可能也会视而不见。也可以用一些新鲜的事物来吸引他，或者给他安排让他感兴趣的活动，让他能集中当下的注意力去完成活动。

第三章 2—3岁儿童敏感期

▲ 图3-6 专注的幼儿[1]

3. 鼓励幼儿有始有终

有始有终做事会促进专注力的培养，而专注力则又是保证有始有终的关键。幼儿的专注力不够时，做事情会只有开头没有结尾，也很容易被其他事情所吸引。为了促进幼儿专注力的形成，不管他要做什么，做之前最好都提醒他好好开始也要好好结束，让他内心有个印象。观察细小事物也是如此，观察之前，教师也不妨设定几个观察小任务，让幼儿一边观察一边完成小任务，当任务全部完成的时候也就是观察结束的时候。

在这个过程中，教师最好不要予以太多的帮助，只要是幼儿有能力完成的事情，都要给他机会让他自己去完成。在幼儿想要偷懒的时候，教师也要善意地提醒，或者用一些小奖励来激励他，保证他经历有始有终的过程。

四、幼儿对细小事物的探索需求

处在细小事物敏感期中的幼儿，其对幼小事物的超乎寻常的关注行为往往会被养育者或教师误认为是不合理的，因为此时的幼儿会对一些细小的事物有强烈的探索需求。对于周遭环境中的细小事物，成人往往会视而不见，但幼儿却会捕捉到这其中的种种奥秘。

---

[1] 图片提供：秀强教育集团义乌市儿童乐园幼稚园。

案例 3-12

两岁的韵韵最近喜欢"捡垃圾",在她的小滑板车的车把下面有一个小车筐,这个小筐子就成了她的"百宝囊"。有时候,她会把地上的小石头都捡到筐里;有时候,她又会在筐里装上一堆小树叶;还有时候,她的小筐里则会放满小木棍。除了这些东西,她的小筐里还放过碎纸片、小瓶盖,甚至有一次妈妈在小筐里还发现了几根头发丝。

最开始,妈妈将韵韵的小石块当垃圾处理掉了,韵韵哭闹了好久,妈妈后来才意识到细小事物敏感期的存在。为了保证小车筐的干净整洁,妈妈干脆给韵韵准备了一些小袋子,每次出门都给她装好小袋子,这样她再捡起什么东西,也就有了地方可放。后来,家里便多了好多装满"战利品"的小袋子。

"捡垃圾"是幼儿在特定时期的一种行为表现,也正是他细小事物敏感期的特殊表现之一,这正是他对细小事物的探索,并不是什么不良嗜好,因此不用担心他养成"捡垃圾"的坏习惯,随着成长,随着这一敏感期的顺利度过,这一行为也会慢慢消失。但是若想真的保证幼儿能顺利度过这一时期,还需要靠养育者或教师予以足够的"支持"。

(一)允许幼儿有"捡拾垃圾"等探索行为

在成人的理解中,捡拾垃圾是不好的行为,或者说是有失尊严的行为,而且"垃圾"本身就已经被成人归类于"脏的"、"不卫生的"、"不健康的"事物。这种看法来源于成人约定俗成的观念,以及社会中已然定型的规则。

而幼儿并没有经过世俗的浸染,他眼中的世界是简单的,成人眼中毫无价值的东西,在他眼中却是新奇的,他正是通过这些细小且容易被忽略的东西来逐渐认识世界的。

就拿一块小石头来说,幼儿通过触摸、观看、比较等一系列过程,来确定石头的颜色、形状、质感;在敲打的过程中去倾听石头带来的声音;通过丢掷来确定这块小石头能飞多远;如果石头碰到了什么东西,若是打破了东西,他还能意识到这块石头是有硬度的,是可以击碎其他某些东西的;如果在地上、墙上画一画,他也会发现石头还可以当笔来用;如果遇到让他感到非常喜欢的样子、颜色,他会从中看到令成人意想不到的美。

通过这一块小石头,幼儿的各个感官都得到了发展,他的观察能力、记忆力、想象力都将得到增强,在这个过程中,他还将收获知识,这些知识不是他人传授的,也不是从书上看到的,而是靠他自己体验而来的,这样的认识和了解过程,显然更为有效。

幼儿绝对不会把他认为的微小事物定义为"垃圾",对于那些不如他的弱小事物,他内心在此时升起的怜惜、保护,是最为珍贵的感情。

因此,对于幼儿捡拾"垃圾"这件事,教师应该予以尊重与支持,最起码不要随意干涉,注意这个敏感期的宝贵,给他的这一行为打开绿灯就好。如果实在担忧,倒不如多注意加强保护与事后处理,提醒幼儿注意勤洗手、洗脸,勤换衣服,以保证及时清除细菌就好。

除了捡拾"垃圾",幼儿还会出于保护或喜爱的心理而搜集一些小东西,有些东西是成人丢弃不要的东西,有些东西则是被成人忽略的小物件。有时候他还会藏起来某些东西,就像对待宝藏一样。

这些行为对于这一时期的幼儿来说都是正常的,教师也要以正常的眼光去看待,尊重并和幼儿一样爱护他的收藏品,满足他的收藏与保护欲望。当然对于一些真的是垃圾的东西,也要告诉他为什么这些东西不能收藏，同时最好为他提供其他可以收藏的东西来代替这些垃圾，不要在他不知道的时候丢掉它们，而是要给予幼儿知情权。此时也要冷静且讲道理，只有幼儿自己内心意识到"原来这些都是脏东西是不能收藏的"，他才会愿意转移注意力，否则他可能会一直惦记着那些东西。

（二）引导幼儿体验观察乐趣

幼儿对细小事物的关注，无疑是一个最好的培养观察能力的过程，而观察能力的培养对于提升幼儿的专注力、细心认真、思考能力都是有益的。

1. 观察力的定义

观察力，就是观察活动的"效力"或"功力"，是在有目的、有组织、有思维参与的感知过程中形成的一种稳固的认知能力，是构成智力的一个重要因素。[1]观察力具有目的性、条理性、理解性、敏锐性、准确性等特点。

2. 幼儿观察力的特点

在引导幼儿体验观察乐趣之前，应该先了解他在观察方面的特点。幼儿的观察并不是有目的的观察，而是跟着自己的兴趣走，跟着自己的情绪走，而且他的观察没有长性，说不定什么时候就转移目标了，所以幼儿的观察力是不稳定的。根据这样的特点，教师就不妨抓住这个敏感期，从幼儿自身观察特点出发，来训练和培养他的观察能力。

3. 培养幼儿观察力

▲ 图3-7　幼儿在观察各种各样纸中的纸纤维[2]

---

[1] 范艳.幼儿智力发展的坚实基础——观察力[J].科学大众·科学教育，2009（4）：88.
[2] 图片提供：秀强教育集团义乌市儿童乐园幼稚园。

幼儿观察能力的培养,可以从这样几个方面来入手:

(1)多为幼儿提供一些自由探索的机会,为他提供合适的环境,准备足够的探索环境与对象(如图3-7),多组织参观或观察活动,给幼儿提供不同环境下的探索机会。

(2)教给幼儿一些简单基本的观察方法,比如注意观察顺序、分辨观察对象,鼓励幼儿对不同的事物进行比较与分类观察,引导幼儿使用不同感官来观察。

(3)在幼儿观察的过程中,不能随便干扰幼儿的感觉,不管怎样的感觉都要让幼儿自己去体会。教师可以给出提示,但不要强迫幼儿去看去感觉。

(三)加入幼儿探索与观察的行为中

对细小事物的关注,不仅是幼儿自己的爱好,他也喜欢和成人一起关注。所以如果教师能加入幼儿的观察活动,会让他对这种观察体验更有兴趣。可以给幼儿准备好工具,包括装细小物品的小袋子或小盒子等东西,成为幼儿的合作者或帮助者,满足他对细小事物的好奇心。在观察过程中,教师要保持与幼儿一样的"惊喜心理",和他一起看他感觉惊讶的东西,在他询问的时候给出简单的解答或者引导他自己去看,多鼓励他自己思考。有时候也可以和幼儿来一场观察比赛,看谁观察得更细致,看谁找到的更多。

另外,教师应该探查并及时排除环境中的危险,消除可能会发生的隐患,保证幼儿的观察过程是安全的,一定要随时跟在幼儿的身边,即便暂时他想要自己观察,也不要让他离开自己的视线。

五、幼儿在室内关注细小事物

案例 3-13

妈妈缝补衣服的过程中,留下了几段或长或短的线头,孩子很认真地将所有线头都捡到了自己手中,一不小心掉了一段,看着线头忽忽悠悠地落地,孩子忽然笑了起来,立刻把手里的小线头一个个扔了出去,看着它们落地之后再去一个个捡回来,反复多次,乐此不疲。

幼儿总是能在任何地方找到各种值得他关注的"小东西",在成人的眼中,室内的景象都是一些大块的物品或分区,比如,如果是在家中,家里的景象就会是家具、电器、厨具、卫生洁具等各种大型物件以及由这些物件组成的生活分区,如果是在幼儿园或早教机构,则是阅读区、游戏区、休息区等明显的分区以及这些分区中的桌椅板凳和其他器具。可是幼儿关注的却不是这些,他们会关注这些物品或分区以外或以内的那些更为细小的东西。

比如,成人眼中会看到桌子,而幼儿则会更注意桌子上的一片小纸屑;成人看到的是地板,幼儿则会注意到地板上躺着一根头发;成人看的是书中配图的整体意思,而幼儿则更关注这幅配图的角落里那个一点也不清楚的、字号很小的页码。

线头、纸屑、头发丝、米粒、钉子眼、小飞虫、小油点、铅笔印……幼儿的眼中,这些东西都是"宝",不管多大的环境,多么热闹的背景,他都能一眼就找到那个让他注意的"小东西"。对这些小东西,幼儿会很认真地去看,认真地去研究,如果有可能也会认真地去收集。

幼儿的这些行为不能用"怪癖"来定义，教师应该有这样的意识，在发现有幼儿开始对细小事物有过多关注时，就要尊重他的观察兴趣。尤其是有些幼儿会有收集的兴趣，可能会在枕头下藏着好多头发丝，也可能会在兜里塞一堆小纸屑，这些都是他的"宝贝"，如果无意中发现，教师也要理性应对。

对待这些被幼儿藏起来或者保护起来的小东西，教师应该有爱心，不要以不健康、不卫生为理由就随手扔掉，也不要总是反复对幼儿强调要干净整洁。至少在幼儿对这些东西还有兴趣的时候，帮他找个合适的收藏地，帮他把他的宝贝收起来，这才是正确的处理。如果是实在有碍卫生的东西，也可以巧妙地引导幼儿将其洗干净或者让他将其储存在室外。教师此时要以理解之心来应对幼儿的种种行为，还要灵活处理因此而来的种种问题，同时也要与养育者做好沟通，提醒他们在家中也要积极应对幼儿对幼小事物的关注。

不过，家里或者教室里也还是会有一些危险的"小物件"存在的，小药片、小药丸、干燥剂、小图钉、老鼠药、小螺丝钉……这些东西在不具备足够分辨能力的幼儿面前，就是最大的危险。所以养育者和教师一定要保证幼儿的视线范围内不会出现这些东西，并且在恰当时候给幼儿讲清楚这些东西都是干什么用的，提醒幼儿要远离，尤其是不要将这些东西放入口中，保证其安全才能更好地发展他的能力。

六、幼儿在室外关注细小事物

案例 3-14

在外面玩耍的孩子突然蹲下了，从一堆泥土里拿了一颗非常小的石子出来，转身放到了老师手里，一句话都没说。在接下来的时间里，她一次又一次转身、蹲下、捡起小小的石子、再转身、放进老师手里，如此的一系列动作持续了好久，老师手里很快有了很多小石子。

老师好奇地问："为什么捡那么多小石头？"孩子没有回答，依然在捡石子，可是当老师说"扔掉行不行"的时候，孩子却坚定地开了口："不能扔！"

老师笑了笑，继续耐心地陪着孩子，并试探着说"我们让小石子回家吧，你把它们一个个再送回去"，孩子果然将所有石子从老师手里都重新转移到了地上。自始至终，老师都不是很清楚孩子对这些小石子到底有怎样深厚的感情，但是经过这一番搬运，她发现这个孩子的表情显得非常愉悦。

室外的游戏很多，处在关注细小事物敏感期的幼儿也不是不关注游戏，但是他的注意力却可能随时都被那些细小的东西吸引。相比较室内的局限性，室外的环境更为广阔复杂，这也就意味着幼儿将会接触到更多在室内可能看不到的细小事物。小石子、小树枝、小花瓣、小蚂蚁、小蜘蛛、小蚯蚓、小羽毛……幼儿总是在出其不意的地方投放关注点，然后耗费或长或短的时间来进行观察活动。

室外大环境下的细小事物，比起室内的细小事物，似乎更容易为成人所忽略，而在室外的成人，也多半会希望幼儿能看到更多他们希望他看到的东西。成人似乎无不希望幼儿能跟着自己的介绍去看这个大千的世界，但是不能否认的是，幼儿在逐渐拥有自己的想法，也有

▲ 图3-8 观察小蜗牛[1]

自己想要关注的事物，于是很多时候就会出现成人想要让幼儿去看一样事物或一处景象，可幼儿却偏偏不听也不去注意的情况。

当成人的希望和幼儿自身的需求出现碰撞时，成人应该判断幼儿想要关注的内容是什么，并适当予以让步，尊重幼儿对细小事物的观察行为。此时成人需要适当放弃对自己意见的坚持，不要试图打断幼儿的观察，不要想着将他的视线拉到自己想让他看的事物上。只要时间不那么紧急、事件不那么重要，就干脆给幼儿自由，让他尽情地去看自己想看的东西，让他将想要看的蚂蚁搬家、蚯蚓钻土、蜘蛛织网、羽毛飞落、树叶飘舞、蜗牛慢行（如图3-8）等各种小事物的运动能完整地看完。对于幼儿来说，此时的观察就是他的工作，他享受这种工作的过程，而这显然也是培养他专注力的最佳时机，所以不轻易干涉他工作的热情和工作的状态是最好的解决办法。

在幼儿观察过程中，可能还会出现伤害事件。比如，抓或踩小蚂蚁、拽下花瓣、扯断树枝，这些行为并不意味着幼儿是有恶意的，他只是想增加各种体验。但这些行为却是对生命的伤害，所以教师有责任将生命的意义教给幼儿，培养他观察力的同时，也要培养他的同情心，教他学会尊重生命。如果有条件的话，也可以在教室等地方专门种植小植物或养育小动物，给幼儿展现爱心的机会，同时也培养他尊重生命的好习惯。

---

[1] 图片提供：湖南张家界童星幼儿园。

另外，室外的观察涉及更多的知识，除了基本的感官认知，如果幼儿愿意，还可以加入一些相关知识。比如和幼儿一起观察一朵花，就可以顺势告诉他与花有关的简单的知识。当然这种知识的传播不是必须要有的，如果幼儿表情平静且明显就是想要自己好好观察一番的样子，就不要硬去告诉他他看到的东西是什么，而是应该给他足够的自我观察和感受的时间，让他自己去体会就好，等他开口询问时再去补充也不迟。

七、在大自然中提升幼儿的观察力

在关注细小事物敏感期提升幼儿观察能力可谓是最为有效的时期。从幼儿日常的生活特点来看，相比较环境固定的室内，他更喜欢充满无限可能的室外环境，更确切些说，幼儿喜欢的是充满各种惊喜的大自然。所以，选择合适的时机，将幼儿带到室外去，让他亲密接触大自然，以更好地培养他的观察能力。

多给幼儿安排一些户外活动，不能仅限于家的附近或幼儿园、早教机构附近的环境，而是要多去有绿地、青山、绿水的地方，也就是带他走进真正的大自然，大自然的鬼斧神工与天赐地生，都是任何人工所不能及的。大自然有更多的生命存在，有更多的知识和道理存在，任何一个微小的生命、微小的景观都有可能给幼儿带来任何书本、任何人都讲不出来的道理或意义。

▲ 图3-9 观察室外[1]

---

[1] 图片提供：秀强教育集团徐州云龙区世纪城旗舰幼儿园。

教师不妨多与养育者商量，经常组织一些游园活动，选择自然风景多的地方，错开游园高峰时间，让幼儿来一场观察之旅。在走进大自然的同时，也要给幼儿准备一些工具，如放大镜、收集袋、绘画本等。放大镜用来把事物看得更清楚；收集袋则可以让幼儿将自己看到的、喜欢的东西，在不破坏公物、环境的前提下收集起来；绘画本可以让幼儿自己画，也可以由养育者或教师帮忙画，来记录下他观察的内容。这些工具都能帮助幼儿观察得更仔细、收集得更合理，尤其是有记录，更能让幼儿学到系统观察的方法，这无疑会规范幼儿的观察过程，并能长久保留他的观察成果，显然也会增加他的观察乐趣。

在观察对象的选择上，教师要以幼儿可以驾驭的对象为主，比如花草树木，各种小昆虫，水里的小鱼，树上的小鸟，这些都是幼儿可以确切看到并能接近的对象，是可以更近距离观察的，所以对这些对象的观察会更容易调动幼儿的积极性。而像蓝天、白云、风雨雷电这样的自然现象，因为太过庞大、遥远，根本没法近距离观察，教师可以以讲述为主，或者借用图书、音像等工具来帮助幼儿理解。即便是进入了大自然，也要选择合适的观察对象，才能让幼儿的观察能力真正得到提升。

身处大自然，所有生命都应该尊重大自然，人类也是如此，所以教师也要教育幼儿，爱护大自然也是观察中必不可少的一项内容。在观察过程中，及时带走自己制造的垃圾，随手清理大自然中已有的垃圾，保护所有生命，不随意破坏环境、污染环境，教师可以提前将这些内容给幼儿讲解清楚，并给他做好示范，和他一起行动。走进大自然，不应该只是提升幼儿的观察能力，更应该提升他对自然的敬畏心与尊重心。这才是在这个关注细小事物敏感期里，所能带给幼儿的最大收获。

第四节　空间敏感期

对于每个人来说，空间是立足之地，也是生活场所。人只有具备空间感，才能有脚踏实地的感觉，才能理顺周遭物体与自己的关系。幼儿时期是理顺空间关系的关键时期，空间敏感期的存在会让幼儿将自己与现实的物质世界完美结合。空间敏感期从新生儿降生就开始了，而且在整个学龄前时期会一直持续，良好的空间敏感期的发展，不仅能促进幼儿空间感的成长，也会带给他更多探索的乐趣。

一、空间敏感期理论

从某一时刻开始，幼儿会变得喜欢扔东西，喜欢将东西塞进小洞里，还会推着椅子在屋子里走来走去，也喜欢攀爬，还喜欢垒高后再破坏，并且重复这些动作。幼儿的这些行为很容易会被成人归类为"捣乱"，但实际上这却是幼儿向成人释放的一个信号——他进入了"空间敏感期"。

（一）空间智能

空间感觉的发展与视知觉发展关系紧密，空间智能就是倾向于形象思维的智能，能准确感觉视觉空间，并且把所感知到的形象表现出来的能力，包括对色彩、线条、颜色、形状、空间及它们之间关系的敏感性，也包括将视觉和空间的想法在大脑中具体地呈现出来，以及在一个空间的矩阵中很快地找出方向的能力。

空间智能是通过运用肉眼的外在观察和运用心智的内在观察来学习的（如图3-10所示），不仅表现在通过视觉功能可以看到什么，还包括大脑有意识地对视觉信息进行的加工、改造。

空间智能主要表现在三个方面：

1. 视觉辨别能力，对环境变化敏感，就比如摄影师，这样的人之所以能拍出漂亮的照片，就在于他们拥有良好的视觉辨别能力并非常善于捕捉镜头。

2. 把握空间方位能力，善于辨识方向、方位，具有二维、三维空间的转换能力。

3. 形象思维能力，喜欢看图、画图，对形象的图和画很感兴趣，且有极强的想象力。

由此可见，空间智能的核心能力体现在三方面：可以准确感知视觉世界的能力；对于最初感知到的事物进行加工改造的能力；重造不在眼前的视觉体验的某些方面的能力。[2]

▲ 图3-10 空间智能[1]

空间智能的发展从幼儿时期便已经开始了，幼儿视觉——空间智能的具体表征，则包括以下几个方面：

1. 通过观察学习，幼儿善于辨别面貌、物体、形状、颜色、细节和景物。

2. 幼儿在空间活动中能有效地活动和搬动物体。

3. 在感知和创造心理图像方面，幼儿能善于运用图片思维并能觉察细节，在回想信息时，可用视觉映像来辅助。

4. 幼儿喜好涂抹、绘画或其他看得到的形式复制物品和制作立体物品。

5. 幼儿可用不同的方式或新的观点看待事物。

6. 幼儿可以同时感知到鲜明而细微的形态，可以创造出信息的、具体的或形象化的特征。[3]

加强幼儿空间智能的培养，有利于培养其视觉的敏感性和准确性，并可以培养其具备丰富的想象能力，也有利于培养他的艺术素质，并使其具备发现、发展美的能力。

（二）非视觉的空间智能

虽然视觉是产生空间智能的主要感觉，但能产生空间的感觉，却也并不仅仅只是依靠视觉，大脑本身，以及大脑控制下的身体，都会对空间产生感觉。比如，闭上眼睛，通过触摸也会感觉到自己身处一个怎样的空间；靠耳朵去听声音的远近，也能判断空间距离的大小；凭借脚去丈量，一步步走下去，就能大概知道一个空间的大概范围；靠着头脑中对方向的判

---

[1] 图片提供：山东庆云新华爱婴幼儿园。
[2] 张晓丽.空间智能的心理学探索[J].江苏第二师范学院学报：社会科学版，2010（1）：33—34.
[3] 陶李刚，张丽苹.培养幼儿视觉——空间智能初探[J].学前教育研究，2003（1）：39.

断，就可以找到自己要去的地方；等等。

空间智能是一种由大脑而来的能力，人在大脑中形成一个外部空间世界的模式，并通过大脑的操纵来运用和操作这种模式，这种能力会使人可以在空间中从容行动，而且也能随心所欲地摆弄物体，还能产生并解读图形的讯息。从广义上来看，空间智能包括视觉辨别能力和形象思维能力，其实空间智能是更倾向于形象思维的智能，可以准确感知视觉空间，还可以将所感知到的形象表现出来。

幼儿在这方面的成长，显然都需要周围成人的引导与指引，如果幼儿具有良好的空间感，那么他不仅能更好地处理自己的生活，对他未来的职业选择也会有不一样的助力。

（三）空间敏感期

空间敏感期的存在，是与幼儿对世界的探索方式所决定的，成人的探索多以想象性思维为主，更注重思考，但是幼儿则不同，他要对物体的位置、运动进行探索，还要体会身体的感知，并且不断挑战身体的各项操作活动，他是在用身体记忆来探索周围空间的。所以处在空间敏感期的幼儿，多半会表现得很"热闹"。这一时期的幼儿，其行为是需要眼、脑、四肢相互协调配合的，很多动作要付出很大努力才能完成。所以从空间智能角度出发，幼儿在这方面的发展的确是需要更努力地付出才可能有收获。

幼儿的空间敏感期的发展是一点点深入的，最初他只是喜欢将一些东西从高处扔到地上，感受这个简单快速的过程。有时候，幼儿也会将已经掉在地上的东西再恢复到原有的高位，然后重新将东西扔到地上。他反复这样的过程，这就是他最早对空间的感受。通过这样的过程，幼儿意识到物体与物体之间是有区别的。

在这之后，幼儿又很快会发现新的现象，他可以从一个空间里把某些东西拿出来，也可以将某些小东西通过一个并不大的洞塞进另一个空间之内，这也是他对空间的一种体验。这时候的幼儿会经常把东西从某个空间拿进拿出，比如他会不厌其烦地把盒子里的玩具拿出来，装进去，然后再拿出来；这时他还很喜欢插孔，比如他会好奇钥匙孔、插座孔，喝酸奶的时候会对插吸管这个动作格外感兴趣，会把手指塞进箱子上的小洞里掏一掏。

随后，他又会出现一种非常典型的感知空间的表现，那就是垒高、推倒，再垒高、再推倒，垒高是幼儿对空间最基本的发现形式，其实也是他智力发展的关键所在。这时候的幼儿会喜欢玩垒高游戏，可是他的目的又不全是将积木或其他物品垒得特别高，很多时候，当垒到一定高度之后，他就会毫不犹豫地伸手去推倒。这个破坏的过程带给他的愉悦感也许是成人无法体会的，毋庸置疑，幼儿的空间感也的确在这个过程中有所发展。

案例 3-15

老师和一个被其他孩子投诉和嫌弃的男孩一起玩积木，男孩玩积木却并没有按常理出牌，刚盖好的房子、高塔、大门，甚至什么都不是就只是简单地把积木垒起来，所有的完成品或者未完成品都会转眼就被推倒，可他并不显得失望，反而高兴地拍了拍手，然后又接着重新垒高。

一开始，老师以为男孩对积木大小掌握不准，便提示他先把大的积木放在下面，上面放小的，这样积木就不会倒了。可哪知道，即便按照老师的指导由大到小垒起来了，男孩还是会毫不犹豫地推倒积木，并开心不已，然后再重复这样的动作。

直到最后,老师才忽然意识到,这个被其他孩子认为是"总是捣乱推倒我们积木"的孩子,其实正在体验和感受空间感,这是他处在空间敏感期的特有表现。

处在这个时期的幼儿破坏力也是不小,幼儿园里可能就会遇到这样的情况,大家搭起了积木,却能很快被一两个幼儿推倒,影响更多幼儿的情绪。这位老师最终的结论是正确的,这样的表现的确是幼儿处在空间敏感期的表现,所以如何处理也需要教师的智慧。

▲ 图3-11 垒积木[1]

经过了这个垒高推倒(如图3-11所示)的阶段,幼儿又会对狭小空间感兴趣,比如躲进大箱子里,藏在柜子中,或者钻到桌子底下去玩,他会不断重复这样的游戏,在玩的过程中亲身去体验不同大小高低的空间给他带来的不同感受。

待这个时间段过去之后,幼儿的能力又提升到了一个新的高度,他不再仅限于通过改变物体的高度或者空间位置来感受空间感,而是过渡到让自身的空间位置发生改变,他也会从高向低跳,从低向高攀登,钻进一个大空间,甚至妄图把自己塞进一辆书本那么大的玩具汽车里,他开始通过自己所处的空间的变化,来体会这个空间到底有多高、有多大、有多深、有多远。这时候的幼儿就好像是不断攀登的探险家,一旦他能确定某一个高度、某一个空间是自己可以驾驭的,他就会再提升一个新的高度,或者再走得更深、更广。等再长大一些,幼儿的脚步会迈得更远,也可能会爬得更高,开始"征服"更多的地方。

---

[1] 图片提供:云南省玉溪市红塔区春和中心幼儿园。

就这样，幼儿不断地刷新自己的高度，而这个他能探索的空间大小，其实也恰恰决定了未来他的探索能力的大小，所以空间敏感期的良好发展，将会为幼儿未来的发展打下深厚的基础。

二、幼儿获得空间感，形成空间概念

幼儿空间感的获得是从对物体独立性的理解，以及让自我感受自由空间的过程中开始的。

案例 3-16

14个月的洛洛刚学会走路没多久，很喜欢四处走，锻炼他的腿脚。只不过，每次他走过的地方都会变得一团乱。比如，他从床边走过去，枕巾、小毯子之类的都会被他扯下来扔在地上。扔过了还不算完，他还会很满足地看一看，然后再继续走。不管是玩具还是图书，都曾被他一件件地扔到地上去过。就算是在早教机构，他也不"留情"，曾把门口鞋架上的鞋一只接一只地丢得满地都是。

幼儿早期都会认为自己与外界的物体是一体化的，当他可以灵活使用自己的手，并可以自由行走的时候，就会逐渐意识到自己与其他物体之间是分离的。后来，当幼儿抓起一样物体，移动它或者将其扔出去的时候，他就会体会到与物体分离的一种快感，这时他就会发现，原来某些物体与其他物体之间是可以分开的，许多物体都是独立存在的，有些物体是可以被移动到很远地方的，有些物体还能被放进另一种物体之中，这种新奇的发现让他感到很愉悦。

这就是幼儿早期探索世界的一种集中表现，他通过物体的位置、物体的运动来探索空间，不仅如此，他还会通过那些不在视线范围内的物体，以及弯曲的视界来进行探索。物体直观的位置、非直观的位置，物体运动速度，以及运动时间之间的关系，正是空间的基本要素，借助物体在空间中的不同表现，幼儿逐渐形成空间概念。

案例 3-17

洛洛后来再长大一些，除了扔东西，他又开始了一项新的游戏——原地旋转，尤其是有音乐开始的时候，洛洛会原地转几圈，笑着，就好像从来不觉得头晕，尽管转了几圈之后他也会站不稳晃悠几下，可是周围人一说他"晃晃悠悠"，他就好像是被触发了莫名的笑点，笑个不停，然后又转了起来。

除了发现物体的可独立性，幼儿也会注意到自己本身的独立性，不管是爬高跳低的运动，还是原地的旋转，他会从这些行为中感受到自己处在一个自由空间之中，他通过这些行为来确定自己在这个空间中的位置和行动方式，并充分体会自己在这个空间中的自由。

当幼儿有了这些表现时，就说明他的空间敏感期正健康发展，那么成人的应对就要理性一些。

（一）不因物品被乱丢而心生怒气

在这个敏感期里，幼儿好像"扫荡"一样的表现会非常明显，他可能会将能看到、摸到的东西都扔出去感受一下，乒乒乱响不说，东西还可能会被扔的满地都是，原本整洁干净的环境，很快就会变得一团乱。

有些成人会误解幼儿的这种乱扔东西的表现，要么就认为他是"在捣乱"，要么就觉得他是"在发脾气"，错误的理解就会引发错误的处理方式，如果此时训斥幼儿"你怎么这么调皮"或者告诉他"乱丢东西的都是坏孩子"，不一定能让幼儿安静下来。有的教师因此而心生怒气，脾气也变得暴躁起来，这种状态会让幼儿感到害怕。

既然幼儿都要经历这个阶段，那么教师就要学会正确的处理，面对一室狼藉，也要努力保持冷静，只要没有将环境变得不可收拾甚至危险重重，就要让幼儿有探索的自由。还要多准备一些不容易被弄坏的东西，收好玻璃杯、削尖的铅笔、细小的颗粒等易碎、尖锐、不好打理的东西，让幼儿可以放心地运动自己的手臂，通过丢东西来感受空间。当心情转换之后，教师也许就能从教育的角度出发来看待幼儿的行为了。

（二）信任幼儿对空间的自我衡量

在幼儿爬高或者钻来钻去的时候，最让人担心的就是他的安全，生怕他一个不小心摔伤造成严重后果。从情理上来讲，这个担忧是没问题的，但是从幼儿生长发育的特点来看，这个担忧有时候可能反倒成了幼儿正常发育的障碍。

这是因为，处在空间敏感期的幼儿，对于空间是有自己的衡量的，他的大脑会根据身体经验来帮助他作出正确的判断与决定。比如，幼儿想要从高处向下跳，那么他会先确定即将挑战的这个空间是不是可以向下跳的，而当他确定自己能够"驾驭"某个空间时，他才会行动起来，并真的能安全地跳下来。而当他已经可以完全把握某个空间的高度之后，他才会适度提升高度。幼儿并不是完全鲁莽行事的，本能的自我保护也会帮助他避免一些危险。

所以在空间探索期，幼儿往往是可以把握自己所探索的那个空间的，这种把握能力越强，证明幼儿对这个世界的探索能力越强。不过，有时候成人可能会阻止幼儿的各种从高跳低的行为，就算不阻止，也会想办法帮忙，可实际上，擅自帮忙并不利于幼儿对空间的探索。

案例 3-18

一个孩子在爬一个高凳子，也许是爬的位置没掌握好，一只脚上去了，但另一只脚怎么也找不到落脚点，就这么抬着，两只小手死死抓着凳子边缘，一只脚虽然踩上去了，但并不稳固。

看着孩子就这么吊着，旁边的一位老师于心不忍，走上前伸出了手，给孩子做了一个支点，孩子空着的那只脚踩着她的手攀上了高凳。但另一位老师看到之后却摇了摇头，说这位帮忙的老师帮了倒忙。

之所以说这位老师帮了倒忙，是因为她的帮助将可能让幼儿产生错觉。幼儿的探索全靠自己的感觉，他对空间的体会来自自己的经验，如果这一次他的爬高探索得到了他人的一只手的帮助，那么他得到的经验就是"当爬不上去的时候一定会有人过来帮助"，但是下一次他再爬高，却很可能没有另一只手来帮助了，这无疑会增加他受伤的危险，而且也会让他对空间产生误判。

事实上，幼儿对空间的探索不仅考验他自己的探索能力，也同样考验养育者和教师的观察、理解与信任能力。在幼儿探索的过程中，成人不能过多干涉，幼儿会在探索的过程中自己去考虑安全以及其他问题，并努力自己去解决，这样的经历更有利于幼儿对自己能力的判断。

当然，对于一些真的只是好奇而想要去挑战的幼儿，教师也要及时发现并阻止，要意识到幼儿也是有好奇心和想要挑战的心理的，尤其是一些非常调皮的幼儿，避免他们因为过高估计自己而出现危险，也是教师需要格外注意的。

（三）为幼儿提供合适的感受空间的场所

幼儿的探索虽然是自由的，但生活中的危险却是无处不在的，所以给幼儿提供一个更适合感受空间的场所，满足他的所有需求，可以帮他更为安全有效地度过这个敏感期。

比如，当幼儿旋转时，因为平衡感、协调性都还处在发育中，转一会儿便可能因为眩晕而跌跌撞撞。为了保证他的安全，就要给幼儿清理出一个更宽广的空间，或者干脆带他到宽阔空间去旋转，让幼儿能顺利释放自己这股精力，更自由地去探索与感受。

还比如，幼儿喜欢攀高，除了可以爬高的台子、凳子之外，给他布置一个相对较柔软的地面环境，即便是不小心摔下来，也可以减少伤害的严重程度。

在幼儿进行这一切探索的时候，教师要给他充分的自由，但也一定要做好监护，在一旁默默地关注，并随时注意处理可能出现的问题，以免有其他意外发生。

三、幼儿感受细小空间

案例 3-19

午睡之后，妈妈给了染染一盒酸奶。但是染染喝酸奶的过程却有些"漫长"，她将吸管反复地从酸奶盒上的小孔插进去、拔出来，有时候把吸管插进去喝两口，有时候则是去吸吸管上残留的酸奶，就这样反复几次，她的手上、身上还有酸奶盒外面都沾上了被吸管带出来的酸奶。

可是染染乐此不疲，她有时候用吸管喝几口，有时候把吸管拔出来之后，去吸留在吸管内的一小点酸奶，反反复复，按照时间计算这么一小盒酸奶早就应该喝完了，但染染还是认真地插着吸管。

不过，妈妈倒是没有过多理会，任由染染以这个插来插去的状态花了40多分钟才将一小盒酸奶喝完，然后又看着她一脸满足地自己去洗了手。

空间敏感期带给幼儿的快乐是无穷的，对带孔的东西感兴趣，并且喜欢插孔游戏，也是这一时期的一大特点，所以这时的幼儿会出现插锁孔、抠各种小洞、把东西塞进小洞等一系列的行为。也正是在这样的过程中，幼儿体验到与大空间截然不同的小空间所带来的乐趣。

幼儿的这些行为正表明他的手已经具备了足够的灵活性，不管是插孔、抠小洞，还是把东西塞进小洞里，幼儿的动作能力以及手眼协调能力都在这个过程得到了提升，他的手部肌肉也得到了锻炼,这种对小洞、小事物关注的表现,无疑也对幼儿的专注力发展大有益处。

当幼儿出现这样的一些行为之后,教师也同样要做一个安静的欣赏者,分享他的兴奋与满足。不过在这个过程中也要顺势引导幼儿不要做错事,比如,有的幼儿会用手指去抠插座上的小孔,这是非常危险的,阻止他的同时,也要给他简单讲解这个小孔的作用以及可能带来的危险。

对于可能造成危险的东西要收好,同时也要给幼儿提供足够安全的可以插孔的用具。要注意防范幼儿将手指伸进不容易拔出的物品之中,比如孔洞较小的螺母、太细的瓶口、不容易被破坏的带孔洞的物品等,除了收好这些物品,也要将幼儿带离存在这种隐患的地方,像是墙角、幼儿可能够到的墙面、桌面等地方,一定要提前检查好,消灭这些会给幼儿带来"无法拔出手指"的危险的小孔洞。可以给幼儿准备一些带有孔洞的安全玩具和用具,满足他插孔的需求,同时也要给他讲清楚某些孔洞的作用,比如锁孔用来开门,如果只顾着玩乐而堵死了锁孔,门也就打不开了。

通过这种既保证自由,又增长知识,还有所限定的方式,来让幼儿从这些小孔洞中去建立更完善的空间概念,体会更多的空间乐趣。

四、幼儿对隐蔽空间的探索

空间敏感期中,幼儿会发现空间有一个很明显的特性,那就是不同的空间可以容纳不同的个体,包括他自己,也是可以被某些空间"装"进去的。他也会发现,可以装下他的空间有大有小,不管是屋子还是大盒子,他都能把自己"装"进去,这样的发现给他带来了新的乐趣。自此,幼儿爱上了一种新的游戏——捉迷藏。

案例 3-20

中午吃饭的时候,老师发现少了3个孩子,紧张寻找一番,终于在上午收快递后留下的几个大纸箱子里找到了他们。看到老师发现了自己的藏身地,3个孩子嘿嘿地笑了起来,说:"老师找到我们啦!"老师笑了笑,温和而坚定地对3个孩子说:"下次想玩捉迷藏的游戏,提前告诉老师,我很乐意和你们一起玩。不过,现在我们要去吃饭了,吃饱之后再玩吧。"3个孩子嘻嘻地笑着赶紧从纸箱子里跳了出来。

幼儿对捉迷藏这个游戏向来乐此不疲,即便是已经相当熟悉的地方,即便每次他都藏在固定的地方,他也永远都玩不腻,更不要说当他发现大号纸箱子(如图3-12所示)居然也可以捉迷藏的喜悦了。

这时候的幼儿致力于寻找一切可以把自己装进去的空间,而且为了满足自己的乐趣,他会什么招呼都不打地直接开始游戏,因此这时候的幼儿会经常"突然消失"。

从敏感期的角度来看,幼儿通过捉迷藏这种游戏,来实现探寻隐秘空间的目的。为了寻找更加隐蔽的空间,幼儿便要积极调动观察能力,以保证将自己隐藏起来。而在玩耍过程中,幼儿也可以学会辨识方向,获得各种方向概念。

▲ 图3-12　幼儿把自己装进纸箱子[1]

躲猫猫游戏[2]

不同文化环境下的人都喜欢玩躲猫猫游戏，并且游戏程序都一样。在所有玩躲猫猫游戏的文化（包括希腊、印度、伊朗、俄罗斯、巴西、韩国、南非和马来群岛诸国）中，妈妈或其他照料者的重新出现都会让孩子感到愉悦。夸张的表情动作和抑扬顿挫的语调都是该游戏的标志。婴儿的乐趣来自游戏的直接感官刺激，迷人的表情和声音会强化孩子的兴趣，尤其是当大人使用高声调的语气时。

这个游戏有几个重要目的。精神分析学家认为，它能够帮助婴儿在妈妈离开时控制焦虑情绪。认知心理学家将其看作婴儿了解客体永久性这一发展概念的有效方式。它还能够起到社交规范的作用，帮助婴儿学习控制谈话的技巧，例如谈话要交替进行。它还能够帮助婴儿练习集中注意力——而这一点是学习的先决条件。

随着婴儿预测未来事件的认知能力的发展，这个游戏便有了新的意义。在3—5个月大时，婴儿会随着成人的脸进入和离开视线而微笑或大笑，这说明，婴儿发展出了对将要发生的事件进行预测的能力。在5—8个月期间，当成人的声音出现时，婴

---

[1] 图片提供：湖南张家界童星幼儿园。
[2] （美）帕帕拉（Papalia, D.E.），奥尔兹（Olds, S.W.），费尔德曼（Feldman, R.D.).孩子的世界——从婴儿期到青春期（11版）[M].郝嘉佳等，译.北京：人民邮电出版社，2013：226—227.

儿会通过视线和微笑表现出对成人即将出现的期望。到1岁大时，婴儿已不仅仅是这个游戏的观察者了，而是经常发起游戏，殷切希望成人陪他一起玩。现在，换成了成人对婴儿的肢体或声音提示作出反应，如果成人没有表现出想玩的意愿，孩子可能会一直坚持下去。

为了让婴儿能够更好地学习躲猫猫或其他游戏，父母常常会使用一些道具。在蒙特利尔大学进行的一项长达18个月的纵向研究中，用录像记录25位妈妈利用玩具娃娃做道具与孩子玩躲猫猫游戏的过程。随着婴儿年龄和技能的变化，道具的数量和种类也随之变化。研究发现，当孩子6个月大时，妈妈常常需要先设法吸引他们的注意力以开始游戏；但随着时间的推移，这种行为变得越来越少。在孩子6个月大时，成人需要进行频繁的示范（演示躲猫猫游戏以鼓励孩子去模仿），而到孩子12个月大时就不怎么需要了，因为那时候他们已经能够理解简单的口头语言，有了更多的直接语言指导（如"把娃娃藏起来"）。游戏中间接的语言提示（"娃娃哪儿去了？"）常被用来指导下一步，并被一直使用下去。从第9个月开始，强化作用（对孩子的表现表示满意，例如孩子盖住玩具娃娃的时候提示说"躲猫猫"）就持续存在。在孩子24个月大的时候，道具的使用总数量出现了明显的下降，因为这时的孩子已经完全掌握了游戏。

不管是突然消失，还是想尽办法把自己藏起来，都是幼儿对空间的又一层领悟，而且从他乐此不疲的表现来看，幼儿此时最需要的是成人的配合。

所以此时不要责怪幼儿突然消失，对于幼儿来说，这也是他游戏的一部分，他根本就没有故意捣乱的意图，只是希望与他最亲近的成人能加入他正感兴趣的游戏中。而且，他也希望和他一起玩游戏的成人同样能感受到快乐。

教师应该理解幼儿的心理，也应该分享这份快乐，不要那么快地拆穿他的躲藏地，也不要不耐烦地以各种"很忙"的借口打发掉他的热情，将他带入自己认为的"正事"中去，安心地配合他就好，表现得费周折，在恰到好处的时间里找到他，这会让他很开心。但是，也要及时嘱咐幼儿，提醒他不要真的谁也不告诉就跑去玩捉迷藏，否则一旦陷入危险，真的会因为无人知晓而产生严重后果。要郑重提醒幼儿，玩耍之前一定要和老师说，如果是在家里，也要提前和家里的成人说，以免出现不必要的麻烦。

不过为了避免危险，教师倒不如主动出击，自行寻找大小不同的空间，与幼儿一起感受这种空间交替变化带来的乐趣。

案例 3-21

家里新换了两样电器，换下来的两个大纸箱子摆在客厅。爸爸突发奇想，招呼儿子过来，父子俩一人一只箱子坐了进去。很快，儿子通过比较发现，大箱子刚好能装得下爸爸，小箱子则能装得下自己，父子俩都钻进箱子里，面对面坐着笑。甚至连吃饭的时候，都要求去纸箱子里吃，爸爸满足了他的要求。

幼儿寻找各种大小不同的空间捉迷藏，柜子、桌子底下、箱子里，大大小小的空间里可能都会有他的身影，他这是在感受大小空间的交替。如果能为他提供同样的大小空间交替的感受机会，这将和捉迷藏带来的感受是相类似的。而且有了养育者和教师的加入，幼儿会更加安心地享受快乐。

五、游戏让幼儿充分感知空间

空间敏感期是一个自然发展的时期，幼儿在这个时期里会自发地去探索空间的秘密。如果此时成人能给他助力，也会对培养他的空间感大有好处。对于幼儿来说，游戏是他最喜欢的事情之一，所以在这个敏感时期，最好能为幼儿安排一些与培养空间感有关的游戏，让他尽情快乐地体会空间感。

（一）垒高——推倒游戏

如前所说，幼儿在垒高—推倒—再垒高—再推倒的过程中，会建立起三维空间感，这也是一种最典型的感知空间能力。通过这种积极主动的思维过程，幼儿的视觉、触觉、想象力、创造力都将得到发展，他的手、眼、脑的协调能力以及对肢体肌肉的控制能力也将同时得到锻炼。

给幼儿提供合适的游戏器具，比如积木或者其他不易损坏和不易伤人的器具，并提供合适的垒高推倒场所，让他尽情享受垒高再推倒的乐趣。

（二）你扔我捡游戏

这个游戏应对的是幼儿扔东西感受空间的行为，只是让幼儿随便乱扔并没有什么"技术含量"，倒不如将其发展成更有目的性的小游戏。你扔我捡这样的游戏，可以让幼儿们聚集在一起来玩，几个人之间扔来人去，就好像彼此传球一样，这也会增加游戏的乐趣。

而这种扔出去再捡回来的游戏也可以有变化，可以给幼儿一些"扔不掉"的玩具，比如弹力球，扔出去之后会自己弹回来，这无疑会让幼儿对空间感有新的体会和乐趣。也可以加入传统游戏"丢沙包"，培养幼儿空间感的同时，也让他的手眼脚的协调能力得到发展，更重要的是让他也能感受到传统游戏的乐趣。

（三）搭积木游戏

在空间感培养方面，积木无疑是一个非常好的道具。它可以让幼儿完成垒高——推倒的游戏，一块块积木搭起来再推倒，这是最好的工具；它也可以建造更多的建筑形象，幼儿会通过大大小小的积木得到更为直观的空间体会。

幼儿搭积木的时候（见图3-13）最不需要的就是他人的干涉，所以教师此时的任务就是在一旁观察与陪伴，适时给一些简单的提点就好。尤其是有时候几个幼儿可能会凑在一起，这无疑是促进幼儿合作、团结的好时机。教师也可以与幼儿合作，加入他们的游戏之中，和他们一样提出自己的意见，帮助他们。

（四）其他游戏

很多游戏都能带给幼儿空间感，比如蹦蹦床，在不断向高弹跳的过程中，幼儿会感受向高处飞跃的乐趣；还比如滑梯，从高向下快速滑下，这也是一种空间的变换；钻床单游戏，让幼儿钻进四面出口被封住的床单里，体会这种不一样的空间感受；翻滚游戏，准备好大垫子，让幼儿在其上做侧翻，适应之后可以让他连续翻滚，从一侧一直翻到另一侧，在把握垫子空间的同时，也训练出了幼儿的空间感和运动能力。

▲ 图3-13　一起搭积木[1]

第五节　模仿敏感期

对于人类来说，模仿几乎是一种天性，而在生命的最初几年，也就是婴幼儿时期，人也会出现模仿敏感期。在这个敏感期中，婴幼儿通过模仿周围成人的行为举动来获得进一步成长，这时候的模仿是其内心的需要，也是其学习的主要方式，更是其认知与智能发展的保证。

一、模仿敏感期理论

从心理学角度来讲，模仿就是依照别人的行为样式，自觉或不自觉地进行仿效，做出同样或类似的动作或行为的过程。模仿是人类生命的本能，靠着模仿，人类个体生命才得以延续并发展。

（一）新生儿的模仿

1. 早期模仿

从20世纪70年代开始，就陆续有研究者发现，出生不到7天的新生儿就已经可以模仿

---

[1] 图片提供：秀强教育集团徐州云龙区世纪城旗舰幼儿园。

成人的许多面部表情了，比如吐舌头、张嘴、闭嘴、撇嘴，以及高兴的表情。如图3-14所示，美国心理学家安德鲁·迈尔左夫（Andrew Meltzoff）在研究中发现，婴儿早在2周大时，就已经可以进行模仿了。

但也有其他研究者认为，3—4个月之后，婴儿的这种早期模仿行为消失，被后来的自主模仿所取代；也有人认为，婴儿早期的吐舌头张嘴是很常见的表情，只不过是其试着用嘴巴探索所看到的有意思的场景而已；还有人认为婴儿早期的这些可以传达意思的表情动作都是自主且模仿的反应。

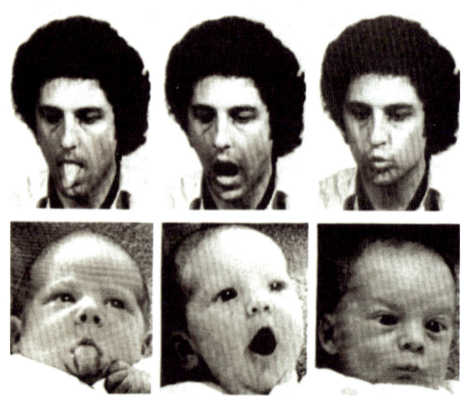

▲ 图3-14　出生到3周的婴儿模仿成人吐舌头、张嘴、撇嘴[1]

事实上，关于早期表情模仿能力的基础存在着诸多争议，但是新生儿的这种表现却有着非常重要的意义和作用，在养育者看来，新生儿给予的这些回应，无疑会激起养育者的爱心，这将为养育者与新生儿之间建立融洽亲子关系创造一个良好开端。[2]

2. 延迟模仿

所谓延迟模仿，是指在观察过被模仿者的行为之后，在未来某个时间再现这种行为的一种能力。这种对新鲜或复杂事物的延迟模仿能力在新生儿出生后的6—9个月开始显现，到

---

[1] Meltzoff.A.N., Moore, M.K.（1977）Imitation of Facial and Manual Gesture by Human Neonates.Science, New Series, Volume 198, Issue 4312（Oct.7, 1977）：75—78.

[2] （美）谢弗（Shaffer, D.R.）等.发展心理学：儿童与青少年（8版）[M].邹泓等，译.北京：中国轻工业出版社，2009：175.

了生命的第二年会有更为迅速的发展。仅仅6周大的新生儿就已经可以模仿成人所做的面部表情了,而当成人在新生儿面前做过一个动作之后,哪怕经历24小时再次出现在婴儿面前,即便什么表情都不做,婴儿也还是可以模仿出之前成人所做的面部表情。这表明从很小时候起,婴儿就已经具备了保持某一事件心理表征的能力。

科学家曾经做过一项研究,让14个月大的婴儿观察电视里被模仿对象的一些简单动作,有一半的婴儿在看过这些动作的24小时之后能将其模仿出来。在另一项实验中,研究者则让14个月大的婴儿观察真实生活里的被模仿对象所做的6个陌生的动作,在一周后的测查中研究者发现,几乎所有的婴儿都可以模仿出至少3个动作。

3. 诱发性模仿

在诱发性模仿实验中,研究者引导婴儿和学步期儿童模仿之前见过却从来没有做过的一系列动作,最初演示的时候,研究者也给出了简单的口头解释。一个月之后,尽管没有任何解释说明,也没有任何演示,但是参与实验的婴儿中,却有超过40%的9个月大的婴儿可以再现那些动作。

在幼儿1—2岁之间,诱发性模仿开始变得稳定。接近80%的13—20个月大的幼儿可以重复一种不熟悉的多步骤序列动作,而且这时候他们的动作就已经和一年后他们可以发挥的水平差不多了。[1]

(二)婴幼儿的模仿

成人的模仿带有很强的目的性,为了实现什么才会去模仿,而一旦模仿成功,就意味着做这件事的目的已经实现了,接下来成人可能就会有其他动作。但婴幼儿明显不同,比之新生儿单纯的本能来说,又有了一定的进步,这时期的模仿具有很鲜明的婴幼儿的特点。

1. 不断重复

婴幼儿的模仿是以不断重复为基础的,他会在某个时间段,反复地做同一件事,但他并不是以学会为目的,而是以享受为目的,什么时候他觉得自己的表现足够让自己感到开心了,他自然就会停下来。在成人眼中,幼儿反复重复同一件事,尤其是一件微不足道的事,这看上去很"无聊",而且可能会耽误成人所认为的"正事",没有足够的耐心等待的成人,可能会直接上去阻止,甚至强硬地命令幼儿停下手里的动作,不管是制止幼儿的重复,还是因为看不过去伸手帮忙,都会让幼儿感到难过和愤怒。

2. 坚持始终

在模仿这方面,幼儿有一个很好的特质,那就是他能自始至终坚持下来。比如,用吸管插酸奶盒子,当从成人那里模仿了应该如何才能喝到盒子里的酸奶之后,幼儿就会对这一整套动作开始进行模仿,从把吸管从塑料袋子里拿出来,到用吸管对准酸奶盒子上的小孔,再到插进去,有时候他可能会反复进行插孔的动作,有时候也会一口气喝完,不管怎样,幼儿都会好好地将这些动作全部做完,除非有其他外力干扰,否则他不会突然停下来,甚至即便有外力干扰,他也不愿意半途而废。幼儿对模仿的享受是完整的,一遍遍的重复也是快乐。

3. 观察学习

模仿是学习的一种重要形式,人在不同年龄阶段都会出现模仿现象,但是心理机制各不

---

[1] (美)帕帕拉(Papalia, D.E.),奥尔兹(Olds, S.W.),费尔德曼(Feldman, R.D.).孩子的世界——从婴儿期到青春期(11版)[M].郝嘉佳等,译.北京:人民邮电出版社,2013:224—225.

相同。在学习掌握语言和其他各种技能的过程中,模仿是主要的学习方式,在一些艺术学习的最初阶段,模仿也是很普遍的学习形式。

▲ 图3-15 班杜拉的社会认知模型[1]

(图中的箭头表示行为、认知和环境是如何联系在一起的。两者之间的关系是双向的而不是单向的。)

对于婴幼儿来说,由于他总是有意或无意地模仿他人的言行举止,所以在婴幼儿的社会学习过程中,模仿占有重要地位,也堪称是其学习的一种捷径。因为人经历从婴儿到幼儿的成长过程中,其自我意识、思想感情都会有所发展,这也就意味着幼儿在模仿的同时,也开始像成人那样,会对模仿的行为进行加工,会进行有自我特色的创新,将模仿的内容按照自己的认知记忆下来。借助模仿,幼儿可以快速而有效地学会更多身体、生活技能。

幼儿的这种表现,也属于观察学习的一种。所谓观察学习,就是个体仅在观察到他人的行为被强化或被惩罚后,才在后来或者做出类似行为,或者抑制该行为。从本质上来说,通过观察一个榜样,幼儿会思考自己的表现,如果自己能做到和榜样一样,就可能得到同样的强化物或者避免同样的惩罚。

关于这种观察学习(图3-15为班杜拉社会认知模型),美国心理学家阿尔伯特·班杜拉(Albert Bandura)曾经在实验室中做过一个经典的演示,他将两组儿童分成实验组和控制组,然后让一个成人榜样对一个大型塑料玩偶进行拳打脚踢,让实验组的儿童全程观看,而控制组的儿童避开了这个场景。之后,看过这个榜样的实验组儿童与没有看过这个榜样的控制组儿童相比,表现出了更为高频率的攻击性行为。后期的研究也表明,即便是以卡通人物作为榜样,同样会引发儿童的模仿。如图3-16所示。

4. 不分对错

对所有想要模仿的言行举动,幼儿并不加以分辨与判断,不管好与坏,不管是不是有意义的,只要是自己喜欢,对其颇为感兴趣,他就一定会去模仿。这种不分对错的模仿,也是幼儿模仿的重要特点。所以生活中成人会经常从幼儿口中听见一些不好的词、不好的句子,会经常看到幼儿的一些恼人表现,如果仔细辨认一下的话,幼儿的这些言行其实都是从周围成人身上学来的,都是他模仿而来的结果。

而令人感到不快的是,幼儿对错误言行的模仿以及巩固也似乎要强于对正确言行的模仿,这其实是与成人对幼儿模仿的结果的反馈不无关系的。幼儿模仿了正确的言行之后,成人无一例外的夸奖、温柔对待,很多幼儿早就对其习以为常。而一旦他模仿了不好的言行,

---

[1] (美)桑特洛克(Santrock, J.W.).儿童发展(11版)[M].桑标等,译.上海:上海人民出版社,2009:40.

▲ 图3-16 成人攻击性行为的榜样作用[1]

更多的成人采取变脸、训斥甚至严厉责骂的态度来应对，这对于幼儿来说是"崭新"的体验，通过模仿这些言行，成人居然有这样激烈的表现来应对，幼儿就仿佛发现了新的游戏。尤其是在一些极力想要吸引成人注意的幼儿身上，这种感受会让他觉得自己得逞了，于是他便更为变本加厉，学得更快也学得更多。

（三）发展与模仿

幼儿的模仿意味着他在发展，但显然，幼儿的模仿却又不是那么简单，他不会亦步亦趋、依样画葫芦，蒙台梭利认为，"一旦儿童开始进行模仿以后，他常常都会比榜样做得更好。他会把一切做得更加无懈可击和正确无误"。

1. 模仿的准备

在蒙台梭利看来，儿童起初并不想模仿，而是想形成模仿的能力；他们想把自己变成所憧憬的事物。这就说明，间接准备是极其重要的。自然赋予人类的不止是模仿的能力，还有改变自己的能力和变成榜样所象征之物的能力。[2]

在看到成人的表现时，幼儿不需要对方做到多么完美，他眼中看到的不过是一个模仿的目标，而对方的行为表现也只是刺激他进行模仿的一个动机。通过模仿，幼儿会发现自己获得了能力，自身有了变化，这便是成长。可见，模仿前的准备也是幼儿内心的一种成长变化。

2. 模仿的成功

幼儿眼中的模仿成功，与成人所认为的成功有所不同。成人认为的成功，一定是完整地模仿下来，不会出什么大错，最好是一点问题也没有，是一个完美复制，而幼儿的模仿往

---

[1] 图片引自http://mt.sohu.com/20161228/n477177691.shtml.
[2] （意）蒙台梭利（Maria Montessori）.蒙台梭利幼儿教育科学方法[M].任代文，译.北京：人民教育出版社，2001，483.

往会是反复的、不间断的，直到他满意为止，也就是他感觉自己模仿完了很愉悦，这才算成功。成人对这一点可能并不能够理解，所以有时候，成人就会对幼儿的反复模仿行为表现出异议。

案例 3-22

某早教中心的老师发现有一个1岁半的孩子正吃力地抱起一把小凳子，从房间的门口搬到房间中间的位置。那个凳子是木质的，很沉，但是这个孩子却不愿意任何人帮他，也有老师想要替他搬过去，但被他抱着凳子跟跄着扭身躲过了。孩子有些不耐烦，因为他想通过自己的努力来完成这件事，而不希望他人来替他或帮他去做。

后来，老师才发现，这个孩子其实是在模仿成人搬重物的样子，他也想要做到像成人所做到的那样，这与他有没有足够的能力无关，他渴望的是自己能完成这件事。

幼儿对成人的能力是带有一种渴望心理的，他希望自己也能做到成人做到的事情，而且为自己能独立完成这样的事情感到愉悦。在这个过程中，幼儿会感受自己的能力，通过一次次失败，来不断释放自己的能力，虽然也会有那种超出他能力范围的事情，但他也会选择不断尝试。

说到幼儿对成人的模仿，爬楼梯也可以算是幼儿模仿的一项内容。看到成人一个台阶一个台阶地向上走，幼儿原本就因为空间敏感期而对空间变化有兴趣，这时他更是对爬楼梯有着极大的热情。不过不同于成人将楼梯当成向上或向下的工具，带着要上去或下来的目的，幼儿爬楼梯是没有什么目的的，不过是看见成人可以这样上下，他也想要实现这样的一个动作，而且还能锻炼自己的腿脚，让自己适应不同高低的空间。所以，幼儿反复爬楼梯可能只是想要获得满足感，尤其是向上爬的时候，经历这样一个过程，幼儿内心会觉得很愉悦。

由此看来，幼儿模仿的成功与否，并不是成人的标准能判断的。而且一旦幼儿开始模仿，他便表现得专注而执着，而他模仿的结果也往往会比榜样的表现还要好，这可能也是很多成人所预料不到的。

(四) 模仿敏感期

模仿敏感期始于新生儿期，从刚出生时起，人的模仿历程就展开了。从最初的模仿成人的表情、动作，到后来的模仿成人言行，在这个过程中，他形成了自我意识，开始模仿成人的行为甚至是社会性行为，再长大一些，他还可以将这些行为协调起来，进行系列模仿，甚至就连思想都可能模仿过来。

处在模仿敏感期的幼儿就好像是一部真实记录周遭各种榜样行为的录像机，身边成人的好的、坏的言行举动，都能在他身上再现或者找到影子。而且，他也几乎是随时开启"模仿模式"，说不准什么时候他就已经把看到眼里、听在耳里的事情学了去，即便不在当下表现出来，也会在未来表现出来。幼儿的很多言行，其实都可以从成人这里找到端倪。这是模仿敏感期的特点，也是教师应该关注的重点。

二、应对模仿敏感期实践

幼儿的模仿敏感期，从某种程度上来讲也算是成人的自我审查与自我约束时期，否则一不小心，成人就有可能成为幼儿身边的坏榜样。所以应该如何应对敏感期，是需要养育者和教师深入思考的。

（一）规范好自身

作为榜样的人的自身表现如何，将会直接影响幼儿的表现，若想要幼儿顺利度过模仿敏感期而不会学到不好的言行，作为榜样的成人首先就要规范自己的言行。就如苏联教育家马卡连科所说："不要以为只有你们在同儿童谈话、教训他、命令他时才是教育，他们生活的每时每刻，甚至连你们不在场的时候，也是在教育儿童……"成人的生活深深影响甚至左右着儿童的生活，因为幼儿时刻都在模仿成人（如图3-17所示）。对于这一点，所有与幼儿有关系的成人，都应该站在镜子前以正自身，给幼儿树立正向的榜样。

1. 改掉自身陋习

每个人成长过程中都可能会有各种各样的习惯，有好的习惯，当然也会有不好的习惯。尤其是一些坏习惯，也许平时自己感觉不出来，可能都不知道是什么时候养成的，自己并不觉得有什么不妥当，但当幼儿经过模仿再表现出来时，周围人就能有所察觉了，幼儿的不良表现也相当于继承了这个坏习惯，如果任其发展下去，影响的将会是幼儿的未来。

▲ 图3-17　幼儿对成人的模仿[1]

要纠正幼儿的问题，就应该从他所模仿的对象——成人身上找原因。作为思想成熟的成人，在意识到自己身上是有问题的时候，就要尽快在内心建立起正确的道德原则标准，以正确的言行举动标准来衡量自我，对于那些存在不合理或错误的地方尽早改正。

---

[1]　图片提供：秀强教育集团徐州云龙区世纪城旗舰幼儿园。

尤其是当在幼儿身上发现那些源于自身的问题时，要先纠正自身，然后再去教育幼儿。而且，要尽量以正确、正常的表现出现在幼儿面前，尽可能保证给幼儿树立好榜样。不仅是养育者需要做到这一点，教师更应该注意到这一点，因为教师面对的是更多的幼儿，教师对幼儿的影响力也更为巨大，所以教师应该更细致地注意自身的表现，不辜负幼儿的崇拜与期待。

2. 保证始终如一

成人对待幼儿应该用最真诚的态度，要讲究诚实守信，讲究认真负责。有些成人对幼儿会有想要逗弄的心理，不经意间就使用上了欺骗、夸大、随便应付等手段，看到幼儿哭闹反倒会让他们觉得开心。殊不知，对待幼儿最应该诚恳，否则幼儿也将因此而学会虚与委蛇。

幼儿是简单而直接的，他要从成人身上学到什么是对的什么是错的，所以成人就要始终如一地向他展示真正的对错。成人只有自己能做到始终如一，将好习惯贯彻到底，才能保证幼儿在任何时候都能看到榜样正面的表现。

教师在这方面显得更加责任重大，因为承担着教育引导幼儿的重任，又处在为幼儿定性的关键时期，所以在将那些好的习惯、好的言行教给幼儿之前，教师自己应该先做一个不管什么时候都经得起考验的好榜样。

举例子说，如果教师教幼儿诵读《弟子规》《朱子治家格言》这样的蒙学经典内容，那么教师自己就要先做到这些规矩，平时生活中在幼儿面前自然地表现出来。这样一来，幼儿就能意识到书上讲的和生活中表现的是一致的，他也会更愿意按照教师所说的去做，并能尽快跟着教师培养出好习惯。而且教师一如既往，不管什么时候都能在他面前有良好表现，这无疑也会促使幼儿更愿意养成好习惯以更接近他所崇拜的榜样。

3. 做到两方协同

规范自身虽然是一个自主自助的行为，但教师也要意识到，幼儿成长的主要环境还是在家庭之中，不能说在教育机构中接受了良好的教育，回家却又被颠覆了教育，要保证家庭在教育方面的统一。

因此教师要与养育者做好沟通，做到两方协同，要在某些原则问题上保持一致的态度，对于正确的表现要有统一的认知，对于错误的表现也要有同样的处理态度。教师应该多与养育者进行沟通，了解家庭中的教育情况，并及时反馈早教机构中的教育情况，经常交换幼儿在不同地方的表现，以更好地培养幼儿的良好行为习惯。

（二）有条件干涉

幼儿的模仿是一种自发且主动的行为，不管他模仿了什么，都不存在故意、存心等行为。这时候的幼儿没有那么明确的对错原则，道德建设在他内心还没有完全实现，所以他的模仿就只是觉得好玩而已，因此他模仿的言行举动是对还是错，教师内心清楚就好。如果幼儿学了错误的表现，不要立刻就对他严厉指责，最明智的应对就是不闻不问，在表面维持一个冷静沉着的态度，等着幼儿的新鲜劲头过去。当幼儿发现他的模仿没有任何人回应，他自然也就会放弃模仿了。

当然，在适当的时机下，也要用浅显的道理给幼儿讲清楚，哪些行为是错误的，哪些表现是不值得提倡的，让幼儿能逐渐从内心意识到对错，从而减少这种错误模仿的出现。

但同时，教师也要积极树立各种正面形象，用潜移默化的方式对幼儿予以恰当且积极的暗示，让他接触更多正确的榜样，在不知不觉中减少错误榜样所带来的影响。

另外，也不要刻意让幼儿去模仿，或者强迫幼儿必须模仿正向榜样，一定要让幼儿产生自发想要模仿的心理才行。否则,刻意的强迫模仿,会使幼儿因为缺乏心理准备、缺乏认知与理解能力而导致效果不佳。

(三)充分利用好榜样

大量实验与事实证明,对正面榜样的观察将有助于促进幼儿的亲社会行为,教师要充分利用那些好的榜样,可以这样来做:

1. 将榜样与生活相结合,幼儿的学习都是从生活中来的,为其塑造更生动、更贴近生活的榜样形象,会更容易激发其模仿榜样的渴求。选取那些与幼儿的心智、生活、环境相贴近的榜样,最好让榜样真实可信,这才能促使幼儿从心理上接受、认可榜样,从而产生出想要模仿的想法,并催生模仿的力量。

2. 用情景故事的形式将榜样事迹呈现出来,让幼儿能更清晰地认知和把握榜样的具体行为,概括出榜样的一般共同性,给幼儿更明确的模仿途径。

3. 帮助幼儿将自我表现与榜样进行选择性对照,使其能意识到自己需要模仿学习的内容,促使幼儿将榜样当成自律的力量。

4. 要树立目的明确的榜样力量,针对不同的目的,可以树立不同的榜样类型,从不同方面引发幼儿的模仿。

5. 对幼儿的进步要予以鼓励和赞赏,当其与榜样之间的距离有所拉近时,要肯定他的努力,加深榜样行为在他内心的印象,促使他更愿意亲近和学习榜样。

在利用榜样的时候,教师也要逐渐将"学习榜样的本质而非其外在表现"这样的道理穿插其中,要让幼儿的模仿变得越来越有意义,而不只是单纯地照猫画虎。要多给幼儿讲一讲榜样的力量,讲一讲他们为什么这样做,引发幼儿的思考,鼓励他们产生积极向上的心理。如果日常生活中有幼儿表现出了类似于榜样的行为,一定要及时予以肯定和鼓励,让幼儿能逐渐真切意识到怎样做才能从榜样身上有所收获。

(四)巧妙利用模仿游戏

案例 3-23

> 玩玩具的时候,老师发现2岁半的澜澜手里拿着一个长条的积木不停地四处点,点过的东西被他推在一边,那堆东西里有画笔、画书、积木、玩偶,真是应有尽有。老师好奇地问:"澜澜你在干什么?"澜澜一本正经地说:"结账。"
>
> 老师想了想,反应过来,澜澜在模仿超市收银员的行为,她手里的长条积木被当成了扫码机器。于是老师便说:"我们来玩超市买东西的游戏好不好?"澜澜很高兴,老师和其他几位小朋友扮演起了"顾客",从她这里买了好多东西,每次"顾客"要的东西,她也能基本准确地拿给对方,"扫"了很多"码",她的小脸上满足得很。

通过游戏来继续模仿的行为,会让幼儿从中感受到模仿所带来的快乐,尤其是当养育者或教师参与其中时,幼儿会感受到鼓励。在这个过程中,幼儿将会对他所模仿的行为有更深刻的感受与认识,这无疑也是对幼儿的智力开发颇为有益的。

所以对于幼儿的任何一种模仿,周围人都应该予以关注,并及时察觉他模仿的内容,适时将他的模仿行为演变成他更感兴趣的游戏,给予恰当的鼓励与引导,让幼儿对身边的生活有更深一层的了解。

第六节　自我意识敏感期

幼儿未来将会成为怎样的人，他是不是具备强大的力量，是不是能独立自主地有担当，是不是能有尊严、有理智、有智慧地与周围人相处，这些都是成人关心的问题。要保证幼儿未来能有一个良好发展，幼儿首先要能认识到自我，他会经历一个非常关键的敏感期——自我意识敏感期。可以说，这一敏感期是幼儿敏感期中最重要的一个阶段，自我意识的良好发展，将会保证幼儿未来具备强大的人格。

一、自我意识敏感期理论

新生儿是没有自我的，他的成长本身就是一个自我建构的过程，从诞生开始到不再依赖母体生存，可以断乳自食，再到学会行走、自我表达，然后开始凡事自我独立……这是每一个人在人生最初两三年都要经历的成长过程，而就在这个过程中，人的自我意识开始萌芽，并逐渐形成。要具体了解自我意识，首先就要认识一下"意识"。

（一）什么是意识

清醒时的意识通常包括那个时刻的知觉、思维、情感、表象和愿望——一个人正集中注意的所有的心理活动。人可以意识到自己正在做的事情，也能意识到自己"正在做"这个事实。有时，也会有意识地认识到他人正在对自己做的事情进行观察、评价和反应。自我感正是从这种隐秘的"内部"出发通过观察自己的经验而产生的。这些不同的心理活动构成了"意识"，也就是在特定时刻一个人有意识地觉知到的所有经验。

意识的三个不同水平包括：

第一，基本水平，即对内部和外部世界的觉知，也就是对正在知觉的和可知觉的信息进行反应的觉知。

第二，中间水平，就是对自己所觉知的一个反映。这一阶段里，意识依赖于将人自身从真实客体和现在的事件的局限中解脱出来的符号知识。这时人可以思考和操作并不在眼前的客体，可以将其想象成新的样子，也可以使用其回忆过去或计划将来。

第三，高级水平，人对于自己作为一个有意识的、会思考的个体的觉知。事实上，意识的高级水平就是自我觉知，认识（或觉知）个人经历的时间具有自传的特征。自我觉知将会赋予人一种个人历史感和认同感。到了这个水平，如果一个人体验了一个相当有序的、可预测的世界，那么这个人逐渐地就可以自己预期它，这种预期将会使人具备一种可以选择目前最好的行动并计划将来的能力。[1]

（二）意识的功能

人类为什么需要意识？它使人类增加了怎样的经验？事实上，意识对人类生存和社会功

---

[1] （美）格里格（Gerrig, R.J.），津巴多（Zimbardo, P.G.）.心理学与生活（16版）[M].王垒、王甦等，译.北京：人民邮电出版社，2003：136.

能都具有重要的作用。

当面临感觉信息负荷过大的情况时，意识可以通过3种方式来帮助人体适应环境。首先，意识会限制人体所能察觉到及注意到的范围内的信息输入量，将那些与此时此刻要实现的目标和目的无关的内容统统过滤掉；其次，意识会选择性地存储个人想要的分析、解释并对将来可以起作用的刺激；最后，意识会让人根据过去的知识以及对不同后果的想象来组织、思考不同的方案，这一计划或执行控制的功能可以帮助人类，压抑那些与道德、伦理和实践要求冲突的强烈愿望。显然意识赋予了人类极大的潜能，可以对生活中多变的需求给出灵活适当的反应。

意识的另一个功能是，可以对现实的个人和文化进行建构。这个世界上不会有两个人用绝对相同的方式来解释同一种情境，这是因为一个人对现实的个人建构是基于自己的一般知识、个人过去的经验记忆、当前的需要、价值、信念和将来目标对当前情境的独特解释形成的。每个人对现实的个人建构都是从独特的输入信息选择中形成的，所以会更为关注环境中的某些特定的刺激。当对现实的个人建构可以保持稳定时，一个人的自我感便有了连续性。

同一文化中的人们可以分享同样的经验，所以也经常具有相似的现实建构。现实的文化建构是由一组特定人群的多数成员所分享的思考世界的方式。当社会中的一个成员发展了一种与文化建构相适应的现实的个人建构，它就会被文化所肯定，文化建构同时也就被肯定了。这种对现实的意识建构的相互肯定被称为共识效度。[1]

(三) 自我意识

自我意识是个体自身心理、生理和社会功能状态的知觉和主观评价[2]，也就是指主体对其自身的意识，具体包含人在实践中自己对自己、自己对自然、自己对他人、自己对社会等关系的意识活动。只有人类才有自我意识，且自我意识也是人类意识的最高形式。只要是正常的人，都能意识到自己的存在、自己同别人的关系，以及当时自己所处的情境、当时所体验的情感，并对自己下达各种各样的指令，扮演适合自己的各种不同社会角色，并且保持与之相适应的行为举止，这一切都是建立在自我意识的基础之上的。[3]

作为意识的一种形式，自我意识的发生、发展，是个性形成的重要组成部分。自我意识是一种特殊的认知过程，一般来说，人的认识过程是主体对客体的反映过程，自我意识则是主体对自己的反映过程。主体自身就是认识的客体，"自我"既是反映者又是被反映者。自我意识是对自我的反映，有认知、个人情感、意志活动的参与，可以具体表现为对自己的认识、态度和行为的调节。[4]

自我或自我意识是儿童社会化的组成部分，是衡量个性成熟水平的标志，是整合、统一个性各个部分的核心力量，也是推动个性发展的内部外因。[5]

(四) 自我意识敏感期

1岁以内的婴儿，会觉得自己与他人是一体的，所以并不具有自我意识。待到两三岁时，

---

[1] (美)格里格 (Gerrig, R.J.), 津巴多 (Zimbardo, P.G.). 心理学与生活 (16版)[M]. 王垒、王甦等, 译. 北京：人民邮电出版社，2003：139.
[2] 张春兴. 张氏心理学辞典[M]. 台北：台北东华书局，1989.
[3] 官旭华, 石淑华. 儿童自我意识[J]. 中国社会医学杂志，2001，18 (1)：13.
[4] 陈帼眉, 冯晓霞, 庞丽娟. 学前儿童发展心理学[M]. 北京：北京师范大学出版社，2013：278.
[5] 秦金亮. 早期儿童发展导论[M]. 北京：北京师范大学出版社，2014：347.

已经进入幼儿期的生命便进入了社会性发展的敏感期,这也就是幼儿认识自我、构建自我的关键时期。

▲ 图3-18 婴儿照镜子[1]

在自我意识敏感期里,幼儿将逐步学会使用"我"、"你"、"他"等代词,此时他身上出现最多的现象就是将各种东西都划分为"我的",并通过大量使用"不"的表达来增强自我意识的感觉,对于不符合他心意的事情,他会大哭大闹,这个时候的他就是时刻都想要以自我为中心,可实际上这恰好就是他在进行自我分离、发现自我。

此时的幼儿不会像以前那样顺从,多数情况下都不会很认真地执行成人给出的指令,他开始坚守自己的信念,凡事都要求以自己刚开始形成的主意来进行,哪怕这种违抗会带来不好的结果,他也并不愿意轻易妥协。

不过这个时期并不会一直持续下去,如果幼儿可以顺利度过这个形成自我的自然过程,一段时间之后,他自然也就告别了这种以自我为中心的状态。

二、幼儿自我意识的确立

一个生命的成长是神奇的,很多时候,周围人都没有注意到,在他的身上就已经出现了不可思议的变化。幼儿从什么时候开始意识到自我的?

1970年,美国心理学家戈登·盖洛普(Gordon Gallup)提出了一个镜子测试,这是一个

---

[1] 图片引自http://www.sznews.com/home/content/2016-03/17/content_12916236.htm。

自我认知能力的测试，原本这个测试基于动物是否具有辨别自己在镜中的能力而完成，但在研究过程中，许多研究者开始思考，"儿童在什么时候会认识到镜中的影像是他们自己呢"，为了弄清楚这个问题，研究者们对婴幼儿进行了"点红实验"，即在幼儿不知情的情况下，在他们的鼻子上点一个红点，然后让他们照镜子。

研究者阿姆斯特丹（Amsterdam）、刘易斯（Lewis）等人分别进行了点红实验，刘易斯还借用了阿姆斯特丹的研究并增加了观看录像和相片的方法来对婴幼儿的自我意识做进一步的实验研究。实验结果显示虽然6个月大的婴儿便已经会伸手去够或摸镜子中的成像了，但是直到15—18个月大时，他才会对照镜子中的人像去摸自己鼻子上的红点。显然直到这个时候，幼儿才能意识到"镜子中的那个人是我，我鼻子上怎么有一个红点呢？"然而，即便通过了这个实验，也并不意味着幼儿此时已经获得了自我感觉，他还需要获得包含时间成分的客观自我的概念，这样他才能将自己看作是从过去到现在再到将来的连续存在体。[1]

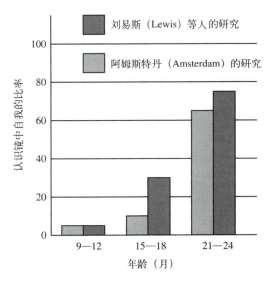

▲ 图3-19 婴儿期自我再认的发展[2]

上图显示了两项研究的结果，不同年龄的婴儿通过触摸、擦拭或言语指称脸上的红点再认自己。可见，自我再认知在婴儿1.5岁时开始广泛出现。

早期儿童自我发生实验[3]

刘易斯与其同事借用了阿姆斯特丹的点红实验的镜像研究，另外还利用观看

---

[1] （美）格里格（Gerrig, R.J.），津巴多（Zimbardo, P.G.）.心理学与生活（16版）[M].王垒、王甦等，译.北京：人民邮电出版社，2003：141.
[2] （美）桑特洛克（Santrock, J.W.）.儿童发展（11版）[M].桑标等，译.上海：上海人民出版社，2009：323.
[3] 秦金亮.早期儿童发展导论[M].北京：北京师范大学出版社，2014：348—349.

录像和相片的方法对婴儿的自我意识做进一步的实验研究，以探讨儿童自我的发生过程。

他们选取了9—24个月的儿童作为实验对象，实验分为三个阶段。实验的第一阶段是"点红实验"。研究者在婴儿未察觉的情况下给婴儿鼻子上涂上红点，观察婴儿在镜子前看到自己形象时的反应。实验结果是只有25%的儿童立即用手去摸或擦自己的鼻子。可是24个月的儿童中，有88%会立即用手去摸自己的鼻子。

第二阶段的实验是让儿童观看特制的录像：在第一部录像里，被试婴儿就在当时所在的环境，这时一个人走进屋；第二部录像的内容是该儿童一星期前正在玩玩具，此时有一个人正在走进屋的情景；第三部录像则是另外一个儿童在玩，有一个人正走进屋子。结果发现，9—15个月的婴儿能够很快从第一种录像中认出自己，并转头向门口看，次数多于后面两种情境。在对第二种情境和第三种情境的婴儿反应情况的比较下，发现只有15个月以上的婴儿才能区分这两种情境，说明婴儿已经能够区别自我与他人的形象，对自我的认识逐渐清晰。

第三阶段的相片实验中，研究者向被试婴儿提供了许多相片，包括婴儿自己的和其他婴儿的照片。15—18个月的婴儿，当听到叫自己的名字时，能够指出自己的照片，并看着照片对它微笑。

（一）自我意识的觉醒

随着成长，婴儿会有一个重要认知成就，那就是产生客体永久性概念。当产生这个概念之后，他就可以认识到一个重要的事实——自己经历过的事物即使离开了视线，即便他目前摸不到、看不着了，但是那些事物也是依然存在的，这就使得他的自我即认知的主体与客观世界能够区别开来，而这正是婴儿产生自我意识的重要前提。

两岁左右，幼儿便已经建立起了自我认知，可以认为自己是区别于其他人和物体的独立个体。在看到包括自己的照片在内的不同人的照片时，幼儿会更多地对着自己的照片笑。大多数的幼儿也会叫出自己的名字，或者用可以指代自己的人称来称呼自己。

（二）自我意识的增强

幼儿增强自我意识的一个重要表现，就是说"不"，他用不断地唱反调来加强这种自我感觉。因为他发现，他可以用"不"来拒绝成人，而不是一定要听从，而他表达出来的反对或否定，还可能改变他要做的事情的结局。比如，如果他拒绝洗手，那么一旦成人妥协，他就真的可以不去洗手。这种体验对于幼儿来说是一种飞跃式的变化，全新的经历让他逐渐意识到，自己可以用反对这种行为来让自己不再"受制"于成人之下。

在这个时段里，幼儿会经常无理由地就做出抗拒和拒绝的行为，尤其是对养育者，他更是经常唱反调。就算是养育者所要求的事是正确的，幼儿也会毫不犹豫地拒绝。幼儿的这种状态，与之前乖巧可爱听话的样子判若两人，很多养育者会因此而变得不耐烦甚至愤怒起来。对这个时期的幼儿，是需要有应对的智慧与策略的。

案例 3-24

两岁多的小男孩和爸爸一起出去散步，但是刚走出门，小男孩就强烈要求坐自家的汽车出去，自己一步也不想走，但爸爸很果断地拒绝了。小男孩当即唱起了反调，爸爸要走路，小男孩坚决不要。爸爸说"要"，小男孩一定会说"不要"，"要"与"不要"的声音反复交替。忽然爸爸说了一句"不要"，小男孩当然是要反着干的，于是毫不犹豫地说了"要"，爸爸立刻接道："好吧，我们走路去，不坐车了。"话已经说出口，小男孩尽管无奈，但还是乖乖地跟着爸爸向前走去。

这时的幼儿坚定地坚持着自我的信念，他需要的是获得成人的尊重，所以成人如果能有智慧地避开可能到来的尖锐冲突，尊重幼儿的意愿，反而要比严厉训斥这种强硬的手段更容易引导他重回乖巧，让他可以自然而然地放弃抵抗。不管是养育者还是教师，此时都应该避免强迫幼儿去做事，要能理解他，体谅他想要意识自我，想要确定自我的心情。

其他一些有智慧的方法也可以试一试。比如，想要让幼儿做的事情，不要提前问他的意愿，而是直接带他去做，这会让他无法拒绝，在无意识中接受成人的安排。

当然，这并不意味着成人要一直强硬地决定幼儿所有要做的事情，有时候有的幼儿会格外坚持，成人也可以适当退让一步。比如，到了吃饭时间，却坚决不要吃饭，非要继续玩玩具，那就让一步，允许他再玩一会儿，等他饿了自然也就乖乖要吃了。

要应对自我意识敏感期的幼儿，教师应该多了解一些幼儿的心理，同时和他建立起良好的师生关系，多一些亲密的互动，也多给他一些安全感。越是能亲密相处，越能更好地体会幼儿的心理，也就越容易找到应对其抵抗的方法。

表3-2 应对"可怕的两岁"[1]

行　　为	表　现　内　容
灵活	了解儿童成长的自然规律与特殊喜好
设定安全边界	将自己看成是安全港湾，儿童可以向外探索，也可以回归寻求帮助
创造安全的场所	为儿童准备便于安全探索的不易破坏的物品
避免身体惩罚	这种惩罚是无效的，且会导致儿童因为逆反而出现更多破坏
提供选择	即便很小的选择，也能给儿童一些可以控制自我的感觉
保持要求一致性	在实施一些必要的要求时，一定要保持前后及所有人的一致
不要轻易打断	除非是完全不必要的活动，不要轻易打断，等儿童自己转移注意力

---

[1]（美）帕帕拉（Papalia, D.E.），奥尔兹（Olds, S.W.），费尔德曼（Feldman, R.D.）.孩子的世界——从婴儿期到青春期（11版）[M].郝嘉佳等，译.北京：人民邮电出版社，2013：281.

(续表)

行　　为	表　现　内　容
打断前要有预警	如果必须要打断，也要预先给儿童警示
转移讨厌行为	儿童的行为逐渐变得令人讨厌时，可以建议他改做其他活动
以建议取代要求	微笑着或给出拥抱地提建议，不用强硬要求批判、威胁、约束儿童
用愉悦活动提要求	将要求与愉悦的活动相连，比如，玩耍结束了，可以去吃点心了
明确自己的期望	向儿童明确提出自己的期望，加深他的印象
延迟重复	当儿童没有立刻遵从期望或要求时，等几分钟再重复一遍
用暂停终止争端	不要和儿童争吵，暂停一切行动，摆脱争端
压力时减少期望	因为大事而给儿童带来压力时，减少对儿童自我控制的期望
"做"要多过"不做"	多提正向指示，让儿童去做，少说"不要"
保持积极氛围	让儿童能提起兴趣来想要合作

表3-2提到了可以帮助学步期儿童的父母阻止其叛逆，鼓励发展社会可以接受的行为。这些行为对于教师来说也是很好的参考。

三、幼儿自我的发现和诞生

(一)自我概念的形成

自我概念，就是儿童对用来描述自己是谁的所有的特征、能力、态度和价值观的总认识，是关于自己的一组概念，是描述性的，它不同于自我评价。作为人格结构的一个重要组成部分，自我概念只有经过自我价值系统审定后，自觉选择并纳入自我概念结构的信念和行为，才能真正转化为个性品质。

幼儿的自我概念刚刚开始形成，这个时期开始对自我认识打基础，在幼儿身上，自我概念具有这样几个特征：

1. 非常具体

幼儿对自我的描述通常都是可观察到的特征，比如外貌长相、身体胖瘦、自己拥有的东西、衣着打扮和日常的行为表现。

2. 与自己的所有物连在一起

"这是我的××"，类似于这样的说法总会经常出现在这一时期的幼儿口中，这代表幼儿想要划清自己与他人的界限，与自私无关。

案例 3-25

佑佑想要玩利利手边放着的玩具，但利利却不愿意，迅速地把放在一旁的玩具抓在自己的手里说："这是我的。"佑佑也很执着，便一直看着利利的玩具。

老师发现了这个情况，过来问利利："能把你的玩具给佑佑玩一会儿吗？"

利利摇摇头，说："不能，这是我的玩具。"

可是说这话的时候，利利已经在玩另外一个玩具了，老师说："现在你在玩别的玩具，这个玩具闲着，所以把这个玩具给佑佑玩一会儿好吗？"

"不好。"利利依旧拒绝，并很坚定地说，"这是我的玩具。"

老师也只好作罢，转头对佑佑说："我们去找找看还有什么其他玩具吧。"

看起来很自私的表现，但却是幼儿此时的正常反应，通过确立物品的拥有权，他要确定自己与他人是不同的，当某样物品可以完完全全属于幼儿时，他对"我"的存在感才会更真切。

3. 可以用独特的情感与态度来描述自己

幼儿慢慢开始理解自己独特的心理特征，会说"玩这个游戏我很开心"、"我喜欢××"这样的话。同时，幼儿也能意识到自己的自我控制能力，偶尔也会有"我没插队"、"我把它重新摆好了"这样的表达。不过，此时的幼儿还不能用词汇来概括表述自己的个性特征，也不能描述自己的脾性。[1]

在幼儿身上，自我概念的形成必须经过三个发展阶段：

第一，认识自我。通过自主探索求知，幼儿逐渐知道自己喜欢什么、可以做什么、不能做什么，意识到自己与他人的不同，这就是建立自我概念的第一步。

第二，关注他人的评价。尤其是在进入幼儿园等早教机构之后，幼儿每天要接触很多的人，互动中便会自然关注他人的批评、赞扬，他会逐渐注意自己的特点并不断调整自己的思想与言行来符合众人的需要。

第三，自我认定。通过价值意识与自尊自爱的交织作用，幼儿开始凸显个性，拥有自己的主见，知道对自己有利的待人处事方式，认同自己的特点，找到自己的发展方向，为其自身的人格发展奠定了基础。[2]

（二）自我意识情绪的发展

两岁到三岁这段时间里，幼儿会开始出现像尴尬、羞愧、内疚、嫉妒、骄傲这样的情绪或更复杂的情绪，因为这些情绪会妨碍或促进个体的自我意识发展，因此也经常被称为是自我意识情绪。只有当幼儿可以从镜子里或者照片上认出自己时，才能出现尴尬这样的最简单的自我意识情绪，这也是幼儿自我参照发展的一个重要标志；而羞愧、内疚、骄傲这样的自我评价情绪，则需要幼儿能够理解评价自己行为的规则和标准之后才可能出现[3]。

（三）自尊的发展

随着成长，幼儿不仅可以越来越好地理解自己，可以建构更为复杂的自我描述，渐渐地他们也可以开始评价被感知到的自身的品质。这种自我评价就是自尊。幼儿对自己及自己能力的评价是自我最重要的方面，这种评价可以影响到幼儿行为的所有其他方面甚至是他们的心理健康。

---

[1] 秦金亮.早期儿童发展导论[M].北京：北京师范大学出版社，2014，251—252.
[2] （新加坡）陈禾.教养智能：0—6岁孩子的教养策略[M].杭州：浙江少年儿童出版社，2016：147—148.
[3] （美）谢弗（Shaffer, D.R.）.社会性与人格发展[M].陈会昌等，译.北京：人民邮电出版社，2012：118.

自尊的结构建立在孩子获得信息和组织这些信息的能力的基础上。[1]

自尊是自我概念的核心组成部分，幼儿的自尊刚刚开始形成，其基础就是对自己各方面能力的判断。最开始，幼儿都是通过别人对自己的评价来认识自己的，他人的评价也将直接影响幼儿对自己的判断，比如，如果一直给幼儿贴一个"你很笨"的标签，那么时间久了，他就会直接认为自己就是很笨的人。那么与之相反的，那些获得成功机会较多的幼儿，将会获得更多来自他人的奖励，自我感觉也会更为良好，自尊水平也就较高。

其实从出生后不久，婴儿的自尊心便已经开始发展了，到了两岁左右，他就已经能意识到当自己做的好或者取得一定成就时，会吸引成人的注意力。每次成功完成一项任务之后，很多幼儿都会说"妈妈你看"或者"老师你看"，用这样的话语来提醒周围人注意他的行为，这种强烈的想要获得他人认可的心情，其实就是幼儿自尊心的一种体现。当然，如果此时他遭遇了失败，也会皱眉或者眼神闪躲，还可能会跑开，这些都说明他并不愿意接受失败或者不好的结果，这些行为的驱使者也是他的自尊心。

不过，幼儿在最开始往往会高估自己的能力，所以他的任务完成度在很多时候并不算好，但这并不是坏事，幼儿在不断的尝试过程中，会不断积累越来越多的经验，掌握越来越多的技能。而事实上，幼儿自己也会意识到自己正在长大这样一个事实，他知道自己将学到越来越多的东西，也知道失败并不是永久的，这次不行下次没准儿就会成功。这个过程同时也是幼儿自尊心成长的过程，成人应该尊重幼儿的成长规律，不要经常给他提供超出其知识经验水平的较难的任务，否则这种注定的失败会打击幼儿的积极性，如果经常性因为这样的任务而无法体会到成功，幼儿的自尊心势必会受到伤害。

（四）自我控制

自我控制，就是对优势反应的抑制和对劣势反应的唤起的能力。所谓优势反应，就是对儿童具有直接、即时的吸引力的事物或活动所引起的，想要获得该事物或参加某种活动的冲动[2]。

很多研究发现，在出生后第二年，婴儿就已经出现自我控制的表现了，他会意识到自己是独立于外部世界的，具有自主性的行为，可以制造一些预期中的结果。有研究也发现，通过抿嘴和皱眉来控制自己的悲伤与愤怒，是婴儿最早表现出来的自我控制。但是对于两岁之前的婴幼儿来说，自我控制的能力是有限的，3岁之后，其自我控制行为才会明显增加。

1. 早期发展

美国发展心理学家克莱尔·考普(Claire Kopp)认为，儿童自我调节和自我控制的早期发展要经历五个重要的阶段（直观展示详见表3-3）：

第一阶段，神经生理调节阶段，儿童的生理机制保护其免受过强刺激的伤害。

第二阶段，知觉运动调节阶段，儿童可以从事一些自发动作行为，并根据环境变化来对行为进行调节。

第三阶段，外部控制阶段，此时儿童可以控制自己的行为符合其他控制者的命令，其行为中的有意成分增强，行为逐渐具有目标导向性。

第四阶段，自我控制阶段，两岁左右，儿童的自我控制能力开始发展起来。

第五阶段，自我调节阶段，此时儿童获得关于自我同一性和连续性的认识，开始将自己

---

[1] （美）贝克（Laura E.Berk）.儿童发展（5版）[M].吴颖，译.南京：江苏教育出版社，2002：621.

[2] 桑标.当代儿童发展心理学[M].上海：上海教育出版社，2006：396.

的行为与照看者的要求联结起来[1]。

表3-3 科普儿童自我调节和自我控制的早期发展[2]

发展形式	特征	出现的年龄	中介变量
控制与系统组织	唤醒状态，早期活动的激活调节	从母亲怀孕期到婴儿3个月	神经生理的成熟、父母间的交往、儿童的生活常规
依从	对成人警告性信号的反应	9—12个月	对社会行为的偏向、母子交往的质量
冲动控制	自我的发生、行为与语言间的平衡	2岁	成熟因素（如言语的发生）、照看者对儿童需要与情感的敏感性、降低压力措施的采用
自我控制	社会品质的内化、动作抑制	2岁时儿童对成人的要求进行反应，3—4岁时利用外部言语进行自动调节，6岁时转换为内部言语的调节	社会互动与交流、言语的发展及指导作用
自我调节	采用偶然性规则来引导行为而不顾及环境的压力	3岁	认知过程、社会背景因素

2. 延迟满足

案例 3-26

20世纪60年代，美国斯坦福大学心理学教授沃尔特·米歇尔（Walter Michelle）设计了一个关于"延迟满足"的实验（见图3-20）。在斯坦福大学校园里的一间幼儿园中，研究人员找来10名孩子，让他们每个人单独待在一个只有一张桌子和一把椅子的小房间中，并在桌子上的托盘中放上棉花糖。

研究人员告诉这些孩子，他们可以马上吃掉棉花糖，但如果能等到研究人员回来时再吃，就可以再得到一颗棉花糖作为奖励。他们也可以按响桌子上的铃，研究人员听到铃声就会很快回来。

实验过程很艰难，有的孩子甚至没有按铃就把糖吃掉了，还有的盯着棉花糖，半分钟

---

[1] 秦金亮.早期儿童发展导论[M].北京：北京师范大学出版社，2014：354.
[2] Kopp, C.B. The antecedents of self-regulations: A developmental perspective. Developmental Psychology, 1982, 18（2）：199-214.

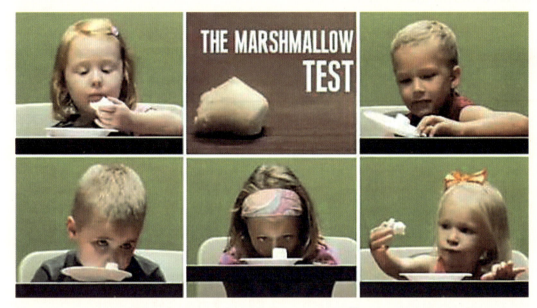

▲ 图3-20　接受实验的孩子们[1]

之后就按了铃。为了抵御棉花糖的诱惑，孩子们有各种小动作，捂眼睛、背转身体、踢桌子、拉辫子，甚至是用手去打棉花糖。

最终，大约有三分之一的孩子成功延迟了自己对棉花糖的欲望，等到研究人员回来，他们果然获得了奖励，而这个等待的时间则差不多有15分钟。

这些孩子上高中之后，米歇尔对他们的父母、老师发出了针对学习成绩、处理问题能力、与同学关系等方面的调查问卷。结果显示，当年那些马上按铃的孩子不管是在家还是在学校，都更容易出现行为上的问题，成绩分数也比较低。他们一般都难以面对压力、注意力不集中，也很难维持与他人的友谊。而那些可以等上15分钟再吃糖的孩子，在学习成绩上要比不能等待的孩子平均高出210分。

"延迟满足"是幼儿能够做到自我控制的重要表现之一，是能反映幼儿在面临种种诱惑时，能否控制自己的即时冲动以获得更有价值的长远结果，放弃即时满足的抉择取向，以及在等待中所展示出来的自我控制能力。可以说，延迟满足是幼儿自我控制的核心成分，也是最重要的技能。能做到延迟满足，是幼儿从幼稚走向成熟、从依赖走向独立的重要标志。

延迟满足能力发展不足，幼儿的自我控制能力就会差，未来发展便会更容易出现不良行为习惯，比如作业不能按时完成、上课时小动作多、放学后贪玩不回家、贪睡赖床、推卸责任；还容易出现性格急躁、缺乏耐心等表现，也更容易出现心理问题；社交中会容易羞怯、退缩、固执、优柔寡断，遇到挫折也会更容易心烦意乱，压力面前很快就会被压垮。相反，延迟满足能力强，幼儿就能更容易发展出较强的社会竞争力和自信心，有较高的学习工作效率，能更好地应付生活中的挫折、压力与困难，可以更坚定地抵御诱惑，能够实现更长远、更有价值的目标。

---

[1] 图片引自http://www.360doc.com/content/16/1102/09/9427464_603311528.shtml。

幼儿的自我控制能力虽然有一定的先天因素，比如有的孩子天生就能力比较强等，但它也是逐步发展的，也是可以训练的。可以从短时的"不回应"开始做起，之后根据幼儿的接受能力逐渐推迟回应时间。

延迟满足是一种自律行为，对幼儿的锻炼可以通过"他律"来进行。两三岁的幼儿其注意力很容易转移，在他无法获得即时满足时，用其他玩具或更有趣的事情来转移他的注意力，可以实现延迟满足的效果。等他再长大一些，就可以对他的自律能力进行有意识的训练和监督，坚持一个"有求不立即应"的原则，让他的延迟满足能力得到培养和锻炼。

这个过程中，养育者和教师应该给予足够的鼓励，以让幼儿获得继续坚持的动力。当然，两三岁的幼儿如果不能做到这一点，也没必要勉强，循序渐进地展开培养就好。

四、幼儿的占有欲

一个正常的幼儿对各种各样的事物都产生兴趣，他通过占有物品来确认自我。但是当幼儿处在自我意识敏感期时，他的占有欲会格外强烈，甚至演化为偷东西与撒谎。要更详细地了解占有欲，就要先了解占有欲的具体含义。

（一）幼儿的占有欲

《辞海》上对"占有"的定义是"人对物的事实上的控制"，从某种意义上来讲，几乎人人都有占有欲，看见自己喜欢的东西、感兴趣的东西，就会忍不住想要占为己有。只不过，有的人是通过公平竞争、合理渠道来获取自己想要的东西，而有的人则采取了强取豪夺、非法途径来掠夺。正常而健康的占有欲，体现了人对事物或他人的珍惜与维护；而扭曲的占有欲则可能会破坏所抢占的事物，或者破坏人际关系，不仅给他人带来伤害，对自己也同样会有伤害。

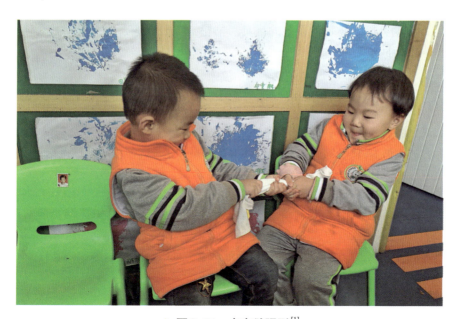

▲ 图3-21 占有欲强烈[1]

---

[1] 图片提供：湖南张家界童星幼儿园。

但这些表现都是成人的占有欲，或者是跳出幼儿敏感期之后的成长道路上会出现的占有欲的表现。对于幼儿来说，尤其是处在自我意识敏感期的幼儿，他这时的占有欲与成人不同。这时候的占有欲，可以解释为"对他人的所有物产生想要拥有的欲望，并通过行动将其占为己有"（如图3-21所示）。但是他的这种想法与行为与道德无关，这只是他处在自我意识敏感期的一种表现而已，通过占有某样物品来实现自我。

而且，幼儿的占有欲往往也并不能持久，他只是"渴望"占有一样事物，可是一旦得到了它，他又可能并不会好好待它，也许要不了多久就会毁坏或者丢弃，甚至可能刚到手就又不想要了。不过随着这个敏感期的过去，以及年龄的增长、阅历的增加，儿童也会慢慢地产生正常的占有欲，这也就是占有欲的进化。

用蒙台梭利的观点来说就是，"对于一个正常儿童来讲，他可以任意对各种各样的事情感兴趣。这就导致他不是将注意力集中到事物本身，而是集中到从中派生出来的知识。由此他的占有欲经历了一个转化"[1]。幼儿最初的兴趣点，可能是某样没见过的东西，但慢慢长大后，他的兴趣点就会转化为这样东西的某项特征。比如，就拿一块手表来说，幼儿一开始会因为从来没见过这样一个新鲜的事物而好奇，当玩过一会儿之后，他对这块手表的新鲜感已经过去了，也就扔在一边不再理会了；而再大一些的儿童却不然，他对手表的关注点也许就会转移到里面的构造是什么样的，为什么三根小针会转圈跑。

幼儿占有欲是不断发展的，"如果占有的热望被一种智力兴趣所支配，我们可以说它已提高到一个新的水平，并且这将会引导儿童继续向求知方向发展。在这种更高的兴趣中，不存在什么占有欲，而只存在着求知的渴望、热爱和奉献"[2]。

（二）占有欲的表现

这时候的幼儿会想要占有许多东西，尤其是那些被他确定为是"我的"东西，在家里他可能会将很多确定为自己所有的东西划入自己的"保护圈"内，"我的杯子"、"我的苹果"、"我的衣服"、"我的枕头"，所有这些都有唯一专属权，任何人想要当着他的面拿走、抢走都是不可行的；在幼儿园，凡是他看上的玩具、书籍，哪怕是别人的，他也更愿意占为己有，甚至将这些东西带回家。

案例 3-27

洗衣服之前，妈妈照例翻翻所有衣服的兜，以免有东西遗漏。结果，她从端端口袋里摸出了两块拼插积木，便问端端这是哪来的，端端说："邻居阿姨给的。"这是很明显的撒谎，邻居阿姨不可能这样做。

对这个回答，妈妈皱了皱眉头，但没有批评他，故意说："哦？可是妈妈记得在幼儿园也看到过这样的积木呀？"端端想也没想地立刻就答道："对的，就是幼儿园里的积木，我带回家了。"

妈妈再详细一问，知道端端是趁着老师没注意，自己偷偷把积木拿回来的，便蹲下来

---

[1] （意）蒙台梭利（Maria Montessori）.蒙台梭利幼儿教育科学方法[M].任代文，译.北京：人民教育出版社，2001：543.
[2] （意）蒙台梭利（Maria Montessori）.蒙台梭利幼儿教育科学方法[M].任代文，译.北京：人民教育出版社，2001：544.

说道："幼儿园里的积木和其他玩具，是属于所有小朋友的。"说完，又指了指家里桌子上的积木继续说："这个，才是端端的。这两个多出来的积木，明天我们送它们回家好不好？"

端端看了看自己家里的积木，过去拿起来攥在手里，这才点了点头说："明天，让它们回家。"

在这一时间段，幼儿的好奇、独占心理会颇为强盛，"不打招呼"便拿走某样东西的情况便也屡屡发生，而且这时的他也会因为自尊而意识到偷是不好的，是会受到指责的，所以他会用撒谎来遮掩。

可见，这时候的幼儿是一个奇怪的"综合体"，他一方面会因为"只要我喜欢，就是我的"的想法而毫无顾忌地去"偷东西"，另一方面却也会因为不想被惩罚或说教而说谎。

（三）应对占有欲

因为这时候的幼儿可能会有偷窃与说谎的行为，成人很容易会站在道德制高点来对幼儿进行教育，但不管是说他自私，还是说他霸道，或者是批评甚至训斥他偷窃与撒谎，这显然都是不合理的。这时候幼儿的行为与道德品行没有一点关系，敏感期促使他通过占有来确认自我，所以，成人也要从这个角度来帮助他顺利度过敏感期。

1. 不要给幼儿贴道德标签

自私、霸道、小偷、撒谎等用词，都是从道德角度出发的批评之词，幼儿其实也并不了解这些行为的真正含义，如果成人随意说出这样的话，很容易会给幼儿贴上标签，而他对这些不好的词汇也会记忆深刻，他会将这些词与自己的行为进行不算准确的对应，并由此将自己的行为定义，这样的记忆与感受并不利于幼儿健康心理的发育。

此时应该平静对待，告诉幼儿他拿的东西不是自己的，不可以随便拿，其他的话就不必要多说了，尤其是指责他偷窃这样的话，更不要随口便来。用一个平静的语气告诉幼儿，他刚刚做的那件事是不对的，是需要改正的，让他明白这个事实才是重要的。至于幼儿的撒谎行为，教师也要意识到这并不是他学坏的表现，维护他的自尊心，提醒他实话实说更有意义才能防止他养成坏习惯。

2. 从侧面引导幼儿的思想

与其等着幼儿已经有了偷拿的习惯之后再去扭转习惯，不如在他最开始出现这种行为时，就引导他意识到这种行为是错误的，让他能控制自己并减少偷拿的行为。教师可以从日常生活入手，不断地提醒他"你不喜欢自己的东西被别人拿，那么别人也一样不喜欢。如果没有经过别人同意就拿走别人的东西，这是不对的"。经常反复地提醒，会让幼儿有一个习惯记忆。

而对于幼儿已经拿了别人东西的行为，成人也要让他明白道理，鼓励他主动归还，但不要强迫。当幼儿能够归还他人物品时，也要及时给予肯定，在他内心固化正确行为，他自然也会养成好习惯。

3. 不过分干预幼儿的争抢

因为占有欲的原因，幼儿会与他人出现争抢行为，抢夺一切他看上的东西。有的养育者或教师在面对这种争抢时，总会擅自插入，替幼儿决定物品的归属权，且态度强硬。这其实是不正确的，幼儿的争抢并没有主观上的恶意，也许上一秒还在争抢，而下一秒就又亲密无间了，而且此时的幼儿并没有他人物品归属权这个意识，所以看见自己喜欢的就会去抢。

幼儿之间的争抢，最好由他们自己去解决，成人不要参与其中，既不能主观训斥，也不能擅自支招儿左右幼儿的决定。可以在平时或事情过后提醒幼儿，不能随便抢他人的东西，如果想要玩，可以和对方商量好，长期向幼儿传递这种正向行为，会在其内心建立起自我约束机制，这种内在秩序就会帮助幼儿建立起道德和精神上的自律。

另外，对于被抢走了东西的幼儿，也要及时给予精神上的支持，因为此时的幼儿内心会产生害怕、无助、不知所措的情绪，如果长时间经历这样的事情，产生这样的情绪，会让幼儿变得胆小，以后即便有理，他可能也不敢再争了。所以此时教师要支持他，也要给他一些交往的建议和帮助，教他渡过人际交往的难关，让他的心灵变得强大起来，提升处理矛盾的能力。

4. 不强制幼儿分享

在这个敏感期中，因为占有欲的原因，很多幼儿是拒绝分享的，但这也同样不是因为他自私，只是他对物品的归属权正好在探索期，自我意识也刚好萌芽。所以要给幼儿足够的自主权，让他有权利处理他自己的物品，同时也要鼓励他以物换物，但对于他交换回来的东西不要妄加评论，尤其是他用昂贵的物品换来了便宜的物品时，要尊重他的选择。其实幼儿此时体验的是交换的快乐，他感受的也是获得的快乐，所以成人应该提醒他学会不后悔，学会妥善保管自己的和他人的物品。

5. 提醒养育者不要对幼儿过分照顾

虽然绝大多数幼儿的占有欲来自他本能的自我意识，但不能否认的是，养育者过于放纵的态度也会在无形中放大幼儿私自占有的欲望，将原本只是出自本能的反应，变成一种有意的、想要将一切都据为己有的贪念。

教师要给养育者一些诚恳的提醒，让他们不要溺爱幼儿，不要给予他过分的照顾，不要纵容他对周围事物尤其是原本不属于他的事物的贪念。养育者的态度会影响幼儿的判断，尊重他的敏感期，但同时也要培养他正确的做人原则。

思考题

1. 列举秩序敏感期幼儿的行为特点与心理特点，思考如何应对处于这一敏感期幼儿的各种行为。

2. 反思自己有没有纠正过幼儿的"审美"行为，说一说自己是如何看待幼儿审美发展的。

3. 在幼儿关注细小事物时应该怎样正确引导他们？

4. 请为处在空间敏感期和模仿敏感期的幼儿设想一个合理的场景布置，并说明这样布置的道理所在。

5. 阅读以下案例，思考之后的问题。

案例 3-28

一位妈妈在训斥自己的孩子，原来孩子拒绝让别的孩子摸自己的滑板车，而且还推搡了其他孩子。妈妈觉得自己的孩子太霸道，不懂事，便训斥他说"你不是个好孩子"，妈妈不停地给孩子讲道理，要求他要懂得分享，要求他不能太自私。但孩子明显不太理会妈妈，也不想按照妈妈说的去做，他依然死死霸着自己的滑板车，即便自己不玩，也绝对不允许别人碰一下。

（1）案例中的孩子此时可能正处在哪种敏感期？你觉得他的行为可以理解吗？为什么？

（2）对待如案例中那样不愿意分享的情况，你曾经有过什么不当的引导吗？如有，结果怎样？你认为不当引导与正确引导的效果可能会有怎样的区别？

（3）如果你有机会跟这位妈妈就该幼儿的行为进行沟通，你会怎么做？

 拓展阅读

1. 玛利亚·蒙台梭利著，马荣根译：《童年的秘密》，人民教育出版社，2005年版。

2. 约翰·W.桑特洛克著，桑标等译：《儿童发展》（第11版），上海人民出版社，2009年版。

3. 戴安娜·帕帕拉，萨莉·奥尔兹，露丝·费尔德曼著，郝嘉佳等译：《孩子的世界——从婴儿期到青春期》（第11版），人民邮电出版社，2013年版。

4. 秦金亮主编：《早期儿童发展导论》，北京师范大学出版社，2014年版。

5. 鲁鹏程：《抓住儿童敏感期，你的教育就对了》，机械工业出版社，2013年版。

6. 理查德·格里格，菲利普·津巴多著，王垒、王甦等译：《心理学与生活》（第16版），人民邮电出版社，2003年版。

7. 陈帼眉，冯晓霞，庞丽娟：《学前儿童发展心理学》，北京师范大学出版社，2013年版。

8. 林崇德主编：《发展心理学》（第2版），人民教育出版社，2009年版。

9. 鲍秀兰等：《0—3岁：儿童最佳的人生开端》，中国发展出版社，2006年版。

10. 玛利亚·蒙台梭利著，任代文译：《蒙台梭利幼儿教育科学方法》，人民教育出版社，2001年版。

11. 戴维·谢弗著，陈会昌等译：《社会性与人格发展》（第5版），人民邮电出版社，2012年版。

12. David R.Shaffer & Katherine Kipp著，邹泓等译：《发展心理学——儿童与青少年》（第8版），中国轻工业出版社，2011年版。

13. 劳拉·E.贝克著，吴颖译：《儿童发展》（第5版），江苏教育出版社，2002年版。

14. 桑标：《当代儿童发展心理学》，上海教育出版社，2006年版。

15. 陈禾：《教养智能：0—6岁孩子的教养策略》，浙江少年儿童出版社，2016年版。

16. 孙瑞雪：《捕捉儿童敏感期》，新蕾出版社，2004年版。

第四章 3岁+儿童敏感期

 学习目标

1. 了解3岁+学龄前期儿童会出现的各种敏感期。
2. 熟悉3岁+儿童的敏感期的特点。
3. 了解3岁+儿童的心理成长需求与特点。
4. 熟练掌握培养与引导3岁+儿童发展的教育方法。

 内容脉络

```
                    3岁+儿童敏感期

    儿童与世界的交流增加
    · 更关注自我
    · 开始关注周围的人            思考与拓展阅读
    · 对环境也产生更多要求

                                 积极应对儿童敏感期
    与世界交流中的各个敏感期       · 教师熟知此时期儿童的心理
    · 各个敏感期更富有成长特点     · 保护此时儿童的需求渴望，家园
    · 不同敏感期所体现的儿童需求     合力打造儿童需要的成长环境
    · 儿童更渴望完美成长
```

　　3岁+[1]的儿童绝大部分已经开始正式进入幼儿园，这时期的儿童会在幼儿园中度过绝大部分的时间，教师在发现与引导敏感期方面的责任变得更重。而且这一时期的儿童其思想发展及个人需求会更进一步，因此，如果了解、熟悉并妥善处理这一阶段敏感期的儿童生活，

---

[1] 本章"3岁+"所指的具体年龄为3—4岁，所涉及的儿童敏感期内容发生年龄一般不会超过4岁。

教师就能帮助儿童更好地进入学龄期。

第一节 执拗敏感期

在一般成人内心中,"听话"往往是衡量一个儿童是否是"好孩子"的重要标准。但在某些时期里,儿童总会表现得不够"听话",不仅如此,他还会有反抗,甚至更为固执己见的表现。学龄前的儿童会出现一个执拗敏感期,在这个敏感期里,儿童这种任性的"不听话"总会让成人头疼不已。

一、执拗敏感期理论

执拗敏感期堪称人生第一个反抗期,这一时期的儿童会显得相当难以管教与约束。因为这时的儿童年纪尚小,有些道理他并不明白,即便给他讲,可能也完全说不通,他希望所有事情都按照他所设想的去发展,这时的他会不断地挑战着成人的底线,不听话、对着干,他的种种行为会让很多成人气愤却又无奈。

执拗敏感期中,执拗是重要的表现与特点,所以在了解执拗敏感期之前,有必要先了解一下什么是执拗。

(一)执拗的定义

执拗,形容为人固执任性,很多时候相当坚持己见,听不进别人的意见。但执拗并不是一个贬义词,可看作中性词。

执拗意味着这个人一旦决定或选择了一条道路,就将不顾一切反对,坚持自我地走下去,直到实现自己的目标,或者满足了自己的心理需求为止。但是,执拗的结局也可能有两种截然相反的效果,一种是经历了坚持,最终真的实现了目的,但另一种就是盲目付出,却没有换来好的结果。

儿童的执拗往往也会换来两种结果:一种是他的执拗取得胜利,成人出于疼爱而妥协;另一种则是成人无视他的坚持,靠气势与命令打破了他的坚持。对于儿童来说,这两种结果都是利弊共存的。不过要如何让利更大而弊更小,则需要成人有智慧的判断与处理。接下来就需要了解一下,执拗敏感期到底是怎么一回事了。

(二)执拗敏感期

有一些幼儿早在1岁半左右时就已经会出现逆反、固执、任性等表现了,待到三四岁的时候,就到了执拗敏感期爆发的高峰期。进入执拗敏感期的儿童,比之前任何时候都要显得更加固执,"一切只遵循我自己的意愿"这种想法,成为这时儿童最为坚持的要求。

之所以会出现这样一个敏感期,是因为这时候的儿童内心开始出现自己的秩序,这也是他对秩序的固执与执着所导致的。自从经历了秩序敏感期,儿童就一直希望外界所有事情都能按照他自己内心的秩序来运行,他对外界已经有了自己的设想,如果外界的事情没有按照他的设想来发展,他就会变得很焦躁,用不讲理、哭闹来发泄自己的情绪。

▲ 图4-1 执拗的儿童[1]

在这个敏感期中，儿童的情绪变化会非常快，上一秒还高兴着，下一秒就会因为事情的走向脱离了他的预想而变脸（如图4-1所示）。儿童这种喜怒无常与蛮不讲理的表现，尤其是与之前的乖巧听话大为不同的表现，会让成人感到颇为不满。但是，成人此时不同的应对态度，也会给儿童的心理带来不同程度和不同效果的影响。如果成人态度强硬，且总是生气，那么儿童要么变得更执拗，要么变得畏畏缩缩；如果成人态度温和，且选择了有智慧的应对，儿童自然也就不会总是那么执拗，很多问题也就迎刃而解了。没有了那么多问题挡路，儿童的自我意识也就可以正常发展，这也会增加他内心的安全感。

执拗敏感期的出现是有一定意义的，这也是每个人都要经历的一个时期。进入这一敏感期，便意味着儿童的心理发展到了一个重要的阶段，在这个阶段里，儿童的独立意识被强烈地凸显了出来。执拗敏感期的存在，是与儿童心理的发育特点紧密相关的，是不能被忽略的，也不可强硬地将这个状态扳成成人所期待的"听话状态"，只有健康度过，才能保证儿童的进一步健康成长。

（三）儿童执拗的心理

有相当一部分成人无法接受儿童的执拗表现，事实上儿童的执拗并非坏事，在执拗敏感期出现反抗精神的儿童，更容易成为心理健康、自立、坚强的人。那些"执拗"的儿童，自我意识强、好胜心重，并有一定程度的韧性，如果成人善于发现与引导，将可能促使儿童身上这些积极因素发展为包括独立、自信、坚强等良好的个性心理品质。但如果非要去掉儿童这时候的"棱角"，那么执拗的儿童就会变得更加任性，反而促使了偏激固执、纠缠叛逆等不良性格的形成。[2]

---

[1] 图片提供：秀强教育集团徐州云龙区世纪城旗舰幼儿园。
[2] 李明铭.论孩子"执拗"的心理因素[C].第一届全国幼儿健康教育优秀成果评选暨学术交流研讨会论文集，2009：128.

对于这一点，很多成人可能并不理解，儿童的执拗，会表现为不听话，表现为事事都有自己的主意，且不管好坏，而且还会想反抗就反抗，这明显是越来越不听话的样子。对于教师而言，遇到执拗的幼儿并不是什么愉快的事情，如果班里有几个处于执拗敏感期的幼儿，很多教育活动的开展可能都会遇到阻碍，执拗的幼儿们会因为各种莫名其妙的事情而变得不开心，并因为某些事不符合自己的心意而闹得不可开交。

如果能理解儿童的这种心理，成人就可以换个角度来看待他们的执拗，理解他们想要成长的心理，理解他们自我意识的正常发展，这也将有助于成人开解自己的内心。教师也要用包容的心态来应对执拗的幼儿，采取以柔克刚的方式，多站在幼儿的角度去思考，自然也就能帮助他们发掘出好的品性，避免让他们被自己的执拗"逼迫"到叛逆的道路上。

二、幼儿的各种"不听话"表现

案例 4-1

妈妈跟老师讲了这样一件事，出差的爸爸打电话来，想要和孩子聊几句，但孩子直接拒绝，坚决地说"不说"，妈妈不管怎么哄他都不说，妈妈只能放弃，转头自顾和爸爸说起话来。但这时，孩子又不乐意了，在一旁大嚷着捣乱，妈妈说："你不能捣乱。"孩子又是响亮的一声："不，就捣乱。"

妈妈很头疼，觉得孩子最近不听话得厉害，便想要问问老师有什么好方法能让他听话。老师笑了笑说："他进入执拗敏感期了，您也应该换个角度来应对了。"

案例 4-2

炎热的夏季，一家人准备出发去海滩玩，准备出门的时候，孩子却一直坚持要穿着雪地靴去海滩。8月的天气里穿雪地靴，这绝对是不正常的，但是孩子却坚持认为穿着雪地靴很好看，一定要穿出去。爸爸妈妈的拒绝，让她开始哭闹起来。妈妈眼见不妙，便决定换一种应对方式，她同意了让孩子穿着雪地靴去沙滩。

孩子开心不已，但沙滩上都是光着脚的人群，孩子的雪地靴显得很格格不入，而且没过一会儿雪地靴就被海水打湿了，孩子也觉得脚热得全是汗。不用妈妈催促，她自己很快就脱下了雪地靴，交给妈妈说："太热了，以后再穿。"

在执拗敏感期这个特殊时期里，儿童会有各种不听话的表现，像案例中的两种情况很常见。除此之外，还有很多其他常见情况，比如，这时候的儿童会对洗手有一种本能的排斥，会故意拒绝洗手，如果被强硬要求，他就会用哭来抗议；他也会对成人的要求故意对着干，如果被阻止或者干涉，他也同样用哭闹来发泄。

3岁左右的儿童变得不听话了，这种突然而来的转变会让一直有"我家宝贝好乖"感觉的养育者们觉得难以接受。这种强烈的心理反差，会让很多养育者陷入教育的茫然之中，多数情况下，会为了恢复儿童原有的乖巧模样，要么直接使用强硬扭转的严肃态度，以震慑儿童实现让其听话的目的，要么就是频繁示好，以一种乞求的态度来期望儿童不再这么强硬蛮横不讲理。可是很多养育者也很快会发现，强硬和软化的态度都不能解决儿童的不听话，尽管有时候强硬的状态会让儿童服软，但从儿童的反应来看，多半都是"屈服"的状态，绝对不是心服口服。于是许多养育者就会因此而发出感慨：儿童开始不听话了，就很难好好教养了。

而实际上，儿童此时的反抗只是一种本能的排斥，他通过不合作以及反抗来证明"自我存在"，进而希望让"一切都按照我的想法发生"，这是他自我意志形成的过程，在这个过程中，虽然能力有限，但他依然希望自己能够做主，希望可以有属于自己的权利。

儿童的执拗敏感期到来时，不管身处何地，都会反抗意识强烈，教师也会有难以掌控的感觉，只有更有智慧地去处理，才能巧妙解决总被儿童的"不"所阻碍的问题。所以要应对儿童此时的"不听话"，教师要做到三点：

（一）理解儿童"不听话"的心理

案例 4-3

妈妈来幼儿园接湛湛回家，老师帮湛湛穿外套时却遇到了困难。原来湛湛手里拿着和别的小朋友换来的小汽车玩具，玩具从袖子里穿不过去，可湛湛却怎么都不愿意松手。

妈妈说："你把小汽车换到另一只手上，穿好袖子再拿回去。"但湛湛坚决拒绝，同时也因此拒绝穿外套。几分钟之后，妈妈没有了耐心，严肃地训道："怎么这么不听话？赶紧穿外套！"

妈妈的态度让湛湛也烦躁且痛苦起来，他手里死死攥着小汽车，坚决不松开，也坚决不穿衣服，妈妈软硬兼施也不管用。

这时，老师换了一种态度，她问湛湛："你想要拿着小汽车穿外套是吗？"湛湛点了点头，老师接着说："那这样吧，老师帮你拿着小汽车，就放在袖口的地方，等你手从袖子里穿出来，立刻就能拿到小汽车怎么样？"湛湛犹豫了一下，还是把手里的小汽车交给了老师，并迅速把手伸进了袖子里，当他的手从袖子里出来时，果然碰到了小汽车。湛湛的痛苦立刻不见了，高高兴兴地穿好外套，和妈妈一起离开了幼儿园。

儿童的思维与成人的思维并不一样，他可能简单而直接，所以这个拒绝穿外套的儿童，担心的只是如果小汽车离开了手是不是就立刻不见了而已，这其实也与他的秩序感有关。

儿童的心理活动都是有秩序的，同时他也期待外在世界能否按照这种秩序来运行，如果这种秩序受到了挑战甚至是破坏，他就会产生强烈的不安全感，为了维护秩序，他就会抗争，这也就是他此时所出现的执拗表现，他执拗地要求一切都回归到他内心的秩序中去。

秩序感，再加上他自我意识的发展，儿童比之前任何时候都更明确地意识到，自己是一个独立的存在，并希望自己的独立也获得他人的尊重。

教师理应成为理解儿童心理的人，不要强求儿童有与成人一样的理性和自我控制能力，要根据当下事情的发展来推测儿童的心理，通过交流来了解儿童的需求，多一些询问，少一些不管不顾的直接决定，拒绝硬碰硬式的解决方式，不要用教师的权威去压迫儿童。尊重儿童的合理需求，有智慧地去满足他的需求，只有自由的爱与真正的理解才可能缓解儿童的

"执拗"。

(二) 有智慧、有技巧地变通，以领会儿童的意思

从理论上来讲，成人与儿童之间，并不那么容易会做到彼此"心灵相通"，因为成人内心有很多的"约定俗成"，而儿童则刚好又在经历"新奇探索"时期，成人遵守习惯，儿童则想要猎奇，所以很多情况下，成人与儿童总会因为思想不一致，而产生冲突。而这时就要求更有阅历的成人来巧妙地运用智慧，并进行更有技巧的变通，以领会儿童本来的意图。

教师与儿童有更多的接触，所以应该更能体会儿童在不同事件上的各种表现和处理方式，以更贴近儿童的思考模式去思考。同时，教师也要巧妙运用自己的智慧，来让儿童接受自己的建议和做法。

案例 4-4

老师吩咐小朋友们洗手吃饭，但心心却坐在原地不动，老师走过来催促道："心心，去洗手了，一会儿吃饭。""不去。"心心很坚定地回答。老师又催促了两遍，但心心依然强硬地拒绝。

老师点了点头，直起身子说："好吧，不去就不去吧。"说完老师转身便要离开，心心惊讶地站起来问道："老师，我的手上有小虫子，我如果把虫子吃进肚子里肚子会疼啊。"

老师回身看着他，很肯定地说："对啊，可是你不去洗手啊，那怎么办呢？"

心心像是找到了台阶下，连忙说："那我擦擦手可以吗？"

老师这才找来消毒纸巾，很仔细地给心心把手擦干净，并表扬他说："想到这个方法很好啊，讲卫生也是好孩子的表现。"

有些事情不一定只有强硬的态度才能解决，当儿童执拗起来，强迫只会让他变得更加任性固执。所以可以像这位教师一样，如果能迂回一下，巧妙地绕开矛盾冲突点，使用非同寻常的方法也同样可以最终实现自己的目的，而且还不至于让儿童反感。

教师可以接触到更多的儿童，所以这是个便利条件，要抓住各种机会来揣摩儿童的心理，要多观察他们的日常生活，从他们的谈话、行为之中去体会他们的想法，这将有助于教师更好地理解儿童。

(三) 改变经常说"不"的习惯

案例 4-5

"小朋友们，我们收拾好玩具，准备出去做运动了。"老师这样吩咐孩子们。孩子们很快动了起来，但是有一个孩子依旧在认真地搭积木。

老师走过去说："我们要收起玩具了。"

这个孩子回应说："可是我还没有搭完。"

老师则说："不行，大家都在外面等着。"

"不！"孩子很强硬，"我一定要搭完它。"

老师不能不管外面的孩子，皱着眉催促道："你快一点，怎么这么不听话呢？你要是不去，

我们可就不等你了,接下来玩游戏也不带你了。"

孩子觉得进退两难,委屈极了,老师此时强硬地把他手中的玩具迅速收了起来,拽着他出了教室门。可是,孩子明显并不开心。

面对幼儿时,成人习惯说"不",在事情的发展不能按照自己设想或安排进行时,就会用"不"来拒绝幼儿的意见。成人认为,自己是决策者,自己要比幼儿成熟,而且自己决定的很多事都是对幼儿有利的,所以自己一旦说了"不",幼儿就应该听从。但从另一个角度来说,正因为成人说了"不",幼儿才更快地学会了用"不"。而且这些"不"很强硬,不允许幼儿反驳,他也就因此意识到了"不"的强大力量。本来就处在一个证明自我的时期,所以幼儿希望用这个强硬的"不"来夺回属于自己的权利。如此一来,执拗敏感期中的幼儿也就表现出了更为强烈的反抗心理。

否定的说话方式显得很强硬,执拗敏感期的幼儿本能地就想要反抗,接下来也就会开始"彼此否定拉锯战"。但实际上,如果教师改变说"不"的习惯,那么幼儿也会跟着改变。

比如,还用案例中的情况来说,教师可以这样来表达,用温柔的或者笑眯眯的表情,说"这样啊,那你可要快一点哦,老师和大家都在外面等着你呢",或者可以说"你看我们接下来要做运动了哦,因为我们已经在屋子里坐半天了,所以要动一动,玩具我们还会再继续玩的"。不管哪一种,都是平和的,易于让幼儿接受的说法。通过这样的表达,幼儿也将学会讲理。

教师少用否定的态度,对幼儿不那么过分严格,而是有理有据,能让幼儿更信服,这显然更有利于对幼儿开展教育,是一种更有智慧的应对儿童执拗敏感期的好方法。

(四)坚持不可动摇的原则

不管是理解也好,还是变通也好,教师都应该坚持最重要的一点,那就是一定要讲原则。原则性的问题,不要等事情出来了才反复对幼儿强调,而是应该在一开始的教育过程中就要反复强调,在最开始就要和幼儿约定好,让他清楚地意识到哪些事是不能做的,而如果他真犯了错误,也一定要给他相应的惩罚,让他亲身体验不遵守约定的后果。

案例 4-6

简简在家里是个霸道的孩子,不高兴了就打人,爸爸妈妈爷爷奶奶都挨过他的打。现在简简进入了执拗敏感期,这种情况似乎更加严重了。老师从妈妈那里了解到了简简的情况,所以在简简来幼儿园时,老师趁着他情绪稳定的时候和他约定好"在幼儿园里不可以打人,打小朋友、打老师都不可以,如果他打了人,就要受到坐'冷静椅子'的惩罚"。

简简答应得很好,但是当他脾气上来的时候,毫不留情地打了老师的手,老师表情严肃地说:"简简,不可以打人。"可简简却大声嚷道:"就打!就打!"一边说还依然伸手去打老师。

老师再次强调了他们的约定,但简简还是不停手,老师很干脆坚决地把简简带到了"冷静椅子"上,让他坐在那里冷静15分钟。简简觉得受了委屈,坐在椅子上哭闹起来,但老师却不理会他,任由他发泄。

最终,简简发现哭闹不管用,慢慢不再哭了,坐满15分钟之后,老师过来抱了抱简简,说："我们约定好不能打人,你还记得吗?"简简点点头,老师继续说:"约定好了就不能变,你生气了就打人,别人会疼,会不喜欢你,你打人是不对的,下次有问题要说,好好说,老师就知道怎么办,好吗?"简简又点点头,老师这才带他回到了集体中。

案例中的教师对幼儿采取了"冷处理",这种处理方法在应对无理取闹的幼儿时很有效果。教师要意识到,虽然幼儿违反了原则性问题,虽然他的确需要接受惩罚,但并不一定非要严词厉色才有教育效果,冷处理可以让幼儿有足够的时间自我冷静,同时教师也可以在这段时间里进行思考,一方面考虑如何对幼儿进行教育才更有效,另一方面也可以考虑幼儿这种言行背后的深层原因。

在这个过程中,教师不要轻易妥协,定好的约定和惩罚不能中途变卦,这种坚持是有必要的,不仅让幼儿意识到某些原则是不可碰的,同时也让他明白遵守约定的重要性。

案例中还有一点也是需要教师注意的,那就是事后的解释与安抚。处在执拗敏感期的幼儿并不是顽劣分子,他们需要获得指引,更需要有爱的呵护。所以教师不仅要将原则问题讲清楚,同时也要让幼儿感觉到爱与温暖,这样他才会将注意力放到自己的错误上,并想办法改正错误以正言行。

三、幼儿的"暴力"行为

处在执拗敏感期的幼儿,其言行表现显得执拗、固执、任性,尤其是感到痛苦的时候,他还会用哭闹来表达自己的难过和不知所措。简单的哭泣还好应对,可有一些幼儿的执拗行为已经上升为了"暴力",从开始的哭闹逐渐发展成了吼叫撒泼,对周围的东西摔摔打打,有时候还会打人。但幼儿的暴力行为并不是自己凭空想出来的,正是因为周围有可参考的目标,他才会有如此表现。

案例 4-7

老师向妍妍妈妈反映了一个情况,妍妍今天在幼儿园对玩偶都很不友好,不是啪啪拍玩具的屁股,就是举着玩具使劲晃,还会皱起眉头说几句"你怎么不听话"这样的话。而且,妍妍对其他小朋友也不友好,总是大吼大叫,还对小朋友说"你不听话,谁也不喜欢你",更过分的是,就在快放学的时候,妍妍竟然伸手打了一个小朋友的屁股,声音很响,被打的小朋友当时眼泪就流下来了。

妈妈听着这个描述,忽然觉得这和自己早上对待妍妍的态度和行为很相似。原来早起的时候,妍妍非要穿洗了还没干的裙子,妈妈怎么说都不管用,恼急了给了妍妍屁股一巴掌,并训斥说"不听话,不喜欢你了"。如此看来,妍妍是将妈妈的这些"暴力行为"完整地复制了下来。

成人选择暴力解决问题,幼儿便也随之选择暴力。成人多半都会给自己找借口说,这是迫不得已,因为执拗敏感期的幼儿任性、固执、偏激、蛮不讲理,很容易就会引发成人的心烦气躁,这是引发成人暴力对待幼儿的一个原因。而另一个原因,则取决于成人自身的观念，总会有人抱"不打不成器"这样的想法，认为对幼儿开展的教育，打两巴掌、骂两句也不是什么坏事。

▲ 图4-2　幼儿的暴力源自成人[1]

幼儿对善与恶、对与错的判断来源于成人，处理事情的态度、行为的源头也都与成人的表现息息相关。执拗期的幼儿原本就因为很多事情不能顺其心意而感到不满，周围成人的暴力应对，就会给他新的"提示"，因此他也会通过模仿成人的暴力言行，来进一步"升级"自己的执拗表现。而幼儿可模仿的对象就是养育者与教师（如图4-2所示），所以若想要幼儿不"暴力"，那么养育者和教师首先都要丢掉暴力。

理论上来说，相对于养育者，教师应该具备更丰富的育儿知识与经验，所以至少在幼儿入园的这段时期里，教师要用更理智的态度去应对幼儿的执拗，为避免幼儿出现暴力行为，教师可以做这样几方面的工作。

（一）控制并杜绝自己的暴力言行

幼儿的父母有时候会因为不能控制自己而出现暴力言行，比如，对幼儿吼叫训斥，或者也打上两巴掌。但是，作为幼儿教师，这些行为却一定要杜绝，教师担当的是育人的工作，是要用自己的表现来给幼儿树立榜样的。而且，教师的粗暴表现如果对幼儿造成了伤害，不仅要负法律责任，于情理上也要受到良心的谴责。所以教师一定要修身养性，要用更善意的眼光去看待幼儿的各种行为。

---

[1]　图片引自http://www.gxjk.cn/portal.php?mod=view&aid=1631.

虽然幼儿的执拗的确是在挑战成人的忍耐限度，但越是这时候越需要教师发挥智慧，对幼儿的每一种言行要深入了解其背后的心理，多一些耐心与爱心，才能让幼儿放心。

教师应该多阅读一些心理类书籍，不只是要读懂儿童的心理，也要读懂自己的心理，不要将自己放在一个"裁决者"的位置，要意识到自己的责任和义务，不要总用"我也是普通人，我也会发怒"这样的话来为自己的暴力言行作解释。多关注一些涵养性情的事物，提升自己的内在素养，拓展自己的心胸，虚心学习求教，提升自己解决问题的能力，让自己更有智慧地去处理各种事情，成为一个真正有益于儿童成长的助力者。

另外，教师最好也要抽时间学习一些法律常识，如何保护儿童不受到伤害，如何避免自己想当然地做触犯法律的事情，了解得越多越清晰，教师才越能对自己的行为进行约束。同时，教师也要提升自我个人素养，提升自己的道德水准，这样一来不管是从法理上还是在情理上，就都能做一个"明白"教师了。

（二）安抚受到了暴力言行对待的幼儿

幼儿最常受到暴力言行对待的环境是家庭，在家中经历养育者的暴力对待之后，幼儿便会在幼儿园等早教机构场所"完美再现"自己所经历过的事情，他会从承受暴力者变身为暴力执行者。幼儿因为受到了暴力对待，身心都受到了伤害，借助对成人暴力行为的模仿，他不仅是在发泄自己的不满，同时也是在表达自己的委屈。

当幼儿表现出这种情况时，教师就要格外关注他出现这些行为的心理，不要不留情面地训斥他的"粗暴"，最好多方面了解他出现这些行为的原因。如果他也曾经经受过这样的遭遇，理解他受到这样对待之后的难过情绪，多交流、多询问，教师的善意与充满爱心的言行可以成为帮助幼儿转变暴力言行的好榜样，也能成为缓解其内心伤害的安抚。

这种安抚应该是理性的，教师要格外注意不能当着幼儿的面去批评他的养育者做了错事，要在幼儿内心建立起养育者对他的心疼爱护的形象，缓解幼儿内心的委屈，帮助他慢慢恢复平静。

对于受到了幼儿暴力对待的其他幼儿，教师也要注意安抚，鼓励幼儿之间和睦相处，引导有暴力言行的幼儿学会谦让、学会表达歉意，鼓励承受暴力言行的幼儿学会宽容，及时用玩具或其他活动来转换幼儿的情绪，鼓励大家团结友爱。教师可以多讲一讲和睦相处的故事，做做需要团结合作的游戏，用积极正向的能量来扭转幼儿内心的暴力苗头。

（三）与养育者进行沟通

幼儿的暴力行为多半都来源于养育者，教师一定要与养育者进行及时有效的沟通。教师主动沟通的内容包括幼儿在幼儿园的表现、其他幼儿的反应、教师的想法等，同时教师也要积极了解养育者出现暴力言行的原因，多了解他们的心理。另外，教师也要多向养育者解释幼儿行为背后的心理，将幼儿的成长需求、对爱的渴望以及模仿心理等都要向养育者解释清楚，并为养育者答疑解惑，并试试提出正确的教育方法，并保证教师与养育者在教育幼儿方面的思想与原则的一致性。

可以给养育者提出这样一些建议：

1. 多关注幼儿的好，不要给幼儿建立过高的目标，多了解执拗敏感期幼儿的特点与心理，给自己打好预防针。

2. 培养强大的自控力和忍耐力，学会掌控自己的情绪，控制好自己的脾气，宽容看待幼儿的行为，吼叫、打骂之前注意提醒自己心平气和。

3. 不要误以为打骂有效，有时候这可能只是幼儿有策略地假装听话，他不过是屈服在反抗不了的成年人暴力之下。应该及时扭转以暴力来解决问题的想法，以免使幼儿养成"越打越皮"的坏习惯。

4. 养育者之间要保持教育原则的一致性，不要有唱红脸的也有唱白脸的，不给幼儿钻空子、"找靠山"的机会，要做到全家上下态度一致。

5. 养育者之间如果意见不一致，要背着幼儿去讨论，否则彼此之间的暴力相向也会成为幼儿模仿的对象，而且也会让他心生恐惧，更加不知所措。

6. 提醒养育者不要"差不多就算了"，遇到了问题，有的养育者会觉得随便应付一下，只要幼儿不再闹了就算了，却根本不寻找问题的根本，只是走一步算一步，如果长此以往，幼儿的问题不会随之消失，反而会越来越多。所以，养育者也要有学习精神，不懂就要勤问，要和教师有较好的联系，发现问题及时解决。尤其是一些凭借打骂解决问题的养育者，最好和教师再沟通一下，检查自己身上的问题，更多了解幼儿的心理，日后再遇到类似问题，才能有更好的解决方法。

第二节　追求完美敏感期

人类一直都没有停下过对完美的追求，成人对待完美的追求出自心理需求，出自对美好的渴望，希望能获得无限接近完美的程度，也希望能体验无限接近完美的感受。而在孩童时期，人也会出现一个追求完美敏感期，儿童在经历过前期的审美敏感期之后，会从对完整的要求逐渐过渡到对完美的追求。可见，追求完美是人类的天性，是从孩童时代就开始出现的一种本能反应。

一、追求完美敏感期理论

（一）完美的定义

完美，就是完备美好的意思，不过从更实际的情况来看，人对完美只是一种追求，是不断地渴求，完美是很多人奋斗的理念和动力，对于绝大多数人而言，完美是一种只存在于内心深处的追求。

在儿童这里，对完美也有追求，从之前提到的审美敏感期表现来看，儿童对于完美的理解简单而直接，他更喜欢完整的事物，喜欢顺应自己心理秩序的发展。他眼中的完美就是一种不被破坏的美感，是他自己内心所认定的"完整"。但是就像之前提到过的，儿童眼中的完美与成人的看法是有区别的，所以很多情况下，儿童对完美的追求就会让成人觉得莫名其妙。

案例 4-8

媛媛穿了一条漂亮的裙子来幼儿园，裙子的裙摆蓬起来，让媛媛看上去好像小公主。

到了户外玩耍的时间，其他小朋友都跑出了门，奔向活动场地，可媛媛只是在出门的一瞬间跑了几步，很快就又站住不再迈腿了。老师回头看看，发现她站在原地一直用手拽着身前的裙摆，表情有些焦急，便问她遇到了什么问题，媛媛说："老师，我的裙子不圆了。"

老师这才意识到，户外有风，风吹起来让媛媛的裙子贴到了腿上，破坏了裙子最初圆蓬蓬的样子，这让小姑娘很苦恼，所以她才站在那里努力想要让其恢复原来的样子。老师没再多说，而是任由媛媛自己去与风对抗，只提醒她，一会儿再和大家汇合。

这个女孩眼中的完美，是裙子圆蓬蓬的样子，很简单的一个完美需求，为了恢复这个完美，她选择与自然进行"抗争"。而教师的处理自然也妥帖，因为这个时候的幼儿非常不喜欢他人对她自己所认定的完美进行"嘲笑"，即便成人可能没那个意识，但只是简单一笑，也会引发幼儿敏感神经的颤动，接下来她可能会出现激烈的情绪反应或者拒绝一切活动。所以这位教师用顺其自然的态度来应对，给了女孩极大的自主权，最重要的是，教师没有嘲笑女孩的举动，也没有对此提出异议，甚至都没有给出任何其他的解释，这种完全信任、表现自然且细心体贴的应对方式，正是幼儿所需要的。

尽管绝大多数的成人都能意识到完美是一个梦想，即便实现不了完美也并不是什么错误，只要坚持不断努力就好，但是幼儿对这一点却不能理解，在追求完美敏感期里，他心中的完美就是绝对的，他的追求也是执着的，有一丁点破坏或者未实现，都会引发他的不满。所以，对待幼儿对完美的追求，成人应该多站在他的角度去考虑。

（二）追求完美敏感期

追求完美敏感期出现在幼儿三四岁的时候，这是他审美敏感期的一种延伸。处在追求完美敏感期的儿童对事物完美的关注度进一步提升，关注的范围也越来越广泛，对完美的追求也将发生变化，从一开始的要求吃食完整会逐渐过渡到日常其他用品、自身形象、周围环境再到艺术品质之上。

此时的儿童会对包括自己与周围环境在内的一切都有完美的要求，他会变得挑剔，也会表现得异乎寻常地爱美，对自己的事情要求也更高。儿童对完美的追求，是可以给他带来一种精神上的愉悦感的，而这种对完美的追求并不是无意义的，儿童在现阶段对完美的追求，懂得"爱美"，如果能经历积极健康的引导，这将有助于培养儿童具备认真、严谨的做事态度，使他能更快乐地去生活。而且，正确的审美也有助于提升儿童对美的理解，提升他的艺术品位，如果培养得当，良好的审美也将有助于提升儿童整体的综合素养。

二、幼儿的自我审美心理需求

在追求完美敏感期里，儿童会产生自我审美心理需求，此时他会开始关注自身的美感，对自己的外在形象产生兴趣，开始挑剔衣着服饰，有时候可能还会对成人的化妆品产生兴趣，因为他在日常的生活中经观察到了，那些化妆品可以改变人的外貌。所以他便从要求眼前的事物完整、完美逐渐过渡到了要求自身完美，直到对打扮自身产生浓厚的兴趣。

（一）幼儿的"臭美"表现

儿童产生自我审美心理后，就会慢慢出现"臭美"表现，他会爱上打扮，尤其是会以成人为榜样，并开始模仿成人的行为。

女孩会热衷于化妆与服饰搭配，尤其是母亲或家中其他人对化妆格外热衷的家庭。她会模仿成人的一举一动，为自己描画出自以为很美丽的完美妆容，比如，她会用唇膏涂抹嘴唇（见图4–3所示），厚厚的、红红的也无所谓；腮红扑满脸蛋，哪怕掉粉也自觉很美；眉笔黑黑地描出粗眉，一个高一个低、一个粗一个细也并不是问题。这时期的女孩会非常喜欢穿公主裙，她看到的童话书里公主们穿过的裙子，都会成为她非常想要的裙子，这会让她觉得自己就是公主。事实上除了公主裙，女孩在这时也会热衷于选择自己认为漂亮的衣服，她的选择是没有任何原则性的，不分季节，没有年龄限制，一切以她当下的审美观为主。

男孩虽然不至于会像女孩那样将红红绿绿的涂抹一脸，但他却会对自己的衣服有一定的要求，这时期的男孩也会强调自己搭配衣服，一切按照自己的要求来穿戴，否则便不出门，遇到喜欢的衣服，哪怕穿好几天也无所谓，此时的他坚信穿着自己喜欢的衣服就是最美的。比如，有些男孩

▲ 图4–3　化妆的幼儿[1]

会在这时候穿上超人的衣服，或者穿上他自己觉得搭配得很帅的衣服，并不在意他人的目光，反而觉得自己的样子很令人满意。随着年龄增长，儿童还会进入一个身份确认敏感期，一些英雄的服装也将成为此时男孩模仿的焦点。

（二）给幼儿适当的自行支配权

儿童身边的成人，总是以养育者或教育者自居，轻易便干涉儿童的种种决定。穿什么衣服好看，应该穿怎样的衣服，成人会很直接地替儿童下决定。但是成人的决定可能并不是儿童所满意的，甚至还可能是他厌恶的，但成人往往都不会在意儿童的意见，甚至用自己的"身份"压制住儿童，命令他必须遵从，这必然会引发他的反抗，成人若是非要因此而训斥儿童一番，或者以更强硬的态度要求儿童必须听从，这也肯定会破坏儿童对成人的好感。如此时间久了，难保亲子关系或师生关系的继续健康发展。

所以要穿什么，想要怎样展示自己，最好也给儿童一些自由，允许他自由支配自己的服装搭配，给他自己穿衣的权利。这个时期的儿童，最需要的是宽容对待，最需要获得成人的信任与鼓舞。但也要注意一点，给他的选择不要太多，比如，早上该穿哪件衣服，两种选择足矣，多了，反而容易导致儿童产生"选择困难症"。

为了保证幼儿自己的搭配不会太过令人"震惊"，教师也可以多增加一些对幼儿健康审美趣味的培养，给他讲讲穿衣服的基本原则，比如天冷不适宜穿薄衣服，天热不适宜穿厚衣服，这些基本道理给幼儿讲清楚，平时也要给他多展示一些正常的服饰搭配效果，引导他正常模仿。

不过在一段时间里，幼儿会有角色扮演的欲望，女孩会穿上公主裙将自己当成公主，男

---

[1] 图片提供：秀强教育集团徐州云龙区世纪城旗舰幼儿园。

孩则会更喜欢各种英雄的装扮，这时顺从其想法、满足其需要是可行的，也是有必要的。

还有一点也需要教师提醒养育者，顺从幼儿的审美敏感期并不代表纵容，可以给他准备美观、实用且舒适的衣服，不要贪图名牌、价格，朴实简单的生活一样可以培养出高雅的审美观来。

（三）巧妙运用"迂回战术"

在追求完美敏感期里，幼儿也依然处在执拗期之中，他的固执、任性，也会让成人的一些决定难以被执行。比如，尽管也提醒过幼儿冬天不能穿夏天的裙子，但她却可能固执地坚持，非要穿不合时宜的衣服。这时候，一些"迂回战术"便很有用了。

案例 4-9

冬天的早上，颜颜非要穿纱裙去幼儿园，妈妈拒绝了，她哭闹不止，妈妈没办法，只得说："我给你装书包里，到幼儿园看老师帮不帮你换。"颜颜勉强同意了。进入班里后，颜颜做的第一件事就是从小书包里拿出纱裙，对老师说："老师我要穿裙子，妈妈不让我穿，老师我想穿。"

老师说："外面很冷呀，直接穿肯定不行。这样吧，我们这样来穿。"说完，老师先帮颜颜脱掉了厚厚的外套，然后套上纱裙，再给她把外套重新穿好。老师接着说："这样穿也不错。"颜颜低头看了看，又拉开外套看了看，心满意足地走向了自己的座位。

幼儿对完美的追求，也是需要有人支持的，与其做那个总是和他"对着干"，总是要求他必须要听话的"严肃的成人"，倒不如多用些智慧、多花些心思，多替幼儿想一想，用一些巧妙的方法来满足他完美的需求，让他能在愉悦中顺利度过这个敏感期。比如，大热天想戴丝巾表现美丽，把丝巾系在幼儿的腰上、胳膊上、腿上，系出好看的花或蝴蝶结来，一样会满足他的追求；幼儿想要学成人在脸上涂抹化妆，那就给他们拍出大大的脸部照片，让他们用彩笔自由发挥；幼儿想要像成人一样佩戴饰品，用现有的玩具或者其他东西给他做一个全新的美丽的且安全的饰品；等等。幼儿需要的是理解，成人需要的是智慧，作为教师，要具备这样的智慧，不要只用所谓的"权威"压制幼儿，灵活的思维才能帮助教师应对幼儿提出来的更多的对美的追求。

三、幼儿从审美到追求完美

如果说审美是儿童慢慢建立起美的概念，那么当这个概念在儿童头脑中形成之后，他便开始行动起来，从审美过渡到了追求完美的阶段。

（一）对周围事物、环境格外挑剔

案例 4-10

有小朋友告诉老师说，恒恒一直站在洗手间不动，老师以为他出了什么问题，走过来一看，只见恒恒一脸痛苦地盯着坐便器，看见老师进来，他指着坐便器说："老师，好脏！"

老师仔细一看，原来白色的坐便器上有一根头发，很是扎眼，她赶紧找来纸把头发捏起来扔掉，恒恒的表情这才缓和了下来，并痛快地解决了小便。

儿童这种对周围环境挑剔的表现，是他处在追求完美敏感期的一个典型表现。有人说这就是任性，儿童因为周围环境没有满足他内心的完美，便忍着自己的身体不适，憋着便意去思考，这怎么能算是任性呢？他是因为内心那种完美感被破坏而感到痛苦。解决他痛苦的最好办法，就是恢复他内心的完美，这位老师的做法是正确的，否则如果只站在成人的角度反过来去挑剔幼儿的话，那么他的痛苦就会加深，还可能引发他的自卑感。

针对这一点，教师此时也应该宽容对待：

1. 尊重幼儿的爱美之心

既然追求完美是人类的天性本能，那么幼儿的这种对完美的追求心理与行为，说明他因为审美智能和自我意识的提升而具备了关于美的概念，这是一件好事，这证明了他的成长。

作为教师，在这个特殊的时期要多一些宽容与理解，多了解幼儿在追求完美敏感期里的心理特点与行为特征，多观察幼儿的言行表现，领会他言行背后的真实意图，理解并体察他的不满与任性，在可以实现的范围内，帮助幼儿舒缓当下痛苦的心情，满足他对完美的追求，允许他享受符合自己内心的完美。幼儿只有在愉悦的心情下才可能顺利度过追求完美敏感期，也才能顺利培养出良好健康的欣赏与制造能力。

2. 尽量创造令幼儿心满意足的完美环境

早教机构是一个公共场所，人来人往，而且幼儿众多，要想让每一个幼儿都满意并不是一件容易的事。但有一件需要教师重视起来的最基本的事情，那就是要保证这个场所环境下一直贯彻的秩序。比如花的摆放、书籍或玩具的位置，每天活动的大致安排，以及幼儿要做的所有事情的步骤顺序。因为幼儿对完美的追求往往是与秩序分不开的，所以维护他内心的秩序，就是维护他对完美的追求。

而在日常活动过程中，教师也要顺应此时幼儿对完美的需求。比如看书时给他干净平整没有折角的书籍，分发吃食的时候也要尽量给他完整的，如果是画画的画纸也要保证干净整洁，等等。总之就是不要让这时期的幼儿每走一步、每做一件事都因为秩序或完整被破坏而痛苦，教师在此时应该勤快且细心一些，减少幼儿痛苦感的同时，也可以促进他更顺利地度过这个敏感期。

3. 教幼儿懂得审美辩证法

幼儿的审美因为没有太深刻的思想，只是顺应成长需求的一种表现，所以他追求的完美多以外在表现为主。虽然在这个阶段需要尽量保证为幼儿提供完美的环境，但教师也可以抓住这个时机，来帮助幼儿建立更为健康深刻的审美观。

比如幼儿觉得蝴蝶很漂亮，是个完美的存在，尤其是画画、跳舞的时候，很多幼儿都喜欢蝴蝶美丽的翅膀，但是很多蝴蝶的幼虫啃食农作物，有的蝴蝶还是蔬菜、果树的破坏者，所以尽管外表美丽但本质却不一定美丽；而蝙蝠虽然外表并不完美，但它们消灭害虫、消灭啃食庄稼的鼠类，却是于人类有益的存在，所以它们的本质是美的。

通过对这些知识进行简单明了的讲解，教师要逐渐让幼儿意识到，美并不仅仅存在于外表，本质的美才是最值得人称道的。多一些类似的故事、实例，引导幼儿建立辩证的审美观，会逐渐让他懂得美的真谛。

当然这种教育要巧妙地融入日常教学过程中，不能很突兀地与幼儿原本的认知反着干，比如直接说"蝴蝶破坏植物是害虫，一点都不美丽"，这显然是和幼儿内心的完美相违背的，他不会从中学到知识，反而会觉得很痛苦。所以教师要能巧妙地将这些美的真谛融入教学之中，用幼儿可以接受的方法，比如知识类书籍的讲解、视频或动画的讲解等过程，来让幼儿自己主动明白和理解。

（二）幼儿期待自己有更好的表现

幼儿在这一时期对自己的要求也会格外高，他更期待自己能表现良好，也会因为生怕自己表现不好而感到焦虑。

案例 4-11

六一儿童节，幼儿园办起了欢乐的游园日，其中有一项用小勺运乒乓球的活动，鸣鸣的妈妈跟老师说鸣鸣在家练习了好久，可是鸣鸣却怎么也不肯上前参加。不仅如此，鸣鸣还不停地回头焦虑地跟老师说："我怕掉了。"这种紧张的情绪让鸣鸣错过了好几轮游戏，最后他终于鼓足勇气上去之后，还是因为焦虑而掉了乒乓球，鸣鸣伤心地哭了起来。妈妈有些失望地对老师说："以前还好，怎么现在觉得他变胆小了呢？"

其实这并不是幼儿胆子变小了，从他说的那句"我怕掉了"的话来看，他是生怕自己的表现不够完美，他的自尊心让他对自己有了更高的要求。这是一个好现象，但同时也是一个很容易被误解的现象。因为很多人会和这位妈妈一样，没有意识到幼儿对自己要求的提升，反而只注意到了他不敢再轻易尝试这个事实，几次"胆小"的评价之后，幼儿可能反而真的会变得胆小。

越是这个时候，教师越是应该尊重幼儿的选择，不要轻易就用"胆小""没用"这样的话来打击幼儿的自信心，认真了解幼儿不敢前进或行动的原因，宽容对待他的表现，同时也要多给他一些机会，允许他在完善自我之后再去尝试，并对他尝试的结果予以肯定和鼓励。

但是，有时候幼儿内心关于完美的标准却是相当苛刻的，他经常会用"尽善尽美"来要求自己。可幼儿的能力是有限的，所以很多时候他并不能实现自己的要求，一旦遭遇失败，他所产生的消极情绪与内心痛苦可能会更严重。这种时候，教师需要给幼儿提供一个合适的"参照物"。

案例 4-12

一个小女孩又一次把只画了一个圆的白纸丢在了一边，又去找老师要一张新的纸，可实际上，她已经要了两张新的白纸了。老师问她为什么又要新的白纸，她皱着眉头说："我画不好一个圆，我想要画圆圆的太阳，可总也画不圆。"

老师拿起被小女孩丢掉的一张白纸，上面有一个虽然不算非常圆，但已经很好了的圆圈印记。老师把这张纸铺在桌子上，在这个圆旁边也快速画了一个圆，她指指自己画的对小女孩说道："看，老师也画得不那么圆，而且还没你那个好。老师觉得你画得已经不错了，而且太阳本身也不是那么圆的，你忘了我们看的动画片里，太阳有时候还是扁扁的样子呢！

所以，继续在你画好圆的那一张纸上画吧，老师相信你一定能画出漂亮的太阳来。"

小女孩仔细看了看纸上的两个圆，过一会儿才点了点头，在另一张刚被她废弃掉的白纸上继续画了起来，而那个她觉得不圆的太阳，她也没有再继续纠结。

幼儿很容易会陷入过分追求完美的境地，他可能会在一些小细节上出现过分强调的情况。要缓解他的这种焦虑情绪，教师可以为他提供一个合适的"参照物"，适当降低他内心的标准，让他不要固执地坚持心中那个永无止境的完美目标。

重要的是，教师要帮助幼儿走出在任何方面都争强好胜、过分追求完美的强迫环境，让他逐渐意识到凡事不可强求，努力才是最重要的。只有那些真正重要的事情，可以适度去追求完美，而并不算重要的事情，顺其自然便好。

（三）成人调整期待值

儿童对完美的追求出自其成长的本能，在追求完美敏感期这个特定时间段里，他不希望完美的秩序被打破，也会对自己有高要求，这些都是正常的反应。但很多时候，儿童对完美的一种过分追求，也并不一定全来自他自身的本能，很多成人过高的期待值，也是促使儿童对完美过分追求的催化剂。

案例 4-13

一位妈妈到幼儿园接孩子放学回家，孩子开心地举起自己手中的画说："妈妈看，我画的太阳，多漂亮呀！"妈妈看了一眼却嫌弃地说："你这画得一点都不圆，怎么能是太阳呢？太阳都圆圆的，像球一样。下次你要是画个圆圆的太阳，老师也会表扬你，妈妈也会表扬你的。"孩子原本兴奋的表情一下子就消失了。

第二天，又到了画画时间，这个孩子反复地画太阳，老师有些奇怪地问："为什么总在画太阳呢？"孩子一脸严肃地回答："因为我总是画不圆，妈妈说，如果我画圆了，老师会表扬我，老师你看，我这次画得圆不圆？"

这个幼儿与案例4-12中的小女孩同样都是不停地画圆，但原因却有些不一样，后者出于自身过分追求完美的原因，而前者却是因为受到了妈妈的影响，妈妈的话左右了她的判断，让她也对自己的表现有了更高的要求。

成人对幼儿有所期待这是很正常的，但是有很多养育者的望子成龙梦想太过强烈，对幼儿提出了过高的要求，结果幼儿为了实现成人的要求而不得不追求完美。所以，一部分成人也应该给自己减减压，幼儿的成长具有无限可能，但这个可能是建立在他自己主动成长的前提上，成人的任何超出幼儿可承受、表现范围的高标准、严要求，都无疑是在强迫他透支潜能。

教师应该成为缓解这一现象的关键人，首先自己就要慢慢消除这样的想法，幼儿的成长只有自然进行，才能保证他每一个阶段的圆满发展，教师也要目的纯粹一些，教师是一个见证、引导幼儿成长的角色，而不能过分干预。同时，教师也要将自己的想法、感受与养育者进行沟通，让他们放松对幼儿期待的紧张度，多一些鼓励与肯定，少一些对不完美的批评与指责，尊重幼儿成长的规律与心理，才能帮助他顺利度过每一个敏感期。

第三节 人际关系敏感期

除非极其特殊的情况，几乎每个人都不可能仅凭个人便能正常快乐地活下去，而要实现这种正常快乐的生活目标，人就必须要与他人建立良好的人际关系。儿童成长期会有一个很关键的人际关系敏感期，这可以被看成是一个人交往能力得到锻炼的一个开端。儿童若是能顺利度过这个敏感期，在此期间培养良好的人际交往能力，这也有助于他在日后建立更适合自己生活与发展的人际关系。

一、人际关系敏感期理论

（一）人际关系

人际关系就是人与人之间通过直接交往而形成、发展起来的心理关系。人际关系是较低层次的社会关系，但同时又渗透和影响着社会关系。影响人际关系的因素包括主观因素与客观因素。

主观因素包括有价值观的一致性；个人的性格、气质、能力等心理因素；彼此间的相似程度；需求上的共同性或互补性。而客观因素则包括空间距离的远近及交往的次数。

成人之间的人际关系发展，虽然也会有很深厚的友谊建立，但在很多情况下，有很多人际关系都因为各种原因而带有一定的目的性，比如贸易往来、人情交易，这就使得成人之间的人际关系复杂且多变。

很多成人感叹人际关系难以维系，很多成人的人际交往能力又有所欠缺，甚至有人不知道应该怎样去与人交往，导致这些后果的原因之一，很有可能就是这些人儿童时期人际关系敏感期的发展，被忽略或者没有得到良好的引导，以至于从幼儿时期开始，便没有发展好的人际交往能力，最终导致能力发展出现了落后甚至停滞。所以，在合适的时间段里，培养儿童具备良好的人际关系至关重要，这关系着其成年之后是否能融入社会，是否能建立更良好的生存与奋斗空间。

（二）同伴

说到人际关系，就一定要提"同伴"这个概念。

1. 什么是同伴

同伴，不仅仅是指年龄相仿，还包括成熟程度相当的儿童。[1]也有发展心理学者将同伴定义为"在社交中处于相同地位的个体"，或者"至少在目前来说，是具有相似的行为复杂性的同辈或个体"。

在学龄前儿童的群体中，同伴这个定义的范围可能是同龄人，也可能是在年龄上稍微有些差异的儿童，在大一些或小一些的其他儿童之间，只要是在兴趣和目标上有共同的追求，

---

[1]（美）桑特洛克（Santrock, J.W.）.儿童发展（11版）[M].桑标等，译.上海：上海人民出版社，2009：425.

儿童之间会调节自身行为，以适合他人，他们也一样可以互为同伴。

2. 同伴之间的互动

同伴关系在儿童成长过程中扮演着不可替代的角色，其中最重要的一项功能就是它为儿童提供了解家庭以外的世界的渠道。[1] 儿童与同伴的互动模式包括两个方面：

（1）同龄同伴的互动

同龄的同伴对于儿童来说是处在一个平等地位上的，这种交往模式会让儿童感到新奇，对儿童能力的发展也是一种促进。在某种程度上，儿童更愿意接受同龄人对自己能力的反馈意见（如图4-4所示）。

这是因为很多儿童在家庭中会处在一个从属地位，很多成人也将儿童看成是自己的附属，成人往往担负起作决定、下命令的角色，儿童则因为能力、阅历的种种不足，不得不选择服从。有些儿童在这样的环境下也养成了凡事不愿意自己动脑、动手的毛病。

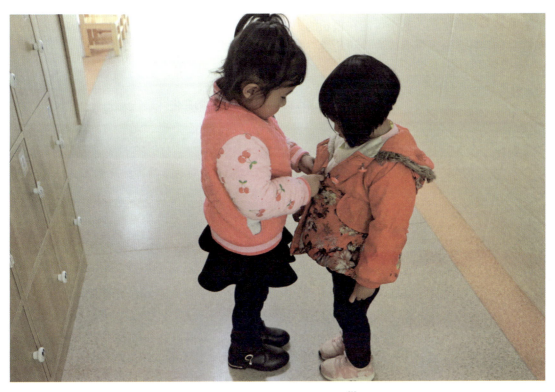

▲ 图4-4　幼儿之间的交往[2]

但与同龄伙伴之间就不一样了，因为彼此年龄一样，人生经历也基本类似，在很多问题上需要协商、合作才可能将游戏继续下去或者彼此相处才更快乐，这种全新的生活模式对于儿童来说是一种新体验，他需要学会理解，学会包容忍让，学会彼此支持。而且因为同龄，所以每个人都有话语权，极少存在谁必须听谁的这种情况，这无疑会让儿童感到兴奋。这样的相处方式也促使儿童必须要有表现自己的能力，否则就可能会被团体忽视甚至是排斥在

---

[1]（美）桑特洛克（Santrock, J.W.）.儿童发展（11版）[M].桑标等，译.上海：上海人民出版社，2009：425.
[2]　图片提供：云南省玉溪市红塔区春和中心幼儿园。

外,所以对于那些习惯于听从命令的儿童来说也是一种挑战。

没有谁应该从属于谁或凌驾于谁之上,这种平等关系会促使儿童更希望和同伴好好相处,这种平等交往如果能健康发展下去,儿童自身能力提升的同时,社会能力的发展也会自然而然展开。

(2)不同龄同伴的互动

儿童很多时候也会接触到不同龄的同伴,比如有些年幼的儿童会更愿意与年长的儿童结交,还有些年长的儿童又非常乐意成为年幼儿童的榜样或领导。虽然这看似也是不平等的,但对于儿童来说这却是很重要的交往方式。

在与年龄不同的同伴交往过程中,年长儿童往往会比年幼儿童拥有更多的权力,但又不会像成人那样处于完全主导的地位。年长儿童从这个交往中会在同情心、领导能力、包容心、照料能力等方面获得锻炼。而年幼的儿童则会以年长儿童为榜样,会从他们身上学到更多新技能,也会学会顺从与寻求帮助,尤其是一些表现非常好的年长儿童,他们对年幼儿童的影响将会是巨大的,甚至可能在很长的一段人生时间中,他们都将成为年幼儿童内心无法被超越的存在,这无疑会成为年幼儿童心中促使自我进步的最大动力。

3. 同伴的交往内容

表4-1　从婴儿期到学前期游戏活动的变化[1]

游戏类型	出现的年龄	描述
平行游戏	6—12个月	两个儿童都进行相同的活动,彼此都不关注对方。
平行意识游戏	1岁	儿童进行平行游戏,偶尔也会互相看一下,或者监控对方的活动。
简单假装游戏	1—1.5岁	儿童进行相同的活动,说话、笑、分享玩具或进行其他交往。
互补游戏和互惠游戏	1.5—2岁	在像你跑我追或躲猫猫等社会游戏中,儿童能够进行角色交换。
合作性社会假装游戏	2.5—3岁	儿童会扮演一些互补性的想象角色或"假装"角色(如母亲和宝宝),但是对于这些角色的意义或者游戏以什么方式进行他们并没有进行讨论和计划。
复杂社会假装游戏(或社会戏剧游戏)	3.5—4岁	儿童主动地计划他们的假装游戏。他们会给每个角色命名并给每个游戏者分派一个角色,事先会计划好游戏的脚本,如果游戏进行不下去了,他们会停下来修改脚本。

不同年龄的儿童交往内容的侧重也会有所不同,总体来说,儿童之间的交往,主要包括合作、分享、交流、游戏(从婴儿期到学前期游戏活动的变化如表4-1所示)等内容,要如

---

[1] (美)谢弗(Shaffer, D.R.).社会性与人格发展[M].陈会昌等,译.北京:人民邮电出版社,2012:480.

何处理好这些行为，就需要教师的引导与帮忙，以及儿童不断锻炼自己的能力了。

事实上，成人并不需要过分担心，儿童之间的友谊开始得很早，就如图4-5所示，如果几个出生时间差不多的儿童从婴幼儿时期便一直在一起，那么他们的友谊也将会在很早时就能建立起来，而且往后也将顺利地发展。

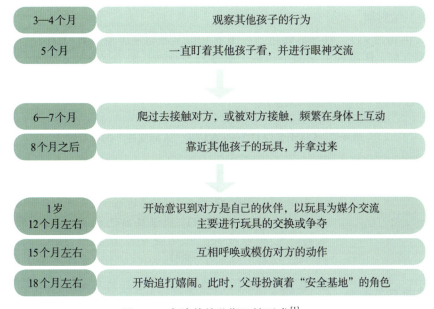

▲ 图4-5 友谊从幼儿期开始形成[1]

（三）人际关系敏感期

从3岁左右开始，幼儿便会开始产生想要与他人建立某种关系的需求，也就是有了想要交朋友的渴望，当这种心理需求越来越强烈时，幼儿就会逐渐步入一个崭新且又无比重要的敏感期——人际关系敏感期。

这个敏感期之所以说重要，是因为在经历人际交往这个过程中，幼儿的判断力、承受力、察言观色的能力、合作力、包容力等各种能力都得到了提高，而这些能力对于幼儿未来人际关系的发展都将发挥重要作用。所以，在人际关系敏感期里，如果给予幼儿智慧的引导和良好的锻炼机会，那么他的人际关系就能健康发展起来，同时他的各项能力也将得到积极健康的培养。

幼儿人际关系敏感期也是有一定发展过程的，最初他会以食物为手段来进行分享，以一种"我把好吃的分给你，你跟我成为好朋友"的想法，来试图建立自己与他人之间的亲密关系。

一段时间之后，幼儿会发现借用食物来与周围人成为朋友的方式并不牢靠，以这种方式形成的友谊关系脆弱而短暂，甚至很多时候会因为食物的被吃完而立刻结束，上一秒还开心地一起吃好吃的，下一秒所谓的朋友就会扭头走人，好像从来不认识一样。对于这种情况感到迷茫和痛苦的幼儿，会希望能寻找到更好的方法来帮助自己与他人建立更为牢固、长久的友谊。

---

[1] （日）小野寺敦子.发掘孩子潜能的心理学[M].傅玉娟，译.海口：南海出版公司，2012：102.

再过不久，幼儿便会找到新的方向，他将交换的内容换成了玩具或书籍，通过交换或者赠送这些物品，希望获得与对方建立并维持友谊。这种行为在幼儿之间非常普遍且盛行，借着这种行为，幼儿会在人群中发现那些与自己志同道合的人，并能因此而保持长期的良好关系，如果这份关系可以健康发展，真正的友谊也会建立起来。当然，友谊的真谛是需要幼儿经历足够长的时间才可能获得的，不过归根结底，要想让幼儿能获得真正的友谊，其最开始的人际关系敏感期，就要获得足够的重视。

2012年10月9日，教育部颁布《3—6岁儿童学习与发展指南》，其中在"人际交往"能力的培养方面，明确提出了四个目标：愿意与人交往；能与同伴友好相处；具有自尊、自信、自主的表现；关心尊重他人，详见表4-2。由此可见，儿童时期的人际关系能力的培养，也是其成长过程中不能被忽视的重点。

表4-2 《指南》中对3—4岁幼儿"人际交往"的指标要求[1]

愿意与人交往	能与同伴友好相处	具有自尊、自信、自主的表现	关心尊重他人
① 愿意和小朋友一起游戏	① 想加入同伴的游戏时，能友好地提出请求	① 能根据自己的兴趣选择游戏或其他活动	① 长辈讲话时能认真听，并能听从长辈的要求
② 愿意与熟悉的长辈一起活动	② 在成人指导下，不争抢、不独霸玩具	② 为自己好的行为或活动成果感到高兴	② 身边的人生病或不开心时表示同情
	③ 与同伴发生冲突时，能听从成人的劝解	③ 自己能做的事情愿意自己做	③ 在提醒下能做到不打扰别人
		④ 喜欢承担一些小任务	

二、幼儿的"不等价"交换

交换是儿童彼此建立友谊的最基本而直接的方法，不管是食物、玩具还是自己喜欢的其他东西，儿童想要与他人建立人际关系，就一定会使用物品这个媒介。但是，就处在人际关系敏感期的儿童来说，他对物品的价值是没有明确概念的，所以，这时候儿童之间的交换就会出现许多"非故意"性质的"不等价"交换。

案例 4-14

一位妈妈向老师反映说，自己的孩子在幼儿园里总是吃亏，总是被别的小朋友占便宜。

---

[1] 幸福新童年编写组.《3—6岁儿童学习与发展指南》家长读本[M].北京：旅游教育出版社，2012：129.

老师疑惑不解，因为这个孩子在幼儿园一直都很开心，并没有出现因为吃亏而感到难过的情况。后来她通过了解才知道，原来这个孩子经常带自己的玩具到幼儿园来和其他小朋友作交换。这孩子带来的玩具都是比较昂贵的，可他与小朋友交换后带回家的东西却远远不值他玩具的价钱。比如，有一次，孩子用价值一百多元的精美小汽车模型换回一本旧书。妈妈为此很苦恼，总觉得孩子是不是有败家子的"潜质"，她希望老师能管管孩子们之间的这种不等价交换。老师这才明白这位妈妈的烦恼，原来是妈妈觉得自己"吃亏"了。于是老师给这位妈妈讲起了儿童的人际关系敏感期，希望她能理解孩子们这时候的做法。

幼儿对交换物的选择取决于他的喜好，而并不是那件东西的价值，哪怕是一本旧书，如果幼儿非常喜欢，他也会想要交换回来，而在他心里，他喜欢的东西也一定要有与这种喜欢相匹配的价值，所以他才会拿出自己认为价值相当的东西。幼儿的这种选择与交换是不带有任何物质利益的，这种交换自然却又"各取所需"，最终结果则是皆大欢喜，这对他们来说就已经足够了。图4-6展示的是幼儿通过玩具获得朋友。

▲ 图4-6 通过玩具获得朋友[1]

很多成人会从利益角度去看待这件事，认为幼儿之间的绝大多数交换都"不等价"，自己这一方总是在吃亏，其他人总是在占便宜，而有了这样的利益掺杂之后，成人也就会从另一个角度去看待幼儿的行为以及他交上的朋友。对于幼儿的行为，成人会认为"他比较傻，

---

[1] 图片提供：秀强教育集团徐州云龙区世纪城旗舰幼儿园。

好东西都给了人家，自己换来破东西"，而看待幼儿所结交的朋友，成人则又认为是"肯定是对方的家长教唆的，这样的孩子猴精猴精的，不可交"。尤其是有些成人会将这些想法明明白白地告诉幼儿，甚至以此来进行训斥，认为幼儿"交友不慎"，训斥他"不学好"。这种训斥带来的后果往往都是负面的，会破坏儿童对友谊的坚持，也会导致他小小年纪便开始涉足利益领域，甚至让他学会一切以利益为先，这其实并不是好的教育方式。

幼儿的这种交换，也注重于他对物品的支配与交换权，这是他进行人际交往的需求，这种本能且自然的反应，会促使他在人际关系上下工夫。所以，成人应该维护他的这种坚持。

教师所处的幼儿园或其他早教机构，是为幼儿提供交往空间和促进幼儿之间交往的绝佳场所，在家庭或其他地方不那么容易实现的幼儿交往，在这些地方其实现的可能性会大大增加。而实现这种可能性的重要原因，就是教师可以给幼儿更多的助力。

（一）不干涉幼儿之间正常的物品交换

当处在人际关系敏感期时，幼儿的这种物品交换过程并不是可有可无的游戏，他会带着一种很认真的心情。幼儿所有的交换，都会经过自己的思考，用自己的一样东西去交换对方的另一样东西，然后借此契机与对方成为朋友。这个过程对于幼儿来说是一个很严谨的过程，同时也是很开心的过程，这是他正常发展人际关系必然要经历的一个过程。

教师要注意观察幼儿的表现，如果发现有幼儿表达出想要让更多的幼儿来分享他的玩具时，就要给他们创造这种互相交换的机会，同时将交换及结交的整个过程都交由幼儿自己去完成。

当然教师也要注意那些真的非常昂贵的东西，比如，有的幼儿会偷偷拿来家里的珠宝首饰做交换，那么教师就要巧妙地用其他东西转移幼儿的注意力，并及时通知养育者以确保贵重物品的万无一失。有时候幼儿拿来交换的东西可能也是不合适的，比如小剪刀、小药丸之类的危险物品，也同样需要教师格外注意，应该及时拦截下来，用其他东西来代替，将危险物品处理掉。

教师的注意力要多放在幼儿交换的东西是否安全、健康，是否适合用来交换之上，只要是正常的物品交换，教师都要给幼儿"一路开绿灯"。

（二）教幼儿学会"不后悔地去交换"

幼儿的交换尽管有思考的过程，但也并不全是经过"深思熟虑"的，也会因为头脑一热或者短暂性喜欢别人的某一样东西而进行物品交换，并由此建立了友谊。但是，有的幼儿对于换到手里的东西过不了多久就觉得没意思了，他便会因此心生悔意，就想要再去要回自己的东西，还有可能会直接去抢。由此一来，刚刚建立起来还不算牢固的友谊，其发展便受到了阻碍，多数情况下还可能夭折。

教师此时不仅要处理因此而出现的矛盾，也要将"不后悔交换"这个道理对幼儿讲明白。比如，提醒幼儿"东西一旦交换到了别人手中，那么它的主人就换了，你就没有再要回来的权利了"，可以引导他换位思考，问问他"如果别人想要从你这里要回自己的东西，你是不是也会感到很不高兴"，让他通过这种简单的移情思考逐渐明白，物品主人一旦进行交换，除非双方有再交换的意思，否则便不能再由幼儿单方面来做主了。

而对于幼儿这种对交换不满意的心理，教师也要建议他日后再进行交换之前，一定要多想想，提醒他要思考"我是不是需要交换"、"我会不会珍惜换来的东西"、"对方交换之后是不是能好好对待东西和我"等问题，引导幼儿想好了再做，以减少这种因为后悔交换而带来的不愉快情绪，这也是促进幼儿思考能力发展的一个好时机。

（三）协调好养育者的感受与幼儿的理解

幼儿的交换虽然是出自其本意，但诸多养育者却并不会很看好这种交换。所以教师也需要多与养育者进行沟通，告诉他们幼儿这种行为背后的意义。建议养育者多关注幼儿的行为和思想，对于他们带东西去幼儿园或其他幼儿家中的行为最好多询问几句，了解幼儿行为的意图，也可以多给幼儿提供意见和建议，但不要强行干涉，要尊重幼儿想要交换的意愿，尊重他的选择。同时，教师也要提醒养育者将家中的贵重物品和危险物品收好，以免被幼儿拿来作为交换物。而对待幼儿，教师也应该提醒他，交换之前最好和养育者说一声，让成人知道他的想法和行动意图，以让双方都放心。

三、幼儿争抢东西的原因

同时看上同一个玩具或书籍，并因此而发生剧烈的争执，这种情景也是人际交往敏感期儿童的日常。这时候的儿童一方面想要建立友谊，但另一方面也依旧无法抵抗自己喜欢的物品的魅力。

案例 4-15

几个孩子在幼儿园的庭院里玩着不知名的游戏。不知道从什么时候开始，几个人捡起了落在庭院里的树枝，有两个孩子同时对地上的一根树枝产生了兴趣，两人一番争抢，谁都不让着谁，甚至两人互相打了好几下。

最终树枝被高一点的孩子抢到了，矮一点的孩子委屈地坐在地上，看着高个子孩子拿着树枝玩。

可没过一会儿，高个子孩子又不知道从哪里捡来一根树枝，递给坐在地上的孩子说："这个给你，一起玩。"坐在地上的孩子接过了树枝，好像什么都没发生一样，和高个子孩子一起又加入了其他孩子的阵营。

幼儿之间的争抢往往都伴随着这种争吵甚至打斗，这种情况如果发生在早教机构之外，发生在任何一群养育者或成人面前，都极有可能会招来成人的评判，有的是替幼儿讨公道，有的则是教育幼儿不能太自私，还有的可能会让幼儿学会"以牙还牙"。不管怎么说，成人干涉了幼儿的争抢行为，并不利于他们之间友谊的建立，相反，还会让幼儿早早就学会了霸道、报复等并不利于人际交往的行为。

幼儿的争抢并没有恶意，也许只是为了获得自己想要的东西，但就算拿不到，他其实并没有太多的委屈，可能会有不开心，可这种情绪并不会持续太久，他也许会自己寻找其他事物来转移注意力；而另一方的幼儿也并不是霸道地抢到了东西便炫耀，心思单纯的幼儿，会因为他人情绪的低落而出现同情心，他们会自动地寻找可以让他人也高兴起来的方法。两方的幼儿都能通过自我的调节，来最终获得共同快乐的目的。如果成人不主动干涉，他们总能自我协调好和周围人的关系，人际交往敏感期也同样能健康发展。

因此，教师可以从这样几个方面来应对幼儿的这种争斗状态：

（一）不过分干涉幼儿之间的争斗

在保证安全的前提下，教师可以对幼儿之间的争斗呈静观状态，引发矛盾、经历矛盾、体会矛盾、解决矛盾，这些过程都需要幼儿自己去经历，他们会有很好的处理方式，而且这种争斗并不会那么轻易就破坏幼儿之间的友谊关系，教师要在一旁观察，并掌握处在不同位置的幼儿的心理，以便于出现难以解决的局面或者有幼儿来诉说苦恼时，可以给出恰当的处理方式与解释。教师在解决争端时要处在一个旁观者与中间人的位置上，除非幼儿来求助，或者僵局实在难以解决时，否则教师要耐得住性子，等待幼儿自我调解。

（二）给予幼儿有效的支持

被抢走东西的幼儿，内心对那样东西是不舍的；而抢走了东西的幼儿，内心同样是出于对东西的喜爱。虽然表现不同，但本质是一样的。

对于被抢走东西的幼儿，教师要理解他那种不知所措的心情，也要理解他的难过、不舍，但不要向幼儿灌输"抢东西的孩子是坏孩子"的观念，否则便是在给幼儿增加仇恨心理。同时，也不能总是劝幼儿一味忍让，否则也会让幼儿变得懦弱、胆小。教师应该公平而有耐心，多给予幼儿安慰，给他精神上的支持，尊重他的想法，给他自己作决定的权利，要让被抢走东西的幼儿重新恢复自信，鼓励他通过思考找到独立解决问题的办法。

对于抢走他人东西的幼儿，教师也要理解他的心理，这时的幼儿只是单纯地希望获得他喜欢的东西，他没有欺负人的想法，所以也不要训斥、责骂。因为这是当时的幼儿所能想到的最直接有效的让自己满足的方法。

教师应该理解他的这种心情，但同时也要将被抢走东西的幼儿的心情讲述出来，鼓励幼儿学会移情思考，让他也感受一下自己东西被抢走时的难过和沮丧。给他一些建议，帮助他和周围人和睦相处，抓住机会引导和鼓励他主动将自己抢到的东西分享出去。

不过，教师说出来的话要有道理，不要让幼儿误以为"自己喜欢的东西是不能去争的"，这个结论显得太绝对。可以教给幼儿正确的与人分享的方法，教他学会礼貌地请求，教他学会更合理地争取自己想要的东西，这也是在教幼儿掌握更为有效的与人交往的方式。不管是站在哪一方，教师都要切身体会幼儿的感受，给他一种有效的"支持与示范"，让他日后活学活用会显得更加自然轻松。

另外，教师也要恰当地利用交谈、讨论等方法，来帮助幼儿克服以自我为中心的想法，提醒他们注意发现和了解他人的渴望与情绪，让幼儿能站在他人角度考虑问题，从而学会换位思考、理解他人，这也会间接地减少争抢与不愉快的发生。而在处理幼儿之间争执的过程中，也不要给他太大的心理压力，要细心观察和体会他的心理活动，给予必要的心理与行动上的支持。

（三）如实向养育者反映幼儿的争斗情况，并给出合理建议

幼儿的争抢有时候没轻没重，可能会出现各种各样的问题，教师要如实与养育者反映这些情况，但不要添油加醋，也不要带着主观色彩去评判到底谁对谁错。要对养育者讲清楚幼儿这种行为背后的原因，提醒养育者不要斥责幼儿"没出息"或者"太粗野"，建议他们从引导幼儿学会谦让来展开教育，同时也要宽容对待幼儿的表现，满足他内心真正的渴求，并鼓励他以正常的方式来和其他幼儿建立良好的友谊。

另外，教师也要提醒养育者，不要教唆幼儿"以牙还牙"，在交往过程中，"被欺负"或"欺负人"的事情时有发生，养育者应该教育幼儿学会保护自己，同时也要引导他找出处理问题的方法，最好也交由他自己去解决问题。养育者要成为幼儿的助手、"陪练"，给他进行

示范，既不要强求幼儿对抗冲突，也不要直接挺身相救，要充分考虑到幼儿之间交往的复杂性，培养幼儿学会关注对方，调整自己，使得游戏能继续下去。

(四) 正确看待和培养幼儿的分享精神

说到抢东西，就不得不提及分享。有的幼儿对分享不能理解，而教师本身在促进幼儿参加分享活动时做得也并不好。比如，有的幼儿园分享活动比较单一，时间也较短，很多幼儿的分享是被动的，是为了获得奖励、称赞或者不得不听从养育者、教师的指挥才做的。结果，幼儿依然没有学会分享。

分享活动主要指将自己喜爱的物品与他人共享，将自己美好的情感体验及劳动成果等与他人共享。通过分享，幼儿可以获得玩伴，在活动和交际过程中获得言语表达、人际交流等技能，同时幼儿还将因此学会与他人和睦相处，这也将有助于他学会在日后与人共同生活、合作分享，促进其认知和社会性发展，同时也将提高幼儿人际交往能力的系统发展。

教师可以尝试这样做，以引导幼儿学会正确分享：

1. 将分享活动渗透到幼儿的日常生活中。根据分享的随机性、生活化的特点，可以设立专门的生活分享区，有效利用幼儿自由活动时间来开展相应的分享活动（如图4-7），不管是有实物的玩具、书籍分享，还是非实物状态的好故事、好行为、好习惯的分享，这些都可以和幼儿日常活动有机结合，激发幼儿的兴趣，促进其分享意识增强，并体会分享中的快乐。

▲ 图4-7 幼儿与他人分享[1]

---

[1] 图片提供：秀强教育集团义乌市儿童乐园幼稚园。

这种做法会促进所有幼儿都愿意与周围幼儿进行交流，幼儿的人际交往能力得到锻炼，同时综合素质也会有所提升。

2. 教师也要做有心人，比如在分发物品时，就可以有意识地将物品以分享形式分发，或者为幼儿创设分享机会，鼓励幼儿主动将自己的东西分享给他人。教师还可以有意识地将自己看到或听到的关于分享的故事、事例讲给幼儿听，加强正面语言及肢体语言强化，以肯定幼儿的分享行为，激发他想要再次分享的愿望，同时也增加幼儿人际交往的机会。

3. 要与养育者多进行交流，掌握幼儿在早教机构之外的表现，建议养育者按照正确的养育要求来对幼儿进行强化教育，保证其分享能力的不间断发展。另外，也可以建议养育者参与到幼儿的分享活动中来，增强幼儿分享能力和人际交往能力的共同发展。[1]

四、幼儿人际关系的培养

从整体来看，儿童人际关系的发展需要教师给予一个正确统一的方向，也就是要尽量让所有儿童都能具备基本的人际交往能力，都能与周围人和睦相处；而从个体来看，不同特点的儿童，其人际关系的发展也会各有不同，有的儿童会很顺利，有的儿童则会很困难。所以培养儿童的交往能力，不能采用"一刀切"的模式，在把握好大方向的前提下，也要根据每个儿童的特点有的放矢地采取措施。

（一）同伴交往中的不同地位

尽管幼儿彼此年龄相同，但在同伴交往中，彼此还是会因为社交地位而出现差距，每个幼儿的社交地位都有所不同。

1. "耀眼"的幼儿。这样的幼儿会有很好的人缘，会表现出很积极的交往行为，在他周围会聚集很多幼儿，大家都愿意与他交往，也都表现出对他的喜爱。

2. "讨厌"的幼儿。这样的幼儿往往表现得很霸道，经常抢东西、欺负人，因为攻击行为和不友好行为太多，所以他会被很多幼儿拒绝接纳。

3. "小透明"幼儿。这种幼儿既不受欢迎，但同时也不会被排斥，没有人会注意到他，存在感比较弱，很容易就会被忽略。

幼儿之间之所以会有这样的分级，其实也是由幼儿个人的品质特点及交往能力所决定的。个人的品质也许是天生的，但人际交往能力却并不是与生俱来的，只要不断地培养、锻炼，引导幼儿与其他人正常健康地交往，就能使得其变成可以和人自如交往的幼儿。

（二）帮助幼儿掌握交往能力

在有众多儿童的幼儿园或早教机构中，儿童可以有更多交往实战锻炼，所以这时候他们就非常需要教师的引导和帮助。教师可以尝试这样一些做法：

1. 多组织一些合作游戏，尽量保证所有幼儿都能参与其中。将礼貌用语提前教给幼儿，比如"请"、"谢谢"、"你好"、"对不起"等。提醒所有幼儿，玩的时候不要只顾着自己，也要尽可能照顾到同伴的情绪。虽然起的作用可能不会太大，但从小该教给幼儿的还是要及时教，要重视起来。

2. 尽量详细了解幼儿的生活情况，发现幼儿之间有住得近的，可以鼓励他们结伴而行，一起上幼儿园、一起回家，或者互相交换书籍、玩具等物品。也要和幼儿的养育者做好沟

---

[1] 李艳梅.论如何以分享活动促进幼儿人际交往能力的发展[J].考试周刊，2014（11）：177.

通，让他们也多注意自己家附近的其他幼儿的情况，养育者之间的有意牵线搭桥、创造各种机会，会增加幼儿之间交往的次数，其交往能力自然会得到锻炼。

3. 引导幼儿学会积极健康地交往，比如有幼儿总被他人拒绝，教师就要做"和事佬"，不仅要劝说那些拒绝他人的幼儿要保持宽容心和同情心，还要提醒被拒绝的幼儿，帮助他改掉日常不好的言行习惯。而对待被忽略的幼儿，首先要了解他是真的因为自己交往能力不好而被大家忽略，还是说他想要自己一个人待着，要了解他内心的想法，排除病态的自闭表现。如果幼儿想要接近大家但却不得法，那就鼓励他鼓起勇气参与集体活动，并提醒他学会礼貌；如果他的确只是想要自己待一会儿，那就给他足够的独处时间。教师应该根据实际情况作出合理的判断，然后再给出合适的建议来帮助幼儿提升人际交往能力。

第四节　色彩敏感期

健康的人对世界的形容多是"五彩缤纷"，意思就是这个世界有很多颜色，正是这多彩的世界，才让绝大多数人有了美好的感受。色彩不仅从感官上给人类带来美感，每种色彩对人的内心影响也是不同的，明亮的色彩易让人感到快乐，灰暗的色彩易让人感到压抑，深色的色彩让人沉静，而浅色的色彩则带给人活泼的感觉。儿童的色彩敏感期正是让他对色彩开始产生兴趣的关键时期，只有建立起良好的色彩感觉，儿童的世界才会越来越缤纷多彩。

一、色彩敏感期理论

在日常生活中，正常人都可以对颜色产生感觉，那么人为什么会看到色彩？色彩是如何在人眼、大脑中产生作用的？正常儿童的色彩敏感期，也取决于他的眼睛可以对颜色产生反应。所以，在了解色彩敏感期之前，还是先了解一下与色彩有关的内容吧。

(一) 颜色视觉

英国科学家艾萨克·牛顿（Isaac Newton）曾在1671年写道："准确地说，光线是没有颜色的。在光线的成分里面，除了能引起这种或那种颜色的特定能量和配置外，没有其他成分。就像铃声、音符串或者其他发声物体的声音一样，只有振动，在空气中只有从物体上传播的振动……因此，物体上的颜色只是一种配置，它充分地反映了某种光线而不是其他的光线……"[1]

从这段话来看，人类对颜色的生动经验，其实就是依赖于这些物体反射到感觉接收器上的光线。大脑对光源中编码的信息进行加工，从而产生了颜色感觉。

1. 波长和色调

人类眼睛所能看到的光线，不过是电磁波谱中的一个很小的范围，如图4-8所示。这个波谱中的其他类型的波，是人类的视觉系统所无法察觉的。波长就是用于辨别电磁能量的种类的物理特性，就是两个相邻波峰之间的距离，可见光的波长以纳米（10亿分之1米）来度

---

[1] 黄硕.幼儿颜色经验对短时记忆容量的影响[D].河南大学，2011：1.

量,即400—700纳米。特定物理波长的光线产生特定的颜色感觉,所以光线在物理上的描述使用波长,而人类感觉系统对波长的描述才是颜色。

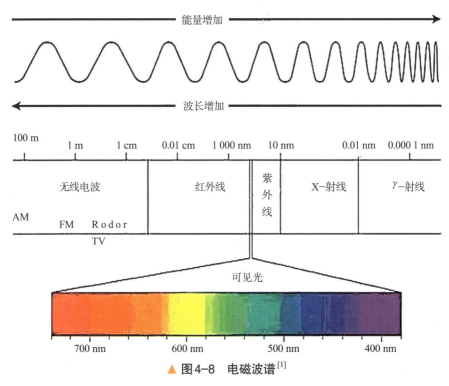

▲ 图4-8 电磁波谱[1]

视觉系统仅能感觉到电磁波谱中一个很小的波长范围

色调、饱和度、亮度,是用来描述颜色体验的三个维度。色调,是对光线颜色的不同性质的体验;饱和度,是色彩的鲜艳程度,也就是颜色感觉的纯度;亮度,是对颜色明暗程度的感觉。通过这三个维度来对颜色进行分析,从理论上来讲,人眼通过视觉可以区分出数百万种不同的颜色,但是大多数人却只能辨认出一小部分颜色。

2. 颜色视觉理论

正常人能看到或者感受到不同的颜色,那么这个颜色视觉现象应该如何来解释呢?一些科学家给出了他们的理论。

1800年,英国医生托马斯·杨(Thomas Young)提出一个观点,认为正常人的眼睛通过红、绿、蓝三种类型的颜色感受器来产生心理上的基本感觉,他同时还认为其他所有颜色都是通过这三种颜色相加或相减混合得到的。

后来,德国物理学家和生理学家赫尔姆霍兹(Hermann Von Helmholtz)对托马斯·杨的理论进行修正与扩展,最终形成"杨—赫尔姆霍兹三原色理论"。这个理论在一定程度上可以为人们的颜色感觉和色盲作出解释,但却并不能进行完全解释。比如,这个理论没法解释为什么对一种颜色适应后却会产生另一种颜色的视觉后效,也不能解释为什么色盲患者无法

---

[1] 何俊.光子与辐射[EB/OL].(2015-7-21)[2016-10-25]. http://www.ihep.cas.cn/kxcb/kjqy/201507/t20150721_4400816.html.

区分像红绿、蓝黄这样成对的颜色。

为了解释这些问题,第二个关于颜色视觉的理论便诞生了,18世纪晚期,德国心理学家艾沃德·黑林(Ewald Hering)提出了"拮抗加工理论",即所有的视觉体验产生于三个基本系统,每个系统包含两种拮抗的成分:红对绿,蓝对黄,或者黑(没有颜色)对白(所有颜色)。

黑林认为,颜色之所以会产生互补色的视觉后效,是因为系统中的一个成分因为过度刺激而产生疲劳,这就增加了其拮抗成分的相对作用。而色盲类型成对出现,黑林认为是因为颜色系统实际上并不是由单一颜色构成,而是由相对立的成对颜色构成的。[1]

现代色觉理论则认为,颜色视觉的形成可以分成两个阶段,第一阶段是视网膜中的三种锥体选择吸收光谱中的不同波长的光波,分别产生相应的神经冲动,同时又产生黑白反应;第二阶段是神经反应由锥体向大脑皮质视中枢的传递过程中,再重新组合,进行信息加工,最后产生各种颜色感觉。[2]

知识链接 4-1

色觉异常 [3]

色觉异常是指人眼对颜色的辨认功能失调,可分为两大类:先天性色觉异常和后天性色觉异常。

1. 先天性色觉异常

从分子生物学的角度来看,人类红绿色觉基因位于X染色体上,蓝色觉基因位于第七对常染色体上,色觉的异常是由于基因的不等交换和重组所造成的。

先天性色觉异常具有出生时就存在,双眼对称,一生中保持不变并向后代遗传的特点。根据三原色理论,丧失一种颜色的辨色力称为二色视。丧失红色辨色力称为红色盲,这种人光谱红色一端缩短,对光谱的红色敏感度降低,而将其看成是暗色;丧失绿色辨色力称为绿色盲;黄蓝色盲较少。丧失两种颜色的辨色力称为一色视,也称全色盲,只有明暗之分。全色盲的病例极为少见,多数都是病理性的。

2. 后天性色觉异常

后天性色觉异常可由眼病、全身心病变、神经系统疾病、化学物质、药物或年龄等因素引起。后天性色觉异常可以是单眼或双眼,如为双眼则两者受累可有程度上的不同,常伴有异常的视网膜功能(视力、视野等)。临床上证实,视网膜脱离则蓝色视野收缩,而视神经萎缩则红色视野缩小,老年黄斑变性早期即有蓝色异常。

---

[1] (美)格里格(Gerrig, R.J.),津巴多(Zimbardo, P.G.).心理学与生活(16版)[M].王垒、王甦等,译.北京:人民邮电出版社,2003:81—86.

[2] 寿涵荣.浅谈色觉和色觉异常——色盲[J].生物学通报,1998(1):7.

[3] 付苏,贺翔鸽.色觉与色盲研究进展[J].中华现代临床医学杂志,2004,2(3):225.

（二）色彩敏感期

正常健康婴儿的颜色视觉也会随着年龄的增长而有所提升，刚出生的婴儿只能辨别红色与绿色，但到两个月大时，他的所有颜色视觉感受器就都可以发挥作用了。

不过，即便能辨别红绿颜色，婴儿最开始却喜欢看黑白相间、明暗对比强烈的景物，但这段时间很快会过去，当他眼中的颜色视觉感受器发挥了作用，他就会对色彩产生兴趣，迈出认识颜色的第一步。随着逐渐成长，当儿童对颜色的辨识能力越来越稳定发展，三四岁时，凡是健康正常的儿童，都会更加关注色彩缤纷的世界，这就意味着儿童进入了色彩敏感期。

处在色彩敏感期的儿童，会对缤纷色彩的事物产生浓厚兴趣，比如五颜六色的衣服、有鲜亮色彩的玩具、五彩斑斓的活动环境，等等。对色彩的兴趣让儿童不仅仅喜欢待在色彩斑斓的环境之中，他也会开始喜欢辨认色彩，并积极地表达自己对某种色彩的感觉与评价。在这一时期，儿童会爱上涂色游戏，喜欢用不同颜色的笔来四处涂画（如图4-9）。这个阶段的儿童思维会很开阔，尤其是在涂色方面，他会尝试所有可能的色彩，其结果就是他涂出来的颜色也许会不合常规。而这实际上正是儿童想象力与色彩敏感期的完美结合，如果能得到保护与鼓励，那么这种结合无疑会成为儿童成长过程中的一个推动力。

▲ 图4-9　喜欢涂色[1]

---

[1] 图片提供：秀强教育集团义乌市儿童乐园幼稚园。

二、给幼儿更多的色彩认知机会

案例 4-16

　　一位爸爸带着儿子在花园里散步,儿子跑到一丛花前面,转头问爸爸:"爸爸,这个是什么颜色?"在看手机的爸爸抬头看了一眼回道:"粉红色。"儿子自己不禁念叨了几遍"粉红色",很快又跑到一处雕塑前转头问道:"爸爸,这个呢?这个是什么颜色?"爸爸又看了一眼说:"浅蓝色。"儿子接着又重复了好几遍"浅蓝色"。继续往前走,儿子似乎看到了刚才看过的颜色,但又不确定,便指着另一丛花问:"爸爸,这个也是粉红色吗?"

　　爸爸终于不耐烦了,这回连眼皮都没抬,专注地看着自己的手机回应道:"别问我,自己看!刚给你说过,怎么这么麻烦!"儿子有些失望,左看看、右看看,再看看爸爸,后来便再也没问过爸爸了。

　　进入色彩敏感期的幼儿对各种鲜艳的色彩都会有浓厚的兴趣,他会不停地询问颜色的名称,也会不断重复色彩名词。这种重复的状态可能会让一些成人觉得很麻烦,但如果能抓住这个时机,及时对幼儿进行颜色教育,他对颜色印象将会极为深刻,而且也将掌握足够多的颜色。

　　在这方面,教师也应该及时注意到幼儿的敏感期发展,在他们对颜色正好感兴趣的时期,要抓住机会给他更多认识色彩的机会。

(一)从环境开始教幼儿认识色彩

　　幼儿园或早教机构一般都会营造丰富多彩的环境,各种物品、墙上的画作一般都会选择鲜艳明亮且种类繁多的色彩,以此来吸引幼儿的目光。对于想要了解色彩的幼儿来说,这些事物其实也有着强大的吸引力,教师要有耐心,可以指着这些东西,然后清晰地告诉幼儿它们的名字和颜色。比如,"这是红色的小凳子"、"这是蓝色的书本"、"这是粉色的杯子",等等。

　　除了幼儿园或早教机构本身的环境之外,自然环境也是非常好的教育基地,因为所有的颜色在自然界里才是最纯正天然的,花花草草、蓝天白云、蝴蝶小鸟、昆虫土地,等等,五彩缤纷的世界也是幼儿学习色彩的大课堂。

(二)采取多样的认识色彩的教育

　　色彩中有色彩三原色,也就是红色、黄色和蓝色,这三种颜色清晰可认,很容易被记住。最好能从这样的颜色开始教幼儿认识颜色,帮助他确定颜色的正确名称。这是因为幼儿并不具备辨别中间色的能力,有了这些原色作为基础,幼儿未来对其他色彩的辨识也将更容易。

　　在教幼儿认识颜色时,也不要总是指着一样东西告诉他"这是什么,是什么颜色",多一些灵活的教育方法,也能满足幼儿在颜色方面的好奇心。可以用问题来引导,"这是什么颜色的"、"你看到了哪些颜色"、"有你不认识的颜色吗"、"你最喜欢哪种颜色"等,不同的问题会引发幼儿从不同角度去思考与颜色有关的内容,他的学习也会越来越轻松有趣。

(三)不要忽略任何一个色彩细节

　　生活或教学中有很多色彩细节也是可以引导幼儿加深对色彩的印象的。比如,生活中,教师的衣服要选择鲜艳明亮，且搭配和谐的色彩，这会对幼儿的视觉产生良性刺激，加深他对色彩的印象；在教学过程中，选择色彩丰富鲜明的教具，包括书籍、玩具，即便不是在进行色彩教学，也要选用能刺激幼儿颜色视觉的物品，保证他身处一个五彩缤纷的世界，可以随时随地经历颜色刺激。

三、营造欢快明亮的色彩环境

随着年龄增长，幼儿对色彩的认识呈现不同的变化，从认识颜色，到识别颜色名称、感知颜色冷暖，再到选择自己喜欢的颜色。每个幼儿都有其独特的审美心理，对待不同的颜色也会有独特的感受。

就拿性别不同的幼儿来说，他们在色彩喜好上就会出现强烈的性别特点。比如，女孩对红色、黄色最为喜爱，其次喜欢的则是橙色、白色、蓝色；而男孩最喜欢的颜色则是黄色、蓝色，其次才是红色、绿色。

（一）幼儿的色彩心理

色彩心理，可以被看成是客观世界的主观反映，不同颜色会导致人产生不同的心理活动。色彩心理与年龄有一定的关系，根据实验心理学的研究，儿童大多喜欢极鲜艳的颜色，而随着年龄、生理的变化，人越走向成熟，对颜色的喜好也会逐渐向复色过渡。

之所以会这样，是因为儿童眼前的世界是全新的，他原本就在接触世界、认识世界的过程中，他想要进一步探究世界，那些简单、新鲜、强烈、刺激的色彩是可以引发他的兴趣的，从而让他对这个世界有想要了解并熟悉的心情。而随着年龄、阅历的增长，儿童对色彩的记忆会越来越多，而且其他方面的知识、经历也会不断涌入他的大脑，对色彩的感觉也就会慢慢地变得成熟、柔和起来，色彩也将成为他学习和生活过程中的一个重要辅助元素。

（二）色彩对幼儿的影响

1. 生理影响

和谐、漂亮的色彩，给人带来美的视觉感受的同时，也能让人身心愉悦，而那些杂乱的、没有秩序的色彩则很容易让人产生视觉疲劳，也会让人的情绪变得烦躁起来。尤其是对于幼儿来说，不同色彩及色彩组合的刺激，让他的身心成长也会受到不同的影响。

比如，过于直接强烈的色彩，会刺激儿童的视神经，对他的视力发育造成不良影响；过于鲜艳的色彩，容易带来巨大的视觉冲击力，让儿童变得焦躁不安、注意力分散，有时候还会产生厌烦情绪；而过于单调、呆板的色彩，又会让儿童出现视觉疲劳；等等。

2. 心理影响

色彩对儿童的心理影响要更为强烈一些，不同的色彩会让儿童的知觉、情感、心理感受都发生变化。儿童生活学习的环境的色彩与其智力发育、个性发展、情绪好坏都有着极大的关联。

（1）智力发育

德国慕尼黑的一位心理学家进行过一项时长3年的研究，让儿童在涂有不同颜色墙壁的房间里游戏、学习，以研究颜色对儿童智力发育的影响。研究结果发现，在淡蓝色、黄色、草绿色、橘红色等"漂亮颜色"房间里学习的儿童，其智商比平时高了12点，而且也显得更加机敏、协调，富有想象力与创造力；而在白色、黑色、棕色、灰色这样的"单调颜色"房间里学习的儿童，则表现得很压抑与迟钝，智商也比普通的儿童要低。这项研究表明，良好的色彩有利于培养与激发儿童的智力。[1]

（2）个性发展

事实上，儿童的个性是可以通过色彩喜好表现出来的。比如，喜欢红色的儿童一般个性较强、精力充沛、较为冲动，个性直爽而积极；喜欢黄色的儿童，具有创造性，且头脑灵活、反应灵敏，一般情感较为脆弱、缺乏冲劲；喜欢紫色的儿童，敏感易激动，容易情绪失衡；喜欢绿色的儿童，有信心、顽强；喜欢橙色的儿童，个性较为外向活泼，为人也很有创造性；喜欢蓝色的儿童，平静沉稳，喜欢思考，且平易近人；喜欢灰色的儿童，往往善良，富有同情心。

不过，对颜色的喜好也出于个人的感觉，儿童喜欢一些别样的色调也不一定就代表他身体不好或者心理有问题，教师也要辩证地看待这个问题。

（三）为幼儿营造合适的色彩环境

有了色彩心理学的剖析，在为幼儿建立合适的生活学习环境方面就要多下一番工夫。给幼儿配备颜色的时候，最好能以他的生理、心理因素为根本，寻找更适应幼儿身心发展的色彩，不仅要在鲜艳程度、亮度上注意，还要注意多彩性，力求给幼儿布置一个舒适、明快而又协调的色彩环境。比如，学习、游戏的场所给幼儿准备橙色、浅黄色、淡蓝色，这将有利于保持幼儿的精神集中、情绪稳定；蓝色与绿色的色调，则可以用在幼儿休息的场所。

另外，在教室或各个活动区准备合适色彩的环境之下，教师也要注意不同性格的幼儿对色彩的需求，尽量选择更符合他们性格特点的色彩用具，以更好地开展集体教育，比如，对情感脆弱、勇气不足的幼儿，可以用热烈张扬的红色，红色的用具、玩具，鼓励他穿红色的衣服，通过这样的色彩来刺激幼儿性格发生改变；对于注意力不集中的幼儿，在平常的生活学习过程中，则可以多给他准备稳重的色彩，来帮助他内心平静下来。这就需要教师的细心观察与体会，才能更准确地发现幼儿的个人特点。[2]

四、满足幼儿对色彩运用的渴望

色彩敏感期的幼儿最喜欢的工具是画笔，涂色、画画成为他此时最喜欢玩的游戏。之前对色彩的认识与发现，意味着幼儿对色彩的感觉停留在认知的层面上，而当他产生了运用色彩的渴望，开始拿起画笔涂色或作画时，就意味着他已经将色彩当成了手中的工具。教师要意识到幼儿此时对色彩运用的渴望，可以安排一些涂色、画画的游戏（如图4-10），满足他此时的内心需求。

（一）准备合适的工具

画笔、画纸、涂色卡、涂色书等是这时幼儿比较需要的工具，最好多准备一些。要选择健康无毒的画笔，如果能选择容易洗干净的最好，要保证幼儿尽情玩耍的背后不会有安全隐患。

画笔颜色的选择也要尽量多一些，不只是拘泥于红黄蓝绿这些简单直接的色彩，要给幼儿更多颜色选择。涂色过程中教师也可以提醒幼儿多使用一些他平时没有使用或不常使用的颜色，增加他对颜色的体验与敏感。

---

[1] 涂玲.浅析色彩对儿童健康成长的影响[J].美术教育研究，2011（3）：49.
[2] 涂玲.浅析色彩对儿童健康成长的影响[J].美术教育研究，2011（3）：51.

不过关于涂色书的选择也要慎重,日常的涂色活动可以使用涂色书,却也不要太过于依赖涂色书,否则幼儿日后会形成思维定势,不管画什么都可能像是从涂色书上模仿下来的样式。倒不如鼓励幼儿自己画线条,然后再由他们选择自己喜欢的颜色去涂色,以减少思维框框的限定。

(二)不强硬固定标准

幼儿的涂色应该是没有任何标准限定的,不管他想要涂什么样的颜色,想要怎么涂,是涂在图案线里还是线外,教师都不要去固定这个标准,否则这种死板的限定可能会约束幼儿想象力与创造力的发展。

案例 4-17

班里有个小男孩很不喜欢涂色游戏,每次进行涂色游戏时他要么是干坐着不拿画笔,要么就干脆跑去玩别的。老师招呼他:"老师和你一起涂色好吗?"小男孩还是一脸不情愿。后来老师和小男孩的妈妈讲了这个情况,妈妈无奈地说出了原因。

原来以前妈妈也给小男孩买过一些涂色书,但是小男孩一开始总会把颜色涂到图案线外面,颜色也涂得乱七八糟。妈妈觉得这样很不好,就要求他必须涂在线以内,还不能随便用颜色。如果他没有按照妈妈的要求去做,就会受到妈妈的指责,如此几次之后,小男孩就不愿意再玩涂色游戏了。

幼儿最开始涂色时,其实并不清楚应该怎么涂,他在意的只是能不能按照自己的心意把颜色涂完,至于说涂出来的效果怎样,他其实并不那么上心。幼儿对涂色的熟练程度是需要训练的,他的动手能力还并不强,所以一开始就给他严格的规矩,只会让他觉得这个游戏规矩太多并不好玩。

▲ 图4-10 涂色游戏[1]

---

[1] 图片提供:秀强教育集团义乌市儿童乐园幼稚园。

因此要允许他自由涂抹，或者也可以简单提醒他顺着一个方向去涂，等他熟悉之后，再鼓励他把颜色涂得更密一些，减少线之间的缝隙，尽量涂到轮廓之内。当然这也不是绝对的，给幼儿足够的自由，他会慢慢在这个过程中自己发现规律，并去主动接近规律，幼儿内心的秩序感会帮助他们这样做。

至于颜色的选择，就更不要限定了，蓝色的太阳和紫色的苹果这并没有什么不对，幼儿享受的是涂色的过程，鲜艳好看的色彩刺激的是他的视觉，而这种天马行空式的涂色，正因为顺应了幼儿自我的意愿，是他自我兴趣的发挥，他也就不会感到厌烦了。

（三）可以有"规矩"

幼儿涂色游戏会用到画笔、画纸，画笔可能会画出纸张范围，各种颜色也就会出现在桌子、椅子、地板、墙壁甚至其他想都想不到的地方，而画纸也可能会被丢得到处都是。

这时教师就需要给幼儿立一些小规矩了，比如，要在限定的活动区域里进行涂色游戏，涂完色的纸张要好好地放在桌子上，涂完色的笔要放回原处或者盖好笔帽，等等。要在日后的游戏过程中不断强化这些小规矩，时间久了，幼儿自然会养成好习惯。

不过，涂色游戏的时间不要太长，尤其是年龄小的儿童，如果长时间涂色，不仅会让他感到劳累，也会降低涂色的乐趣，更何况还有规矩的约束，因而游戏的安排也要更灵活一些。

第五节　性别和出生敏感期

生命本身就是一个奇迹，每个新生命的诞生都饱含着家人的期待。而新生命的性别，则决定着他未来人生的各方面发展都被画上了性别符号。这是一个神奇的区分，即便是儿童，也会对自身性别产生好奇，身体构造的不同，衣饰玩具的区分，都会让儿童对性别产生兴趣，这便是性别敏感期的到来。与性别敏感期几乎同时出现的，还有出生敏感期，儿童会对自己是如何降生到这个世界上的感兴趣，在这个特殊阶段，他会相当在意自己的来历。性别和出生敏感期，是儿童第一次如此密切地关注自身的存在，因此需要慎重对待。

一、性别与出生敏感期理论

（一）性别

生物中有许多物种可以划分成两个或两个以上的种类，这就是性别。不同的性别个体会通过互相补足结合彼此的基因，以繁衍后代。通常所说的性别会有两种：雄性和雌性。雌性是可以生产较大配子即生殖细胞的一方，所以说性别的种类是根据个体在其生命周期某段时间中可执行的生殖功能来决定的。

对于人类来说，性别也分两种：男性和女性，而每个人的性别，在胚胎期就已经决定了。

1. 决定婴儿性别的因素

在受孕时，精子的23条染色体和卵子的23条染色体形成了23对染色体。其中22对是常染色体，与性别无关，第23对染色体是性染色体，决定了婴儿的性别。

性染色体有两种，分别为X染色体和Y染色体，每个卵子携带的染色体都是X染色体，但是精子携带的染色体可能是X染色体，也可能是Y染色体。Y染色体包含男性基因，即男性性别基因。当卵子（X染色体）与携带X染色体的精子结合时，受精卵的性染色体对将是XX，胎儿的性别将为女；当卵子（X）与携带Y染色体的精子结合时，受精卵的性染色体对将是XY，胎儿的性别将为男。[1]详见图4-11所示。

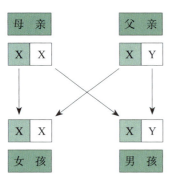

父亲有一条X染色体和一条Y染色体。母亲有两条X染色体。男孩从母亲那里得到X染色体，从父亲那里得到Y染色体。女孩从母亲和父亲那里得到的都是X染色体。

因为所有的孩子都会从母亲那里继承X染色体，所以从父亲那里得到X染色体或Y染色体便决定了孩子的性别。

▲ 图4-11 性别的决定因素[2]

2. 婴儿期和学步期的性别差异

性别对人类的影响是深刻的，外貌、运动、工作、休闲、穿着方式、看待自己的态度、他人对自己的态度，等等，所有这些特点都与人的性别有紧密联系。虽然不能排除会有跨性别喜好的情况出现，但就大多数人而言，通过这些特点显现出来的性别特征还是非常明显的。

1—2岁的时候，男孩和女孩之间就已经开始出现行为差异了，在对玩具和游戏活动的偏好以及对同性别伙伴的偏好上，男孩与女孩之间有了明显的不同。比如，17个月大的男孩就要比同龄的女孩更喜欢玩攻击性强的游戏。到了两三岁时，男孩和女孩在表达时，也会更多地说出倾向于与自己性别相符的词汇，比如男孩可能会更喜欢讨论"小汽车、大飞机"这样的词，而女孩则更倾向于谈论"项链、蝴蝶结"这样的内容。

事实上，认知心理学家经过研究发现，早在行为被性别分化之前，早在会说话之前，婴儿就已经开始感知到了性别的差异。习惯化研究发现，6个月大的婴儿就能对男性和女性的声音产生不同的反应了，9—12个月的婴儿可以根据头发和服饰来分辨男性和女性的不同面孔，大约24—36个月的幼儿就已经可以将洋娃娃这种性别化的玩具与正确的性别面孔相联系。只不过，相比较女孩来说，男孩在这方面的知识发展会显得缓慢一些。

3. 儿童的性别认同

作为自我概念发展的重要方面，性别认同是指幼儿意识到自己的女性特征或男性特征，并明白它们的含义。有人认为这种性别差异来自男孩和女孩一出生就经历的不同的经验与社

---

[1]（美）帕帕拉（Papalia, D.E.），奥尔兹（Olds, S.W.），费尔德曼（Feldman, R.D.）.孩子的世界——从婴儿期到青春期（11版）[M].郝嘉佳等，译.北京：人民邮电出版社，2013：79.

[2]（美）帕帕拉（Papalia, D.E.），奥尔兹（Olds, S.W.），费尔德曼（Feldman, R.D.）.孩子的世界——从婴儿期到青春期（11版）[M].郝嘉佳等，译.北京：人民邮电出版社，2013：80.

会期望。关于性别发展，不同的人也有着不同的理论，如表4-3所示。

表4-3 性别发展的五种理论[1]

理论	代表人物	关键词	基本观点
生物学理论		基因、神经系统以及激素活动	男性和女性的许多或大部分行为差异都可以追溯到生物上的差异
进化发展理论	查尔斯·达尔文	自然的性别选择	儿童的性别角色视为成年后的交配及繁殖行为做准备
性心理发展理论	西格蒙德·弗洛伊德	潜意识情绪冲突的解决	当儿童认同同性别父母时，性别认同出现
社会认知理论	阿尔伯特·班杜拉	观察榜样，强化	儿童在心理上整合对多个榜样的观察，并且产生自己的行为变化
社会发展理论	劳伦斯·柯尔伯格	自我分类	一旦儿童知道自己是女孩或者男孩，他就会将与性别相关的信息进行分类，并且相应地做出这些行为
性别图式理论	桑德拉·贝姆 C·L·马丁 C·F·霍尔沃森	建立在文化信息加工之上的自我分类	儿童根据特定文化的知识和相关的行为要求，对适合男孩或女孩的相关信息进行加工 文化认为性别是一个重要的图式，因此根据性别对儿童进行分类

4. 社会化对性别发展的作用

社会化从婴儿期就已经开始了，随着幼儿开始调控自己的活动，行为标准也开始内化，到了三四岁时，他的性别相关行为就会发生从社会控制到自我调节的重要变化。

（1）家庭影响

家中养育者对待不同性别的幼儿态度也会有相应的变化，在很多家庭中，对待男孩往往更简明直接，而对待女孩则会更加细腻委婉。绝大多数的养育者给幼儿准备的服饰用具也都会更有性别特点。

平时生活中，家庭成员也会依据幼儿的性别特点来评价他的行为，并给予颇具有性别特点的建议。也就是人们常说的，男孩要有"男孩的样子"，女孩要有"女孩的样子"。比如，对待男孩，家庭成员往往会说"你是男孩子，要坚强勇敢一些，要敢于担当，要保护好弱者"；而对待女孩，家庭成员更多地会提醒她"要稳重端庄，注意保护好自己，要有女孩文静的样子"。虽然并不是所有幼儿都能按照家人的嘱咐走符合自己性别的道路，但不能否认的是，家庭中所创造的这种特指性别环境，也会让幼儿对自己的性别有一个更深刻的认识。

---

[1]（美）帕帕拉（Papalia, D.E.），奥尔兹（Olds, S.W.），费尔德曼（Feldman, R.D.）.孩子的世界——从婴儿期到青春期（11版）[M].郝嘉佳等，译.北京：人民邮电出版社，2013：365.

（2）同伴影响

周围同伴的表现是性别特征形成的一个主要影响因素，同性别幼儿之间会因为彼此服饰、行为、言语而产生模仿，从而更加固化自身性别的表现。玩游戏的时候，3岁幼儿通常会按照性别来分组，这无疑强化了性别类型行为。

（3）文化影响

社会对不同性别会有不同的文化要求，比如，通常来说，社会对女性的形象要求是端庄文雅，很多简单的动作比如坐着的时候双腿要并拢，不能叉开腿毫无形象；女性也要学习操持家务，未来若是成立家庭，也要能做到相夫教子；而对男性的要求则是要有担当，吃苦肯干，要有保护精神，要谦让、容忍，成为家庭中的顶梁柱，并对家庭、对自己、对社会负责。社会的文化影响，会让不同性别的幼儿受到文化浸染而加深自身的性别特征。

（二）生命的诞生

每个正常女孩出生时，体内有大约200万个不成熟的卵细胞贮存在两个卵巢内，每个卵细胞都有自己的卵泡。女性在性成熟后开始排卵，即两个卵巢的成熟卵泡发生破裂，释放出卵子。这个过程大约每28天发生一次，一直持续到绝经期。在微小绒毛细胞纤毛的摆动下，卵细胞通过输卵管到达子宫。

男性精子则由精囊（睾丸）或生殖腺产生，成年男性每天可产生几百万个精子，精子释放后会在阴道中努力游过子宫的出口子宫颈，进一步到达输卵管。这个过程很"艰辛"，只有很少一部分的精子可以完成这段旅程，最终只有一个，有时候也会有几个精子能实现与卵子结合的可能。

就目前的科技发展来看，生命的诞生暂时还离不开卵子与精子的结合，二者相遇结合形成一个单细胞——受精卵，受精卵通过细胞分裂不停复制自身，接着组成直至变成一个婴儿，这便是一个生命诞生的主要过程。

（三）性别与出生敏感期

对于成人来说，不管是性别的确定和区分，还是生命的诞生，尚且都是神秘而值得深思的话题，对于正在努力探索世界的幼儿来说，自己的性别和出生，就更让他感到无比好奇。

案例 4-18

小男孩看到百科全书中人体的那一部分，感到很好奇，便拿着书跑到老师面前，拉着老师给他讲其中的内容，而他则听得非常认真。老师正讲着的时候，小男孩忽然指了指书上图中一个男人的生殖器，接着又指了指旁边一个女人同样的部位，问道："为什么不一样呀？"

老师很平静地给小男孩讲解了身体各个部分的名称，也包括生殖器的部位，并告诉他"这就是男人和女人的区别"，同时也借着这个机会讲了生命到底是怎么来的。

小男孩听完后沉思了一会儿，很认真地问道："老师，你是从哪儿来的呀？"老师说："我也是我妈妈生的呀。"小男孩又想了想说："那是不是所有的人都是妈妈生出来的呀？"老师点了点头："没错，所有人都是妈妈生出来的。"

不管男孩还是女孩，到了生命的某一阶段，都会开始对自己的身体、异性的身体产生好奇心，并更渴望了解生命的诞生。

成长过程中的幼儿会开始意识到自身与异性之间是不同的，也会开始关心自己到底是从哪里来的，他会通过询问来获得自己想要了解的答案。在一段时期里，他会很想要更深入了解关于性别与出生的各种问题。这个时期便是幼儿的性别与出生敏感期，如果此时他能获得正确的答案，不仅他的好奇心很快会得到满足，而且他对自己的性别也会更有认同感，对自己的来历也将有一个正确的认识。

二、应对幼儿性别敏感期实践

一般来说，3—5岁的幼儿会开始对异性身体产生兴趣，他可能会在各种时机发现自己身体与异性身体之间的差异，并进而开始探索，希望自己的好奇心可以获得满足。

（一）帮助幼儿认识身体

案例 4-19

蕊蕊跑去告诉老师说，她上厕所的时候，鑫鑫会趴在地上看，她觉得很不舒服。而鑫鑫却并不觉得有什么不好意思，只是在老师问他的时候却反问了老师："老师，为什么蕊蕊要蹲着尿尿？为什么蕊蕊的下面和我的下面不一样？"老师这才意识到，鑫鑫开始对性别产生好奇了。看来，要给鑫鑫和其他孩子们讲一讲关于身体的知识了。

幼儿对自身与他人身体上的不同在这一段时间会很敏感，他关注的是为什么男孩与女孩会有不同，他更想探寻这里面的原因与奥秘。所以，这个时候教师应该要多从知识讲解的角度去告诉幼儿性别的内容。

1. 坦然回答幼儿的问题

幼儿问出这个问题并不带有任何"色情"的成分，他就像了解鼻子、眼睛、手、脚一样，只是对这个一直被隐藏在衣服里面不能外露的器官感兴趣而已。所以教师此时没必要感到难堪，也不要因此训斥幼儿"怎么问这么不健康的问题"，教师越是慌乱，反倒会引起幼儿更大的好奇。相反的，用平静的语气，毫不回避问题，坦然地将"这是什么"、"做什么用的"告诉幼儿就好。可以连带着与其他身体器官一起说出来，就如讲述"鼻子用来呼吸""手用来拿东西、画画"一样，不遮遮掩掩也不用过分强调，这会更容易消除幼儿对性器官的过分在意，因为当性器官被列在所有器官中被平淡地说出来之后，幼儿就会将它看成是与鼻子、手一样的器官了，而绝对不会产生什么其他的想法。

2. 正确解答问题

关于性别器官的问题，教师应该给出一个圆满的解答。对于幼儿提出来的"这是什么"、"为什么不同"的问题，除了要明确告诉他器官的名称和用途之外，也要顺便告诉他，生殖器这样的地方是自己的隐私部位，同时将如何保护隐私部位、如何防范坏人等内容一并教给他，让他不仅了解自己还要懂得关爱与保护自己。

关于这方面的教育，可以借助图画书、动画片等方式，一定要让幼儿意识到自己的隐私部位是绝对不能裸露给旁人看，更不能让旁人触碰的。为了加深幼儿的印象，在经历过图书、动画片的教育之后，还可以找来布娃娃，让幼儿来做"保护身体重要部位"的游戏，加强他自我保护的意识，让他能够主动去保护自己的隐私部位。

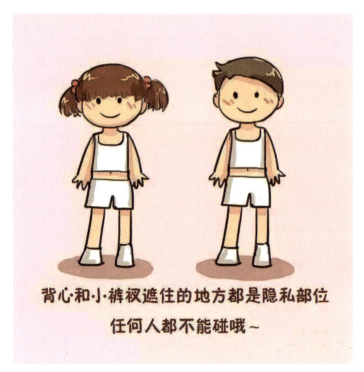

▲ 图4-12　隐私保护[1]

（二）帮助幼儿建立正确的性别观念

身为男孩或女孩，每个人都有自己存在的价值与意义，幼儿对性别的关注是正常的，也是其成长中的必经阶段，教师理应给予幼儿支持。要准确而简单明了地回应幼儿所关注的与性别有关的各种问题，而且这些回答也要尽量让幼儿能清晰明了地意识到性别特点。

不过成长过程中的幼儿，若要做到对性别这么抽象、实际的内容完全理解，也还是需要时间的。

美国教育心理学家劳伦斯·柯尔伯格（Lawrence Kohlberg）指出，性别角色获得的关键在于性别恒常性，即儿童意识到自己的性别不会改变。性别恒常性的发展可分为三个阶段：性别认同、性别稳定性和性别恒常性。

性别认同通常出现在2—3岁，指能意识到自己及其他人的性别；性别稳定性是指幼儿能意识到自己长大后会成为男人还是女人，也就是幼儿能意识到自己的性别不会发生变化；性别恒常性会在3—7岁或更晚时出现，此时女孩就能意识到即便她剪短发、穿裤子也依然是女孩，男孩也将意识到即便他留长发、戴耳环也还是男孩。一旦幼儿意识到自己的行为或穿着不会影响性别，他们也许就会变得不再那么严格遵守性别规范了[2]。

教师自身性别特点也将是幼儿观察学习以及模仿的榜样，男教师要很好地展现自己的阳刚之气，女教师则要更有女性化的特点。尤其是年轻教师，男教师因为面对众多幼儿可能不自觉地就会有一些偏女性化的表现，但总体来说，男教师还是要保证自己的男性特点；而女教师也不要受时下一些言论的影响，真的将自己当成"女汉子"，女性的温柔体贴细心都要

---

[1] 图引自http://hz.bendibao.com/news/20151020/61793.shtm.

[2] （美）帕帕拉（Papalia, D.E.），奥尔兹（Olds, S.W.），费尔德曼（Feldman, R.D.）.孩子的世界——从婴儿期到青春期（11版）[M].郝嘉佳等，译.北京：人民邮电出版社，2013：368—369.

展现出来，教师要格外注意自身的表现，以免给幼儿带来性别错乱。

三、应对幼儿出生敏感期实践

案例 4-20

老师微笑着问班里的孩子们："你们知道自己是从哪里来的吗？"

孩子们都举手大喊"知道"，并纷纷给出了自己的"答案"。

"我是从树上掉下来的。"

"我是在河里捞上来的。"

"我是妈妈买东西的时候收到的礼品。"

"我是从土里刨出来的。"

"我是火星上飞来的。"

……

老师有些沉默，孩子们的回答五花八门，但却没有一个人能很准确地表达"我是爸爸妈妈爱的结晶"。

关于出生的问题，在很多家庭都是不可以与幼儿讲的"禁忌"。在很多养育者看来，出生这个过程是很"成人"的过程，并不是现阶段幼儿可以了解的事情。但是，因此而给幼儿这些错误的答案，不仅误导了他们对生命诞生这个严肃而科学的话题的理解，同时这些回答过于冷酷与玩笑化，在某种程度上对幼儿的内心也会造成一定的伤害。比如，有的幼儿会认为自己是"捡来的"，所以总会担心自己会被再扔掉，这样的幼儿会缺乏安全感，还可能由此变得胆小懦弱。

正确的做法应该是这样的：

（一）有技巧地阐述出生问题

养育者之所以对这个问题感到尴尬、不好回答，是因为怕把握不好回答的"尺度"，如果说多了害怕给幼儿带来什么不好的影响，但如果说少了，幼儿多半又会紧追不舍问个没完。若是说得深了，幼儿听不懂，返回来还会再问，可如果随便说两句，他觉得是在敷衍他，还会再缠着问。

那么，如果幼儿用这个问题来询问教师，教师在这方面就应该有一个好表现，要把握好这个尺度，有技巧地向幼儿阐述问题的答案。

好玩的故事、温暖的故事、能够唤起幼儿情感的故事，这些讲述方式都可以很清楚地向幼儿阐明生命的来历。不要欺骗他，不要顾左右而言他，幼儿有权了解真相，尺度问题是可以为人所把控的，关键要看是不是能靠智慧来让幼儿获得一个清晰的答案。如果自己做不到像这位老师有智慧的解答，也可以借助外力，有些很有意思也很简单的图画书就讲了生命的诞生，一些科普类的小动画片也同样可以讲述清楚生命的来历，还有一些与生命有关的纪录片也是可以拿来放给幼儿看的。当教师以一种科学认真的态度来讲述这个问题时，幼儿也将意识到生命的诞生是一件认真神圣的事情，但同时也是一件自然的事情，不需要奇怪与惊讶。

案例 4-21

老师画了几张画,连成了一个简单的"连环画故事",名字就叫"小天使的诞生"。画中讲道,在妈妈的肚子里有很多颗种子,它们叫卵子,一个接一个地长大,后来有一天爸爸觉得种子自己太孤单了,就又送给妈妈一个种子,这就是精子。精子和卵子相遇很开心,决定生活在一起,成了一颗受精卵。受精卵在妈妈肚子里找到一个叫子宫的地方,在那里安了家。

很快,受精卵渐渐长大,开始出现了变化,变成了一个有眼睛、有嘴巴、有鼻子,还有小手、小脚的小天使。这个小天使每天从妈妈那里用一根名叫"脐带"的东西吸收营养。而爸爸妈妈也很喜欢小天使,虽然他还一直在子宫里,但也每天都给他听音乐,给他讲故事。

差不多经过了10个月的时间,小天使觉得子宫太小了,他想要到外面去,想要看到更广阔的世界,想要看看爸爸妈妈是什么样子的,于是他就在医生的帮助下来到了这个世界,美丽的小天使就诞生啦。

老师一张张翻过图画,孩子们在下面听得非常认真,也非常开心,因为老师最后说:"我们每个人都曾经是小天使,我们都是这样诞生在世界上的啊!"

(二)耐心应对所有问题

这时候的幼儿可能会问得有些多,他的"为什么"会一连串地袭来,教师要保持足够的耐心以及智慧,满足幼儿此时的好奇心。当然,幼儿可能会反复问同一个问题,或者也会突然在某个问题上停住,教师的回答要简洁明了且不误导。不用给幼儿讲得太深,他并不需要知道那么专业深奥的内容,对于他的每一个问题,只要他能接受那个答案,就没必要说得再多了。

另外,教师也要注意幼儿的个人特点,有的幼儿理解能力很强,教师就不妨用艺术一点的回答方式(如图4-13);有的幼儿理解得比较简单,那教师完全可以简单解说。幼儿对同一个事物的接纳程度各有不同,只有耐心且灵活地应对,才能让每一个幼儿心中关于生命的疑问得到解答。

(三)适度让幼儿了解某些真相

新生命的降生伴随着的是母亲的痛苦和危险,可以说每一个生命的降生,母亲都是在用自己的生命为其保驾护航。让幼儿了解新生命诞生时母亲的辛苦,是培养他们对母亲心生感恩、对生命心存敬畏的大好时机。

可以告诉幼儿,母亲在生产时会有疼痛感,每一个生命都是被母亲忍着疼痛带到人间的。新生命的降生方式除了顺产,还有剖腹产,如果生命诞生出现困难,母亲就要靠医生的帮助剖腹生产,而母亲腹部的疤痕,就是对幼儿爱的证明。让幼儿了解这甜蜜痛苦又带着期待的生产过程,也会让他对母亲的伟大产生一定的理解,促进他感恩心的形成。

当然,不管是自然顺产还是剖腹产,给幼儿讲解的时候要懂得"避重就轻",要把重点放在母亲的辛苦和新生命诞生的不容易上,其他血腥或痛苦的内容可以简单带过,以免引起幼儿的不适。

(四)提醒养育者关注自己的责任

一般来说,幼儿产生有关自己的性别、出生等问题时,第一个想到要去求助的对象,就

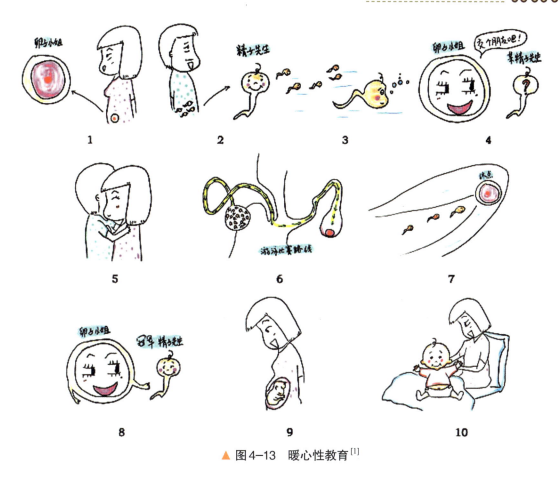

▲ 图4-13 暖心性教育[1]

是他的父母，但是很多父母在这方面却有明显错误的表现。

　　关于性别问题，如果幼儿出现了探寻异性身体的举动，不管是看别的幼儿上厕所，还是偷偷看父母洗澡，都会让父母觉得幼儿是道德方面出了问题，一经发现便会对他指责训斥，甚至上纲上线，恶语相向，意图以自己凶恶的态度来阻止幼儿再产生这种"龌龊"的想法。

　　而关于出生的问题，有很多父母更是觉得这并不是幼儿这个年龄可以接触的，这种纯粹只有成人才能了解的事情，绝对不能让幼儿知道，所以他们可能会转移话题、说谎或者敷衍了事。

　　父母的错误引导会让幼儿对性别、出生产生误解，可能就会引发他到了幼儿园会出现不正常的表现。比如，曾经有老师去幼儿园讲解人体，讲到异性生殖器官的时候，就有幼儿起哄，还有的幼儿会捂住眼睛不看，这种情况的出现并不是出自幼儿的本能，显然这种态度是来源于周围成人的引导。正是因为成人认为生理方面的知识是"丑陋的""羞于见人的"，所以幼儿才会有这样的反应。

　　教师如果讲出了与父母所讲的内容完全不同的内容，那么幼儿内心就会出现矛盾，不确定要听从于谁。父母也可能会因为不理解教师的做法，觉得教师是在向幼儿传播不良信息。

---

[1] 图片源自 http://baby.k618.cn/yesj/36s/201612/t20161201_9622875.htm.

所以，教师一定要与幼儿的养育者做好沟通，和他们在性别与出生教育问题上保持一致，具备同样正确的观点，争取对幼儿进行积极健康的性别与出生问题的引导。教师要用一种科学的态度来和养育者交流，尤其是一些上了年纪的养育者，如幼儿的隔代长辈，他们的思想可能有些传统或保守，教师要有耐心，要做到既能正确引导幼儿认识性别与出生的问题，又能避免与养育者发生冲突。

思考题

1. 对处于执拗敏感期的幼儿表现，你有什么样的想法？如果有父母来咨询，你将给出怎样的建议？

2. 如果你的面前有追求完美的幼儿，你会以怎样的态度对待他？请举出与文中不同的例子。

3. 关于幼儿人际交往的问题，你有什么好的经验与建议？对于人际交往敏感期，你认为怎样的应对才是合理的？

4. 请为幼儿布置一个合理且受他们喜爱的色彩空间，并说明理由。

案例 4-22

一位老师在门口迎接来上幼儿园的孩子们，忽然她发现自己班上一个小男孩穿着裙子来了。老师诧异地问送小男孩过来的奶奶："这到底是怎么一回事啊？"奶奶却无所谓地说："昨天我孙子看见邻居小孩穿了条新裙子，非嚷着也要穿。我们一想反正就是条裙子，不能让我孙子一直不高兴，就给买了一条穿上了。这不，今儿非要穿着上幼儿园，看他挺高兴，穿就穿呗。老师，您给看着点儿就行。"老师有些哭笑不得，拉过小男孩的手向幼儿园里走去，但同时她也开始了思考……

5. 阅读以下案例，思考之后的问题。
（1）对于处在性别敏感期的幼儿来说，案例中奶奶的做法将会导致哪些弊端？
（2）你认为老师将会对这个问题产生怎样的思考？
（3）如果你是老师，将如何扭转当下的局面？并如何与小男孩的家人进行沟通？

1. 戴安娜·帕帕拉，萨莉·奥尔兹，露丝·费尔德曼著，郝嘉佳等译：《孩子的世界——从婴儿期到青春期》（第11版），人民邮电出版社，2013年版。

2. 鲁鹏程：《抓住儿童敏感期，你的教育就对了》，机械工业出版社，2013年版。

3. 徐小东：《徐小东：陪孩子走过0—4岁敏感期》，中国妇女出版社，2015年版。

4. 戴维·谢弗著，陈会昌等译：《社会性与人格发展》（第5版），人民邮电出版社，2012年版。

5. 小野寺敦子著，傅玉娟译：《发掘孩子潜能的心理学》，南海出版公司，2012年版。

6. 幸福新童年编写组：《〈3—6岁儿童学习与发展指南〉家长读本》，旅游教育出版社，

2012年版。

7. 理查德·格里格，菲利普·津巴多著，王垒、王甦等译：《心理学与生活》（第16版），人民邮电出版社，2003年版。

8. 冯国强：《冯国强0—6岁身心智发展实用全典——婴幼儿关键期P.E.D早教法》，中国妇女出版社，2016年版。